영화비평
현실

영화 비평
현실
2006년 3호

2006년 3월 24일
2006년 3월 29일

발 행 인 : 곽영진
발 행 처 : 젊은영화비평집단
편집위원 : 문학산 염찬희 황영미
편 집 장 : 김시무
펴 낸 곳 : 채종준
          한국학술정보㈜
          경기도 파주시 교하읍 문발리 526-2
          파주출판문화정보산업단지
          전화 031) 908-3181(대표) 팩스 031) 908-3189
          홈페이지 http://www.kstudy.com
          e-mail ebook@kstudy.com (e-Book사업부)
등   록 : 제일산-115호(2000. 6. 19)
가   격 : 12,000원

ISBN 89-534-4894-8 93050 (Paper Book)

※ 이 책은 영화진흥위원회의 제작비 지원을 받아 출간하였습니다.

영 화 전 문 무 크

영화비평현실

젊은영화비평집단

스페셜 인터뷰 Ⅰ 임상수 감독

스페셜 인터뷰 Ⅱ 송일곤 감독

스페셜 인터뷰 Ⅲ 오점균 감독

심층진단 : 영화와 사회

영화사 연구

contents

SHOWBOX
잠복근무
주홍글씨
태극기 휘날리며
말아톤
청춘만화
빨간모자의 진실
2004년 수익율 1위! 2005년 시장점유율 1위
2006년에도 새로움에 도전하겠습니다!

웰컴 투 동막골
야수와 미녀
야수
괴물
작업의 정석
가문의 위기 - 가문의 영광2
Always best movie!
SHOWBOX
SHOWBOX

김시무(편집장)

우여곡절 끝에 『영화/비평/현실』제3호를 내놓게 되었다. 사실 젊은 영화비평집단(이하 영비집)이 처한 매우 어려운 여건 속에서 이만한 분량의 무크지를 낸다는 것은 결코 쉬운 일이 아니다. 하지만 이미 우리 집단의 이름을 내걸고 두 권의 평론집을 낸 마당에 힘이 든다하여 중도에 포기할 수도 없는 노릇이었다. 평론가는 글로 말하는 사람들이기에 한국영화의 현실에 대하여 침묵한다는 것은 직무유기라는 생각을 떨쳐버릴 수가 없었고, 그러한 강박에서 벗어나기 위해서도 이번 3호의 발간은 필수적인 일이었다. 긴급히 구성된 5인의 편집위원들은 지난 한해 한국영화의 최대의 이슈로 역사영화(歷史映畵)의 활성화라는 데 인식을 같이하고 그것을 첫 번째 특집으로 다루기로 결정했다.

'픽션과 팩트 사이'라는 제목으로 꾸며진 특집Ⅰ에는 세 명의 평론가가 필자로 참여했다. 강유정 평론가는 「완강한 질서를 내파하는 역사영화의 힘 - 〈혈의 누〉〈형사〉〈왕의 남자〉를 중심으로」에서 실상 모든 영화는 역사영화라는 역설적인 전제하에 논의를 펼쳐 나간다. 영화가 곧 역사영화인 까닭은 시간을 박제할 수밖에 없는 영화적 기억의 태생적 특성 탓이다. 영화는 미래를 프레임에 가둠으로써 과거로 만들지만 그러한 이율배반 속에서 현존의 언어를 개척해 나간다. 그리하여 매설된 채 묻혀버린 과거 속에서 새로운 매혹(魅惑)

을 발굴해가는 것이 역사영화의 과제가 된다. 지난 한해에는 여느 해보다 많은 편수의 역사영화가 만들어졌다. 특히 〈왕의 남자〉의 경우 연말에 개봉되어 올해까지 흥행행진을 계속하고 있을 정도로 역사영화에 대한 대중적 관심은 가히 폭발적이다. 이러한 현상을 어떻게 설명할 수 있을까? 이처럼 역사영화가 흥행을 주도하고 있는 이유는 역사란 기존 통념처럼 고증으로 박제된 시간의 흔적이 아니라 거듭 재해석되고 재창조될 수 있다는 것을 이들 역사영화들이 입증해 보이고 있기 때문이라는 것이 평자의 논점이다.

염찬희 성공회대 연구교수는 「민족, 지역, 세계화에 대한 영화적 고민 - 〈바람의 파이터〉〈역도산〉〈청연〉에서의 민족주의 담론을 중심으로」라는 글에서 역시 역사영화를 논의의 주제로 삼고 있다. 그러나 부제에서도 알 수 있듯이 이글은 일제 강점기를 배경으로 하여 일본으로 건너가서 입신양명(立身揚名)을 한 '문제적 주인공'을 다룬 역사영화들을 집중 분석하고 있다. 여기서 문제적 주인공이라고 한 것은 이들 실존 인물들이 민족의 수난사라는 맥락에서 재현되고 있기보다는 개인적 출세의 관점에서 재현되고 있다는 점 때문이다. 〈바람의 파이터〉의 경우 주인공인 최영의(배달)는 오로지 무술의 고수(高手)가 되겠다는 일념하나로 혹독한 시련을 견뎌낸다. 역도산은 자신이 조선인이라는 것을 철저하게 숨긴 채 레슬링으로 일본천하를 제패(制覇)하겠다는 꿈을 키워나간다. 〈청연〉의 주인공 박경원은 어렸을 때부터 동경해오던 비행사가 되기 위하여 혈혈단신으로 일본에 건너가 온갖 역경 끝에 마침내 창공(蒼空)을 주름잡는데 성공한다. 그렇다고 해피엔딩은 아니다. 어쨌든 이들 문제적 주인공들의 공통점은 항일(抗日) 내지 반일(反日)의 입장에서가 아

니라 철저하게 개인적 욕망의 실현이라는 차원에서 자발적으로 조선을 떠났다는 점이다. 말하자면 자발적 실향민인 셈이다. 평자는 이들 작품들에서 나타나는 '탈민족주의적 담론'에 주목하고 이러한 특성을 민족주의가 강화되고 있는 경향성에 대한 일종의 안티테제로 볼 수 있지 않을까 조심스럽게 진단을 하고 있다.

박유희 평론가는 「이분법, 그 위로 날아오르지 못한 청연 -〈청연〉의 서사 논리에 내재한 몇 가지 맹점」이라는 글에서 〈청연〉을 둘러싼 여러 가지 이견들을 비판적으로 검토하고, 자신의 전공분야인 서사학의 관점에서 그 작품의 서사 논리에 내재한 균열들을 매우 날카롭게 지적하고 있다. 영화 〈청연〉이 처음 개봉되었을 때, 이 작품이 과연 친일파를 미화했느냐 아니냐 등과 같은 텍스트 외적인 논의들이 분분했는데, 이러한 이분법적 논쟁양상은 결코 생산적일 수 없다고 평자는 지적한다. 극중 박경원이 테러사건에 연루되어 혹독한 고문을 당하는 장면을 두고 픽션이냐 아니냐를 따지는 것도 역시 내러티브 파악과는 상관없는 일이라는 것이다. 정작 문제되는 것은 이 영화가 민족과 이념을 초월하여 오로지 자신의 꿈을 실현하기 위해 고군분투하는 여성 주인공을 묘사하면서 결국 그 인물을 좌절시키는 계기로 또 다시 이념집단을 끌어들이고 있다는 점이다. 그래서 온전히 탈민족주의적 관점에서 묘사되어야 할 한 여성의 입지전적인 삶이 또 다시 민족주의적 강박관념에 포박되고 말았다는 것이다. 그리하여 평자는 대작 〈청연〉이 개인의 일대기로서도, 여성영웅을 주인공으로 한 여성영화로서도 기대했던 만큼의 성취를 이루어내지 못했다고 안타까워한다. 친일파(親日派)가 되어서라도 자신의 꿈을 실현시키겠다는 한 문제적 주인공의 '추악한 욕망'을 날

것 그대로 묘사할 수는 정녕 없는 것일까?

최근 일군의 소장파 학지들이 모여 『해방전후시의 재인식』(약칭 재인식)이라는 저서를 출간했다. 이 저서의 출간을 주도한 한 하자는 지난 1979년 발간되어 이른바 386세대의 역사의식의 형성에 커다란 기여를 한 『해방전후사의 인식』(약칭 해전사)이 민족 및 민중 편향적인 역사관으로 일관하여 한계가 있다고 보고, 이를 극복하기 위하여 '이데올로기에 치우치지 않은 실증(實證)을 바탕으로 한 새로운 역사관'이 필요한 시점이라고 밝혔다. 하지만 '재인식'이 '해전사'를 대체한다는 식의 논리는 성립될 수 없다고 본다. 그 역시 하나의 관점(觀點)을 절대화하는 것이기 때문이다. 예컨대 '해전사'의 경우 이승만 정권에 대하여 "권력욕에 사로잡혀 분단(分斷)을 고착화하고 남한의 미국 종속화를 낳았다"고 부정적으로 평가하는 반면, '재인식'에서는 "독재를 했지만 한국의 공산화를 막아내고 한미동맹과 미국 원조를 끌어내 민주화와 경제성장의 토대를 구축했다"고 다소 긍정적으로 평가한다. 도대체 어느 주장에 귀를 기울여야 하는가? 결국 '해전사'와 '재인식'을 상호 보완하는 개념으로 이해하는 것이 중요하다는 것이다. 이런 맥락에서 볼 때 역사영화에 대한 이번 특집은 매우 시의적절하다 하겠다.

특집 II 에서는 여성+주체+복수에 관련된 주제를 다루기로 했다. 지난 해 개봉된 두 편의 영화, 즉 박찬욱 감독의 복수 삼부작중 최종판인 〈친절한 금자씨〉와 방은진 감독의 데뷔작 〈오로라공주〉가 바로 그러한 주제를 정면에서 다루고 있다는 판단에서다. 〈친절한 금자씨〉가 흥행에서도 일정한 성과를 거두고 비평에서는 찬사와 함께 혹평을 동시에 받은 화제작이었는데 비하여, 〈오로라공주〉는 홍

행에서의 상대적 부진과 비평에서도 소수파의 주목에 그친 이른바 '저주받은 걸작'이 되고 말았다. 필자(편집장)는 개인적으로 진정성이라는 측면에서 후자에 더 공감하는 편이지만, 여기서는 두 명의 평론가의 심층적 논의를 지켜보는 것으로 대신하겠다. 숙명여대 교수로 재직하고 있는 황영미 평론가는 「폭력적 복수의 주체가 된 모성 – 〈친절한 금자씨〉와 〈오로라공주〉를 중심으로」에서 극중 여성 주인공들의 잔혹하기 이를 데 없는 복수혈전은 오로지 모성본능(母性本能)에 입각해서 볼 때만 제대로 이해할 수 있을 것이라는 전제하에 논의를 펼쳐나간다.

김윤아 평론가는 「복수하는 여자들」이란 글에서 두 편의 영화를 핵심적 텍스트로 삼으면서 좀 더 넓은 콘텍스트에서 여성의 복수의 근원을 천착한다. 두 사람이 같은 텍스트를 동일한 주제 하에 다루다 보니 겹쳐지는 대목도 눈에 띤다. 하지만 우리는 여기서 그 미묘한 변주에 주목할 것을 권한다. 동일성 내의 차이에서 해석의 다양성을 엿볼 수 있기 때문이다. 사실 저널리즘에서는 같은 텍스트를 비평의 대상으로 삼을 때 찬반양론이라는 전가(傳家)의 보도(寶刀)를 휘두르는 경향이 종종 있다. 필자 역시 그런 청탁을 받은 때가 몇 번 있었다. 예컨대 "영화 〈쉬리〉에 대해서 지지하느냐 부정적이냐"를 먼저 타진한 후 한쪽 입장이 정해지면 그에 따라 자신의 입장을 일관되게 전개하면 되는 것이 찬반양론의 특징인데, 사실 이는 조잡하기 이를 데 없는 재단비평(裁斷批評)에 불과한 것이다. 우리는 찬반양론을 통한 작품의 품평을 지양(止揚)한다.

특집 I 과 특집 II는 사실상 『영화/비평/현실』제3호의 존재이유이기도 하다. 저널리즘 평론에서 이런 저런 이유로 제대로 다룰 수 없

었던 주제들을 좀 더 심층적으로 자유롭게 다룰 수 있는 것이 무크지의 장점이라면, 우리가 그러한 자유(poetic license)를 마다할 이유가 어디 있겠는가? 그렇다고 이 평론집에서 이 특집들만이 가치 있는 글이라는 얘기는 결코 아니다. 애초 기획 의도가 그렇다는 것이다. 문학산 평론가의 권두진단 「코미디, 한국 영화판을 활보하다」는 참으로 자유롭게 마치 붓 가는 대로 쓴 수필형식의 비평문이라 할 수 있을 것이다. 평자 개인의 사적인 얘기까지 곁들이고 있는 그 글을 읽다보면(아니 듣다보면) 지난 한국 영화판의 흐름을 대략 파악할 수 있게 된다. 권두진단으로 내세운 이유다.

이번 제3호에는 감독과의 스페셜 인터뷰가 무려 세 꼭지나 된다. 임상수 감독, 송일곤 감독, 오점균 감독이 토크쇼의 주인공들이다. 곽영진 평론가가 임상수 감독을 만난 까닭은 그가 지난해 만든 문제작 〈그때 그 사람들〉의 법정공방에도 아랑곳하지 않고 의연하게 차기작인 〈오래된 정원〉(황석영 원작)을 연출하고 있기 때문이다. 임상수 감독은 때로는 불쾌하게, 때로는 유쾌하게 '우리 자신'의 모습을 진솔하게 보여준다는 것이 인터뷰를 통해 얻은 결론이다. 문학산 평론가는 좀 뒤늦게 오점균 감독을 만났다. 감독은 인터뷰 진행 중 가족의 일원에게 덮친 불행의 그림자에도 불구하고 끝까지 자신의 책임을 다했다고 한다. 깊은 감사를 드린다. 전찬일 평론가와 송일곤 감독과의 대담은 사실 이 책의 애초 기획에는 없던 꼭지이다. 평자도 본문에서 밝히고 있듯이 그 인터뷰는 지난해 『영화평론』(2004년 판)지에 게재할 목적으로 기획된 것이었다. 하지만 워낙 방대한 분량을 녹음한지라 원고 마감에 맞추어 정리를 못한 탓에 해를 넘겨 본 책에 싣게 된 것이다. 다행히 송일곤 감독의 최근작인

〈마법사들〉이 풀 버전으로 개봉을 앞두고 있어 나름대로 시의성을 확보했다고 자부한다.

이재광 『중앙일보 이코노미스트』 전문기자의 「노동사와 노동영화에 대한 다섯 가지 단상」은 노동운동사에 일가견을 가진 사회학자가 쓴 노동영화에 관한 의미 있는 글이라 사료된다. 일본이 낳은 세계적인 감독들인 미조구치 겐지, 오즈 야스지로, 구로사와 아키라 삼인방에 대한 시론적 연구인 곽영진 평론가의 글과 짐 자무시 감독에 대한 조정래 서경대 국문과 교수의 글은 감독론을 공부하는 영화학도들에게 유용하리라고 본다. 이밖에 허진호 감독의 〈외출〉, 윤종빈 감독의 〈용서받지 못한 자〉, 그리고 김지운 감독의 〈달콤한 인생〉에 대한 비교적 짧은 리뷰 글들을 실었다. 지난해 개봉된 수십 편의 한국영화들 가운데 유독 이들 작품들만을 선정한 이유는 단순하다. 우선 무엇보다도 '성공한 실패작'이라는 것이다. 흥행에는 실패했지만 작품이 주목을 받았다거나, 또는 감독에게 걸었던 기대치 때문에 제대로 평가를 받지 못한 작품들로 한정을 한 탓이다. 그래도 세 편은 너무 적다. 정지우 감독의 〈사랑니〉 및 이명세 감독의 〈형사 Duelist〉 같은 작품들에 대한 단독 리뷰가 빠진 것은 너무나 아쉽다.

이명세 감독의 야심작인 〈형사〉는 그 현란한 스타일에도 불구하고 흥행에는 참패했다. 제작비 대비 손익분기점에 턱없이 못 미치는 1백20만 명 관객 동원에 그쳤던 것. 그런데 역설적으로 그 참담한 실패 속에서 진정한 관객은 살아있음을 보여주는 팬덤(fandom) 현상이 생겨나게 되었고, 이러한 현상은 곧 학술연구에도 반영되었다. 영화학도 노수연(동국대 영화학과 박사과정)이 지난 1월19일 열린

동국대학교 BK21 세미나에서 발표한 「문화적 실천으로서의 팬덤, 스티중심에서 쓰기 텍스트(writerly text)로 〈형사〉와 펜클럽 '형사 중독'을 중심으로」라는 연구논문은 이러한 현상에 대한 최초의 학술적 접근이라는 점에서 눈길을 끌었다. 노수연은 그 발표문에서 영화 〈형사〉를 둘러싸고 전개된 열광적 팬클럽의 활동과정을 무척이나 흥미롭게 추적하고 있다. 말하자면 그 발표문은 롤랑 바르트가 강조했던 쓰기 텍스트(writerly text)의 전형적인 예로 〈형사〉의 텍스트를 다시 쓰고 있는 셈이다. 본래 이 논문을 본지에 게재하려 했으나 아직 예비적 성격의 글이라는 연구자의 판단에 따라 차후에 좀 더 완성된 형태로 다듬어 세상에 선을 보이기로 했다. 어쨌든 〈형사〉는 2005년 최대의 화제작이자 최고의 실패작이었다. 그러나 이 같은 시련 속에서 〈형사〉 재상영운동을 전개한 '형사 중독'의 헌신적인 활동은 한국영화사(韓國映畵史)에서 매우 의미 있는 관객운동으로 기록될 것이다.

이 평론집(무크집)의 기획은 영비집의 편집위원들이 한 것이지만, 각각의 글들은 전적으로 평자들 자신의 역량과 노고의 산물이다. 우리는 『영화/비평/현실』이 향후에도 '젊은' 비평정신을 가진 평자들이 귀중한 글들을 생산할 수 있는 장이 될 수 있도록 최선을 다할 것이다.

코미디, 한국 영화판을 활보하다

문학산(영화평론가)

1. 장르 선호도 1위 한국 코미디

2005년 1월 25일 나는 경기도 광주에 있는 본가에서 한국경제 신문을 무료하게 넘기고 있었다. 그 경제 신문은 평생 공직 생활로 겨우 수도권에 집 한 채 장만하고 할인마트와 백화점 세일기간을 이용해 명품 근처에도 못 미치는 의복을 구입하면서 등산과 기체조로 건강을 유지하면서 살아가는 손위 누이가 조금이라도 형편이 펴는 삶의 방도를 찾기 위해 오래 전부터 구독하고 있다. 경제신문은 주식 시세와 부동산 동향을 체크하거나 성공한 기업인들의 성공사례를 살펴보아 타산지석으로 삼으려는 자료용으로 활용되고 있는 것 같았다. 나는 주식과 아파트 시세와 잘나가는 경제인 인터뷰를 건성으로 넘겨가다가 경제면을 피해 문화면으로 넘어오자 조금 안도했으며, 36면에 난 짧은 기사에 자세를 바로잡았다.

그 기사는 영화진흥위원회에서 현대리서치연구소에 의뢰하여 조사한 한국영화 관람객의 기본성향을 조사한 결과를 토대로 작성된 짧은 토픽성 기사였다. 한 눈에 쭉 읽어 내려가면서 한국 영화팬들의 극장 영화 관람편수가 5.76편이며, 영화 관람하는 요일은 토요일이 39.2%로

가장 높으며, 시간대는 오후 5에서 8시에 31.4%로 가장 많이 관람한다는 사실을 알게 되었다. 그 기사 중에서 두 줄을 무의식적으로 주미니에서 샤프 연필을 꺼내어 밑줄을 그었다. 밑줄 그어진 기사는 "한국영화 관객이 가장 선호하는 영화장르는 코미디(23.4%) 액션(21.8%) 애정 멜로(17.3%) 순으로 나타났다."는 내용이었다.

코미디가 가장 선호하는 영화장르라는 사실이 새삼스러워 머릿속에서 2005년 개봉된 한국 코미디를 떠올려보니 〈웰컴투 동막골〉, 〈가문의 위기〉, 〈작업의 정석〉, 〈왕의 남자〉로 이어져갔다. 국적별로 선호하는 영화는 한국영화가 64.3%로 단연 선두를 달렸다. 국적별로 한국영화를 선호하고 장르별로 코미디를 가장 지지한다고 볼 때 2005년 한국관객이 가장 지지한 영화는 한국 코미디라는 결론이 나온다. 유사 이래 상업영화에서 불변의 흥행요소로 꼽히는 것은 폭력과 섹스였다. 물론 웃음이라는 코미디는 늘 흥행의 감초로 적지 않은 영향력을 행사해왔다. 하지만 코미디가 주류 영화로서 관객 선호도 1위와 흥행성을 보증하는 장르로 자리잡고 있는 것은 예사로운 일은 아닐 것이다. 한국영화사에서 1950년대 후반 코미디언들이 주연하는 영화들이 다수 등장하고 1960년대에 코미디가 대량 생산된 적은 있었지만 장르 선호도나 흥행의 보증수표로 굳건하게 자리할 정도는 아니었다. 2005년 한국영화의 시장점유율이 거의 60%에 근접하고 있는 이 시점에서 코미디의 장르적 관객 선호도 1위라는 현상을 주목할 만한 일임은 분명하다.

2. 학생관객의 문자메시지와 중년관객의 극장 나들이

　필자의 본명은 문관규이다. 분에 넘치게도 이름을 하나 더 가지고 있으며 그 이름은 필명인 문학산이다. 30년 넘게 왕래하면서 가족처럼 지내온 금융감독원에 다니고 있는 고향 친구인 이성남의 가족과 식사를 하는 자리에서 필자가 낸 『10인의 한국영화 감독』이라는 평론집을 건넨 적이 있다. 평소에 영화와 연극을 좋아하던 친구의 안사람이 책을 뒤적거리더니 "근데, 관규씨가 쓴 책은 어디 있어요"라고 물었다. 나는 내 필명이 문학산이라고 말해주었더니 "아 그러셨구나"하면서 다소 민망해했다. 그 친구와 필자 사이는 가족들의 이름과 가족사항을 훤히 알고 있으며 심지어 친구여동생의 남편이 걸린 병까지 알 정도였다. 그 친구의 아내가 나의 필명을 모르고 있으니 필자의 본명과 필명을 동시에 알고 있는 지인들이 몇 분이나 존재할지 자못 궁금해졌다.

　처음 뵙는 분들에게 필명이 명기된 명함을 건네면 십 중 일곱 여덟 분은 참 특이한 이름을 갖고 있다는 표정으로 나를 바라보신다. 그리고 대부분 지나치지만 그중 호기심 많거나 호탕하신 분들은 "이름의 뜻이 뭐요"라고 묻거나 보다 성급한 분들은 "문학이 산을 이룬다는 의미요"라고 서둘러 묻는다. 전자의 질문에 대해서는 그냥 성하고 잘 어울려서 붙여봤다는 말을 하고 넘기며 후자와 같은 의미를 곡해하거나 공격적인 질문일 경우 조금 지루하지만 자세하게 설명해드린다. 어눌한 필자는 "제가 좋아하는 것이 둘 있습니다. 하나는 예술(문학, 영화)이구요 다른 하나는 산입니다. 좋아하는 두 가지를 늘 가까이 하면서 세상 적적하지 않게 살아가자는 생각에서 한 번 붙여본 겁니다"라고 말하고 머리를 긁적거린다.

한 때는 산을 아주 좋아하여 제주도의 한라산에서 경남의 남해 금산과 삼도에 걸쳐있는 지리산, 전남의 목포 유달산에서 광주 무등산 충청도의 계룡산과 강원도의 치악산과 오대산과 설악산에 이르기 까지 대표적인 명산의 정상을 밟아보지 않은 산이 드물었다. 최근 몇 년 동안은 거의 산에 오르지 못하고 산기슭에 있는 절을 방문하는 것으로 만족하고 있었지만 산을 좋아했었다. 우면산 기슭에 있는 한국영상자료원 자료실에 자료를 이용하러 방문할 경우에도 삼십분이나마 시간을 내어서 우면산을 오르거나 산기슭에 있는 야외극장에 앉아서 나무를 바라보거나 새소리를 듣고 내려와야 비로소 직성이 풀린다.

지난해에도 동국대에 강의가 있는 날이면 강의 끝나고 남산 산책로를 한번 걷고 내려왔으며 방학인 요즘도 학교에 나가서 이 책 저책 뒤적이면서 일주일에 한번 정도는 늘 동국대와 연결되어 있는 남산에 올라 산책도 하고 이 생각 저 생각하면서 산과 가까이 하고 있다. 최근에는 아예 요일을 정해놓고 산을 찾고 있다. 주말이면 학교 선생님과 대학원 선후배와 함께 서울에 있는 산을 오른다. 주로 관악산, 도봉산이 대상이지만 계절과 달마다 산의 모습이 조금씩 달라지는 것이 세월의 변화를 알 수 있게 해준다. 주로 정한 화제가 없지만 늘 한주 동안 일어난 한국의 가장 문제된 사건에 대한 개인적인 입장을 말하거나 개봉된 영화나 영화계 관련된 애기를 주고받으며 걸음을 옮기다 보면 능선에 당도하게 된다.

몇 주 전에 입담에서는 남보다 뒤지지 않은 한 선배가 최근에 가족과 함께 영화관람 한 애기를 늘여놓았다. 그는 나이가 50에 접어들면서 건강을 위해서 주말이면 집 부근 도봉산을 오르고 가장으로 책무를 다하기 위해서 가족과 함께 영화 관람을 한다고 한다. 며칠 전에

본 영화는 신문사 문화부 기자 시절부터 최근까지 평생 영화 보는 일에 나름대로 성실했던 자신이 보기에 그냥 재미있는 정도였는데 중학교에 다니는 딸아이가 극장문을 나서자마자 휴대전화를 꺼내서 문자 메시지를 날리더라는 것이다. 중학생 딸이 친구들에게 보낸 메시지는 그 영화에 대한 강한 추천을 담은 메시지였을 것으로 미루어 짐작이 된다. 50대 영화인이 보기에는 그냥 볼 만한 정도의 영화는 10대의 청소년에게는 혼자보기 미안할 정도로 재미있는 코미디였던 것이다. 10대에게 강추를 받은 그 코미디는 〈웰컴투 동막골〉이였으며 이 영화는 2005년 흥행성적에서 선두를 지켰다. 10대의 선택은 50대의 지지보다 흥행성공에 더 직접적인 영향력을 발휘한 실례가 된셈이다.

1990년대 한국의 기획영화가 등장했을 때 겨냥했던 관객은 20대의 직장 여성과 대학생들이었다. 이들은 신세대라는 신조어로 호명되면서 한국영화 소비의 주력군으로서 언론의 주목을 받았다. 한국영화의 시장 점유율 지속적인 증가는 이들의 지지를 바탕으로 가능했던 것이다. 이들이 가장 선호했던 장르는 로맨틱 코미디와 멜로같은 제작규모가 그다지 크지 않았었다.

최근에는 〈광식이 동생 광태〉와 〈싸움의 기술〉 같은 10대들이 선호할 만한 소재와 연령층의 주인공들이 이야기를 끌고 가는 영화가 일정한 흥행 성적을 거두고 있다. 흥행의 가늠은 10의 지지로 가능하다는 주장이 설득력을 얻어가고 있다. 물론 20대 대학생과 직장인 관객이 주력 관객으로 이미 부상하였지만 손익분기점을 상회할 정도의 관객동원을 성공이라고 이름 붙일 경우 10대의 적극적 지지는 필수적일 수밖에 없다.

〈웰컴투 동막골〉이 10대 관객과 수백만의 대중과 소통할 수 있었던 것은 많은 원인이 존재할 것이다. 우선 장진 원작이 주는 서사적

완결성에서 찾아볼 수 있을 것이며 신하균과 정재영, 그리고 〈연애의 목적〉과 〈올드 보이〉로 스타의 반열에 오른 강혜정이라는 스타급 연기자의 출연이 대중성을 높였을 것으로 추정해볼 수 있다. 하지만 10대와 폭넓은 대중의 지지를 이 정도 요인으로 설명하기는 역부족일 것 같다.

〈웰컴투 동막골〉에서 동막골이라는 공간과 그곳 주민들의 삶으로 포커스를 이동해 가면 6.25 전쟁이라는 역사적인 배경을 깔고 있지만 전쟁으로 인한 이산, 전쟁의 공포와 살육과 같은 역사적 체험과 이미지와는 거리를 두고 있다. 이 공간과 인물들은 이미 일어난 역사적인 상처인 전쟁으로부터 벗어나있는, 역사의 실체적 진실이 무시되고 전쟁의 상처가 소독된 곳에서 웃음꽃으로 존재하고 있을 뿐이다. 이는 역사적 책무나 역사가 주는 무거움을 덜어주는 결정적인 역할을 한다. 6.25라는 한국 전쟁에 대해 체험 당자사의 입장에서 벗어나 역사적 사실로만 받아들인 10대들에게 영화적으로 가공된 동막골의 현실은 보다 쉽게 감정적 거부반응없이 수용될 조건을 갖춘 셈이다.

〈웰컴투 동막골〉은 전쟁 미체험의 세대라는 다수 관객에게 역사적 사실보다는 영화적 사실 혹은 환상으로 여과되어 수용되었다. 영화로 수용될 때 이 영화는 지향하는 장르인 코미디로, 코미디의 핵심인 웃음으로 유쾌하게 선택적 친화성을 더해갈 것이다. 10대의 지지는 탈역사라는 맥락과 코미디 장르의 접근 용이성이 공모하여 이끌어냈을 것이다.

이 같은 주장은 박광현 감독의 인터뷰 발언을 통해서 일정한 설득력을 갖게 된다. 박감독은 『프리미어』지와의 인터뷰에서 '논리로 풀기 어려운 것을 판타지의 힘을 빌려 돌파하는 것이 자기 영화의

특징'이라고 밝힌 바 있다. 역사적 맥락을 영화적으로 풀어가는 것보다 환타지의 공간으로 돌파하는 것이 더 영화로 풀어가기 용이했으며 관객과 소통할 수 있는 지점이었다는 의미와 크게 다르지 않을 것이다.

이 영화가 무리하게 주장하자면 환타지와 코미디 장르를 채택하여 10대들과 성공적으로 소통하였다면 2005년에서 2006년까지 흥행의 행진을 이어온 〈왕의 남자〉는 50대 이상 관객을 움직였다. 〈왕의 남자〉는 왜 이 시기에 이 영화가 안방에 있는 한국관객을 극장으로 외출하게 만들었는지 궁금하게 한 영화다.

2006년 1월은 한국의 소음수치를 몇 데시벨 높여준 황우석 담론이 서서히 잠잠해져가고 있었다. 이때 주요 일간지에서 황우석 교수의 기사를 대체할 만한 대상을 찾고 있는 인상을 주었다. 이 때 등장한 이슈가 사립학교법 문제였다. 사학법 통과는 지지와 반대 모두 관심을 끌지 못하다가 입학생을 받지 못하겠다는 사학법 반대론자의 강경 발언이 나왔고 이어지는 사학비리 조사라는 정부 측 반격에 사학법 수용으로 싱겁게 경기가 소강상태에 빠져들었다.

황우석 논쟁과 사학법 논쟁이라는 두 개의 파도가 지나갈 무렵 〈왕의 남자〉의 흥행 스코어가 보도되기 시작하더니 이어서 〈왕의 남자〉 흥행 분석이 시리즈로 이어져갔다. 일간지에서 경마식 보도로 흥행 몇 백만 관객돌파라는 흥행스코어를 계속 대서특필하고 있었다. 전 국민은 〈왕의 남자〉 관람 대열에 줄을 서지 않으면 그 시대의 흐름에 발을 맞추지 못한다는 강박에 시달릴 정도로 상황이 변해갔다.

필자는 방학이 되자 모든 계획을 접고 오래 전부터 별러온 코미디 관련된 책을 찾고 정리하는 일에 골몰해있었다. 매주 이어진 시

사회도 〈야수〉, 〈청연〉등 몇 편을 제외하고 불참으로 일관하고 있었다. 작년 언말괴 올 언초에 가장 많이 받는 질문 중의 하나가 〈태풍〉이 흥행 성공할 것 같은가 실패할 것 같은가, 〈왕의 남자〉 보았느냐와 〈청연〉 어떻게 봤느냐였다. 〈태풍〉의 흥행성공 여부는 자신 없다는 대답으로 일관했으며 〈청연〉은 한국형 블록버스터의 성공 가능성을 가늠해 볼 수 있는 영화이며 영화적 완성도 측면에서 안정된 연출력이 돋보인 개인적으로 지지하고 싶은 영화라고 말했다. 〈태풍〉의 흥행결과는 제작비 손실은 입지 않을 정도였다는 말을 전해들었으며(자료 미확인), 〈청연〉은 친일 논란에 휩싸이더니 평가와 흥행 성적에서 신통치 않았다. 그리고 〈왕의 남자〉는 1월 중순까지 관람하지 않았기에 영화평론가라는 오래된 명함을 가방 속에 넣고 다닌 자로서 책임방기하고 있다는 사실이 새로워져서 쑥스러워하며 아직 못 봤다고 말꼬리를 흐렸다.

2006년 1월 23일 일간지 보도와 주변의 질문에 대한 무안함과 〈왕의 남자〉에 대한 개인적인 관심으로 급기야 극장을 찾았다. 월요일은 요일 중에서 관람객이 그다지 많지 않은 날이며 한산할 시간으로 기대되는 오후 3시 50분을 선택하여 충무로의 대한극장에 갔다. 그날은 국민의 지지율이 높았다가 낮아진 폭이 가장 큰 대통령 중에서 다섯 손가락 안에 들 정도로 들쭉 날 쑥인 노대통령이 극장에서 〈왕의 남자〉를 관람했다는 기사가 난 후였다. 수년 전 단성사에 개봉한 〈서편제〉를 대통령이 관람하고 나서 당시로서는 경이적인 100만을 돌파한 경험이 있었다. 대통령 관람효과가 이 영화에 까지 미칠 것으로 기대하는 것은 지나치게 순진한 생각일 것이다. 하지만 20대의 대학생에서 대통령에 이르기까지 관객층이 확대되어 전 국민적 관심을 불러일으키고 있는 영화임을 검증해주고 있다는

사실은 가볍게 넘기기 어려운 대목이다.

대한극장에는 단연 50대에서 60대 여성 관객이 주류였다. 간혹 중년의 부부가 함께 할 수 있는 문화생활이 영화임을 확인시켜주는 부부관객과 친구들 모두 이미 본 영화를 뒤늦게 보러온 20대 젊은 이가 듬성듬성 눈에 들어왔다. 대부분 관객들은 구내매점에서 3천 500원에 판매하는 큰 팝콘을 사들고 입장하고 있었다. 이들의 틈에 끼여 필자는 귀향하는 후배가 건네준 회색 초대권으로 영화를 관람하였다. 그리고 10대들이 코미디 영화에 보여준 10분마다 터지는 웃음은 없었으나 몇 번의 탄식과 웃음과 옆자리에 들리지 않을 정도로 의견을 교환하는 60대 관객들의 귓속말을 들으며 줄 위로 뛰어올라 프리즈 프레임으로 정지된 두 광대가 찍힌 마지막 장면까지 보았다.

영화가 끝나고 지하도로 스며드는 관객들을 뒤로하고 충무로에서 필동을 지나 동국대로 걸어오면서 영화에 대해 길게 생각해보았다. 가진 것 없기 때문에, 미래를 기획하지 않기 때문에 현재의 생존 조건으로부터 자유로운 광대의 정신에 대해서, 권력자의 비행을 흉내내고 폭로하면서 관객에게 웃음을 던져주고 동시에 고금을 막론하고 존재해왔던 부도덕함을 무기로 사회 주류의 자리에 군림하는 자들에게 풍자를 무기로 들이박고 까발리는 공격적 유희와 코미디의 정신에 대해서 생각해보았다. 겨울의 한기는 몸과 정신을 더욱 곧추서게 했다. 학교에 와서 메모 몇 줄을 남기고 '50대 아주머니들에게 외출기회를 부여한 애국적 영화'라고 선배와 짧게 통화하였다.

세상 사람들에게 새해가 시작되는 연초에 잠시라도 즐거울 수 있는 기회를 제공해준다는 것은 의미있는 일로 여겨진다. 물론 무료가 아니라 자신의 돈을 지불하고 혜택받은 유료 오락제공이라는 차원

에서 볼 때 7000원에 대한 합당한 대가라고 볼 수 있다. 지금 극장에는 7000원을 지불하고도 민방위훈련에서 교육용 영상자료 보는듯한 고통을 감수하게 만드는 적지 않은 영화들이 상영되고 있다. 이같은 현실을 고려할 때 좋은 영화가 개인의 행복에 기여하는 것은 대한민국 국민들이 가장 민감한 애국하는 길과 별반 다르지 않을 것으로 여겨졌다.

홍행성공은 초기에 20대 젊은 관객들이 대세를 장악하고 온라인의 호의적인 독자비평과 확대 개봉으로 승기를 잡아간 것 같다. 제작사도 '개봉 삼주 만에 프린트 수가 늘어난 것은 이례적인 일'로 받아들일 정도였다고 한다. 흥행성공에 대한 입소문은 한국영화 관객의 최후의 보루인 50대 이상 관객을 움직이게 한 것 같다.

1월 말에 관람한 필자가 목격한 바로는 삼분의 이 이상이 주민등록증을 확인해 보지는 않았지만 외관상 보았을 때 50대 이상의 주부관객과 노년층 관객으로 채워졌다. 2월 초에 관람한 필자 지인의 전언에 따르면 그도 극장의 매표소 앞에 서있는 할아버지, 할머니 관객들을 보고 놀랐다고 한다. 언론매체와 대학생 자녀들의 입소문에 등이 떠밀려 극장을 찾은 50대 이상의 관객들이 〈왕의 남자〉 홍행성공에 결정적 역할을 한 셈이다. 20대에서 50대 이상으로 관객 연령층 확대는 〈왕의 남자〉 흥행성공의 한 요인임에 분명하다.

이들은 왜 이렇게 극장에 몰려오는가. 이 질문에 대해서 철저하게 개인적인 체험에 의존하여 말하자면 〈왕의 남자〉는 황우석 사건 이후 한국담론의 주류에 편입하였다. 필자도 '〈왕의 남자〉 어떻게 보았어요?'라는 질문을 10번 이상을 받았던 것 같다. 가장 많이 질문을 받았던 곳은 동국대 대학원 휴게실이며 영화전공하는 선후배와 담소를 나눌 때 거의 예외없이 거론되는 영화가 〈왕의 남자〉였다.

나는 〈왕의 남자〉에 대한 화제가 고개를 들 때 마다 한국의 500만 이상이 관람한 영화조차 아직 못보고 있는 한심한 영화평론가라는 명함이 부끄러워져서 침묵으로 일관했다. 일주일에 두 번 정도 일하는 곳에서도 〈왕의 남자〉 애기가 반복해서 등장 했지만 매번 침묵으로 일관할 수밖에 없었다. 이때부터 필자는 〈왕의 남자〉를 하루빨리 보아야겠다는 강박에 빠지기 시작하였다. 첫째는 영화 평론가로서 최소한의 소임을 다해야한다는 생각에서, 두 번째는 성실한 청자의 자리에서 벗어나 1분이나마 발언할 기회와 자격을 갖기 위해서 영화 관람을 서둘러야했다.

극장행을 결정적으로 서두르게 했던 계기는 도봉산 산행에서 발생하였다. 산행은 걷기와 휴식의 리듬을 타고 진행된다. 대부분 정해진 공간인 약수터 부근이나 너럭바위가 있는 곳을 임시휴식터로 활용하지만 고정 휴식터는 능선이다. 능선은 많은 등산객들이 휴식처로 활용한다. 필자 일행이 능선에서 휴식을 하면서 귤과 초콜렛을 먹고 있을 때 영화 관련된 직장을 갖고 있지 않을 것으로 여겨지는 등산객들이 〈왕의 남자〉 애기를 주고받으면서 물을 마시고 있었다. 산 밑에서부터 산위까지 〈왕의 남자〉에 대한 이야기가 도배를 하고 있는 형국이었다. 이제는 영화관에 가지 않을 수 없겠구나라고 혼자 탄식을 하면서 산을 내려왔다. 여기저기서 웅성거리는 영화이야기는 한국영화 시장점유율 증대와 겹쳐지면서 담론의 중심이 된 한국영화의 힘을 실감케하였다.

2006년 1월 대한민국은 황우석 교수의 문제와 〈왕의 남자〉가 담론의 중심에 서 있었다. 필자를 비롯한 다수의 관객들은 주류 문화 담론에서 소외받지 않으려는 희망과 영화에 대한 기대를 갖고 영화관을 찾았을 것이다. 50대 주부 관객은 '언제 〈왕의 남자〉보러 갈

것 인지' 약속 잡는 일이 인사가 되었다고 한다. 심지어는 〈왕의 남자〉 보러갔다기 매진되어서 디른 영화만 몇 차례 보고 되돌아온 관객들까지 속출했다고 한다. 한 작품 더분에 다른 영화까지 덩달아서 관객을 맞이하게 된것이다. 멀티플렉스의 긍정적 요인으로 한 작품의 흥행 성공은 다른 영화의 관람율을 높이는 시너지 효과를 낼 수 있다는 연구결과에 대한 실례를 보여준다.

황우석 교수의 문제가 거론될 때도 하나의 정보라도 더 우위에 선 자가 더 주도권을 잡을 수 있어서 물밑 정보전이 치열했던 기억이 떠오른다. 영화담론도 관람하지 않은 작품에 대해서는 성실하게 듣는 입장을 견지해야하는 소극적 자리에 서 있어야하는 처지에 놓이게 된다.

언젠가 조선일보 아침논단에 이기태 삼성전자 총괄사장이 쓴 「휴대폰과 손 맛」이라는 칼럼을 생각나게 하였다. 인용해 보자면 '글로벌 상품은 좋은 품질이 고장없이 튼튼하고 쓰기 편한 제품'이라는 개념에서 진화하여 '세련된 디자인에 사용자가 원하는 기능뿐 아니라 생각지도 못한 첨단기능 사용을 통한 즐거움, 그리고 특정 상품이나 브랜드를 사용함으로 인해 느끼는 소속감과 자부심'이 필요하다고 한다. 글로벌 시대의 소비자는 '특정 제품을 쓰면서 그 제품으로부터 기능적 만족과 함께 사회문화적인 정체성을 찾으려는 경향'을 지닌다고 한다. 영화와 휴대폰은 다른 성질의 상품이지만 소비자가 소속감과 사회문화적인 정체성을 공유하려는 경향을 충족시켜줘야한다는 점에서는 공통점을 찾아 볼 수 있을 것이다. 흥행성공작의 관람체험은 한국 영화관객으로써의 소속감을 부여하고 동시에 동시대 영화를 함께 소비하는 자로서의 문화적 정체성을 공유하는 보이지 않은 기능부여하고 있는 지도 모른다. 주류 담론의 소외에 대한 해소목적과 영화 자체에 대한 호기심, 동시대 문화를 소비하면서 문화정체성을 공유하려는 관

객의 공모가 흥행돌풍의 한 요인으로 자리했을 곳으로 여겨진다.

뒤늦게 〈왕의 남자〉 관람객 대열에 편입한 관객들 중에는 '이렇게 관객이 많이 들고 있는 것에 대해서는 솔직히 잘 이해는 안간다'는 말이 흘러나왔다. 필자 역시 흥행에 대한 후각이 아주 둔한 편이라 말하기 주저되지만 영화가 시작되자마자 관객을 정신없이 몰입시키는 대중성이 높다고 평가내리기는 망설여졌다. 우선 서사의 흐름을 보자면 국면에서 국면으로 장생과 공길이 큰 놀이판을 찾아 선택한 한양 행, 한양의 저자거리에서 한 수 보여주고 육갑일당을 제압한 다음 왕의 행적을 팔아 스타급 광대에 등극하고, 왕의 측근에게 발탁되고, 목숨을 담보로 왕을 웃기고, 궁중의 신권과 왕권의 헤게모니 싸움에서 어려움을 겪는 시퀀스 시퀀스가 넘어가는 것이 유연하였다. 하지만 대중성을 고양시킬 만한 의도적인 서사 구성을 집어내기 어려웠다.

스타의 파워면에서 볼 때도 송강호와 장동건을 위시한 스타급 보다는 매표수익 파워면에서 덜 검증된 감우성과 정진영이 등장했다. 감독도 〈황산벌〉로 흥행 반열에 올랐지만 스타급 감독으로 평가하기엔 주저되는 부분이 남아있는 편이다. 작품자체가 갖는 서사적 완결성과 영화적 완성도에 원인을 돌려야할 상황이다. 역대 흥행작을 통해 볼 때 영화적 완성도와 흥행성공이 등호로 연결된 경우는 드물었다. 스타, 서사, 연출력 등 개별 항목으로 평가 할때 그 힘은 미미한 편이지만 이 항목들이 종합되어 한편으로 응결되어 강력한 힘을 발휘했다고 볼 수밖에 없는 상황이다.

영화자체의 힘과 이에 따른 입소문이 초기의 흥행을 주도했다고 쳐도 작품자체의 대중성이 그렇게 폭발적이지 않음에도 불구하고 흥행성공 했다는 점에서 다른 방향에 눈을 돌려 더 찾아봐야할 것 같다. 여기서 한번 보고 만족하지 못하여 네 번 다섯 번 보았다는

사실이 중요한 단서가 될 만하다. 비디오와 디비디로 출시됨에도 불구하고 한국영화에 대한 중복 관람은 특이한 현상이다. 중복관람은 흥행성공의 또 다른 요인으로 기입해 볼 수 있을 것이다.

아쉬운 대로 정리해보자면 영화의 서사적 완결성과 영화적 완성도, 열혈 관객의 중복관람, 20대에서 50대 이상으로 관객 연령층의 확대, 주류 담론의 소외에 대한 불안감, 영화소비를 통한 사화 문화 정체성을 공유하려는 관객의 소비심리 등이 1000만 관객에 근접해 가는 〈왕의 남자〉의 신화를 쓰는 동력이었던 것으로 여겨진다.(최종 흥행집계는 아직 개봉 중이므로 알 수 없는 상태임.)

3. 한국 코미디는 어떻게 관객을 웃겼는가

영화는 폭력과 섹스 그리고 웃음을 관객에게 제공하고 관람료를 받는다. 장르는 관객의 요구에 부합하는 하나의 요소를 겨냥한다. 코미디는 웃음이며 이를 위해 웃기는 장면 (comic scene)을 만들어 낸다. 웃음은 코미디언이라는 배우를 활용하거나 우등생이 조직폭력 배가 되고 폭력학생이 성장하여 선생이 되는 것처럼 역할이 서로 뒤바뀐 캐릭터를 통해서 만들어내거나 탈옥한 죄수가 모범수로 특별 사면 받기위해 다시 교도소로 돌아가야하는 경우처럼 내러티브 전략을 사용하기도 한다. 아니면 남자가 여장을 하여 가정부가 되거나 여자가 남장을 하여 특별 임무를 수행하다가 신분이 폭로되는 변장코미디도 존재한다.

박광현의 〈웰컴투 동막골〉은 판타지라고 스스로 명명하였지만 코미디 요소가 과잉되게 존재한다. 인천상륙작전으로 고립된 북한군과

추락한 연합군 그리고 탈영한 국군이 한 공간에 들어온다. 그 공간은 1950년에 일어난 6. 25 사변이라는 한국전쟁을 전혀 모르는 동막골 주민들이 살고 있다. 1950년 한국이라는 역사에서 벗어나 한복을 입고 자급자족하면서 멧돼지를 두려워하면서 살고 있다. 이 동네는 좌와 우라는 이념의 존재도 발딛지 않은 이념의 무풍지대이며, 서구화로 대표되는 근대의 문명이 빗겨간 조선시대의 의복에 조선시대의 사고로 살고 있다. 자연과 자연인을 대표하는 동막골과 문명과 문명인을 대표하는 군인들이 자연과 문명, 평화와 전쟁이 충돌하면서 이상한 불협화음을 낸다. 서로 다른 역사과 사유를 지닌 자들의 충돌은 부조화가 핵심을 이룬다. 박근서에 의하면 '우리나라 텔레비전 코미디의 웃음 유발 요인들을 분석하는 가운데 전체 웃음의 39.9%가 예기치 않은 상황이나 예기치 않은 언행으로부터 발생'[1]한다고 한다. 이는 구체적으로 살펴볼 때 '예기치 않은 이야기로 대화의 '의미상 일관성'이 깨지는 상황에서 발생한다'고 한다. 이는 베르그송식으로 말하자면 오해장면이고 웃음이론으로 말하자면 '특정 담화나 행동이 그것의 본래 취지와는 어긋나게 다른 맥락의 이야기로 전치됨으로 발생하는 오해와 그것의 발견'에서 야기되는 부조화론(incongruity)으로 귀결된다.

동막골 사람들은 주체가 되어 군인들의 긴장과 전쟁상황이라는 맥락을 무시한다. 북한군이 길을 찾아 헤매고 있을 때 여일(강혜정)이 그들과 만난다. 인민군은 여일에게 총을 겨누고 경계심을 늦추지 않으나 여일은 '뱀 나온다는 것과 뱀이 깨물면 아프다'는 말만하고 그냥 지나간다. 국군 탈영병과 약초 캐는 동막골 사람과 만남도 동

---

1) 박근서, 「텔레비전 코미디의 즐거움과 담론화하는 권력에 관한 연구」, 서강대 대학원 박사논문, 1997. p.66.

일한 상황이다. 탈영병은 주위를 경계하고 있으면서 약초캐는 이에게 총구를 들이댄다. 그 다음 장면에서 약초 캐는 사람은 총에 대한 위협을 무시하고 "인사를 그 따우로 해요. 낯짝에 짝대기 들이대구"라고 투덜댄다. 총은 동막골 사람에게 위협적 살상 무기에서 흔히 보는 쇠로된 막대기로 수용되고 있는 것이다. 국군의 위협은 낯선 이의 인사로 의미의 맥락이 바뀌어 의미상 일관성이 실종되는 불일치가 주는 웃음을 유발하게 된다.

〈웰컴투 동막골〉의 판타지는 이와 같은 불일치가 주는 틈에서 비로소 개화하게 된다. 그래서 남과 북의 군인들 끼리 대치에 대해 이해 못하고 비가오자 동막골 주민은 피하고 각자 일상으로 돌아가고 대치하는 군인들만 오히려 알 수 없는 작대기를 서로 들이대면서 서있는 웃음 거리로 전락하게 된다. 이와 같은 맥락에서 여일은 수류탄 안전핀을 반지로 여기게 되고 연합군이 동막골을 점령하자 주민들은 "어서와요"라고 반기게 된다. 또한 마을의 유일한 개화인 선생이 how are you를 말하고 I'm fine and you를 기대하나 부상병 스미스는 '내 꼴을 봐라 내가 안녕해 보이냐'고 화를 내는 오해 장면이 웃음을 만들어낸다.

〈웰컴투 동막골〉은 1950년 한국 전쟁을 배경으로 하면서도 국군과 북한군과 연합군이 주민들 월동용 식량인 감자를 캐고 연합해서 멧돼지를 잡고 미식축구를 하고 풀썰매를 타면서 서로 유희하고 화해할 수 있는 길을 열어준다. 이는 공간이 주는 이념의 무풍지대라는 설정에 힘입은 바 크지만 보다 더 근본적으로는 하나의 상황에 대해 다양한 목소리가 존재하는 다성성의 세계가 열렸기 때문이다. 이들은 이념의 차이가 빚은 적대감과 이질감 보다는 서로 다른 목소리로 웃음의 카니발을 만들어내는 축제의 구성원으로서 강한 연

대감과 동질성을 회복해 냈기 때문이다. 여기서 동막골은 국군과 북한군과 연합군의 이데올로기를 완전 무장 해제 시키고 동막골의 습속과 정서에 동화되는 대자연의 포용력을 발휘한다. 이들은 모두 동막골 주민들이 입은 의복인 한복으로 갈아입음으로써 이데올로기의 껍데기, 문명의 껍데기인 군복과 총을 버리고 자연에 동화되었음을 통일된 의복코드를 통해 시각적으로 보여준다.

그래서 연합군 대 북한군의 대결 구도는 동막골 대 연합군의 구도로 바뀌게 된다. 오랜 반공영화에 길들여져 온 우리는 북한군 대 연합군의 싸움에서 연합군의 편을 들어야 하지만 동막골 대 연합군의 싸움에서는 주인공이 포함된 동막골에 손을 들게 되어 있다. 이 부분은 한국 반공영화가 소멸되어 가는 지점에서 남북한 군인을 등장시키는 영화에서 적과 아군을 구분짓는 이분법적 사고와 태도가 와해되고 있다는 점에서 대단히 충격적이고 전복적인 지점이다. 코미디와 판타지는 이와 같은 대결구도의 이데올로기적 요소를 많이 희석시키고 있다.

동막골에 북한군 기지가 있다는 잘못된 판단으로 동막골을 공격하는 연합군은 순수한 자연, 동막골의 평화를 파괴하는 정복자와 파괴자의 이미지로 관객들에게 다가오고 있다. 한국군의 폭력성은 박광수의 〈그 섬에 가고 싶다〉에서 이미 좌우익 갈등의 문제로 다룬 적이 있었지만 이처럼 연합군을 폭력적 파괴자의 자리에 설정한 것은 드문 예에 속할 것이다.

하지만 역사의 실체적 진실보다는 영화의 판타지가 그려낸 영화적 사실에 방점이 찍혀있기에 웃음에 묻히는 역사이거나 기록되지 않은 틈새를 영화적 상상력으로 채우는 기록일 수도 있을 것이다. 역사는 하나의 스펙터클한 배경으로 동원됨으로서 관객에게 봉사하

거나 연출자의 의도와는 무관하게 기록에서 소외된 사실을 영화적 상상력으로 재구성되고 있는지도 모른다. 코미디의 힘은 경계의 무너짐이며 무한한 해석의 공간의 펼쳐짐과 발언하는 다성성에 있는 것이다.

〈웰컴투 동막골〉이 부조화에 승부를 걸었다면 〈왕의 남자〉는 풍자의 공격성과 흉내내기로 승부한다. 〈왕의 남자〉는 원작자인 김태웅의 인터뷰에 의하면 두 가지 사실을 바탕으로 출발하였다고 한다. 하나는 연산군에게 동성애 성향이 있었다는 것과 다른 하나는 연산군이 광대극을 즐겼다는 사실이다. 이 같은 사실을 토대로 장생과 공길은 연산 앞에서 광대극을 보여주고 공길과 연산은 동성애 감정에 빠져들면서 장녹수과 연산, 장생과 연산은 공길을 사이에 둔 이중의 삼각관계를 형성하게 된다.

장생과 공길은 한양에서 연산과 장녹수을 흉내내며 관객을 사로잡는다. 그들은 왕을 희롱한 죄로 의금부에 끌려오고 개나 소나 다하는 왕 이야기하는 게 무슨 죄가 되는지 항변하다가 왕을 한번 웃겨보겠다고 장담하고 내기를 건다. 공길과 장생 그리고 육갑일행은 왕 앞에 마련된 공연장에서 목숨을 건 공연을 시작한다. 육갑일행은 왕 앞에 위축되어 제대로 연기를 못하고 위기가 고조된다. 그 때 공길과 장생이 여성 성기에 대한 육담을 질펀하게 늘어놓는다. '허 요망한 것 내 입을 채워주지'라고 장생이 말한다. 그리고 나서 "윗입을 채워주랴 아랫입을 채워주랴"한다. 공길은 "윗입 대령이요"라면서 물구나무를 서며 두 다리를 쫙벌린다. 그 때 왕의 입가에 미소가 감돌며 웃기 시작한다.

조동일에 의하면 민속극에서 비속어를 사용하는 것은 희극적인 분위기를 돋구기 위한 양념과 같다. 또한 민담에서 여성의 성기는

주된 육담의 대상으로 사용해 왔으며 특히 성기의 대상은 입술로 은유적으로 통용되어왔다. 한국의 육담(肉談)을 연구한 김종대에 의하면 입술은 여성의 성기를 대신 표현한 말이다. 한국의 여성성기담에서 '여성기를 주제로 삼고있는 이야기의 구조적 특징은 여성기를 입의 한 상징으로 인식'하고 있다. 또한 "여성성기담의 내용은 여성의 성기를 대상으로 이야기 하는 것으로 대개 입으로 상징되고 있다. 즉 여자는 입이 두 개 있는데, 실질적인 의미의 윗입과 성기를 뜻하는 아래입이 그것이다. 따라서 여성기를 대상으로 하는 이야기의 관점은 아랫입을 통한 웃음거리를 자아내는데 있다."2) 장생은 극중 연산의 역할을 하며 공길은 극중에서 녹수의 역할을 한다. 장생이 공길의 아랫입을 채워주겠다는 것은 왕인 연산이 장록수의 여성 성기를 채워주겠다는 말과 동일한 의미를 지닌다. 연산과 녹수가 은밀한 밀실에서 행하는 성행위를 신하들이 다 바라보고 있는 광장에서 연희의 형식을 띠어 폭로함으로서 그들을 웃음거리로 만들고 있는 것이다.

이들은 두 가지 금기를 동시에 건드린 셈이다. 하나는 한마디에 목숨이 오가는 생사여탈권의 칼을 쥔 왕을 웃음거리로 만드는 일이며, 또 하나는 왕의 밀실에서 일어난 은밀하고 음란한 행위의 폭로이다. 왕에게 표정을 밝게 하고 귀에 거슬리지 않은 감언이설을 앞다투어 하는 시기에 왕을 조롱거리로 만들었다는 사실을 광대의 자리가 아니면 상상도 하기 어려운 일이었을 것이다. 거기에 머물지 않고 왕의 성기를 조롱박으로 과장하여 드러내고 왕비의 성기를 아랫입술이라고 지칭하면서 다리를 쫙벌려서 재현하는 것은 국왕과

---

2) 김종대, 「성이야기의 유형과 민중들의 의식지향」, 김선풍 외, 『한국육담의 세계관』, 국학자료원, 1997. p.136.

국모에 대한 모독이라는, 금제를 건드린 결연한 광대 정신을 엿볼 수 있게 한다.

장생과 공길은 줄타기를 통해 광장에서 육담을 사용하여 웃음거리를 만들어낸다. 그 대상은 왕과 신하와 선왕을 음해한 세력들이며 방식은 그들의 은밀한 사생활을 흉내내거나 과거의 악행과 현재의 비리를 폭로하는 것이다. 웃음은 공격적인 풍자의 형식을 지니지만 무서운 숙청과 보복의 피흘림을 초래한다. 즉 이들 광대가 하는 것은 흉내내기와 폭로를 통해 웃음거리를 관객들에게 진상하는 일이지만 그 결과 비리 공직자를 숙청하고 과거의 죄를 추궁하여 처벌하는 과거사 진상규명의 일을 수행한다. 코미디의 풍자가 주는 가공할 만한 위력을 〈왕의 남자〉는 유감없이 보여준다. 연산이 내가 왕의 맞느냐라고 회의하는 부분과 과거사의 정리와 비리 공직자 처형은 영화와 조선왕조실록과 작금의 한국정치현실과 겹치면서 현재적 의의까지는 못미치지만 묘한 여운을 남겨준다.

〈왕의 남자〉는 육담이 만들어낸 카니발적인 광장언어로 왕의 흉내내기와 신하의 비리 흉내내기를 통해 공격한다. 더욱이 왕 앞에서 목숨을 담보로 조롱하는 것은 광대의 정신과 모든 위계를 전복시키고 허위적인 권위를 무장해제하는 코미디 정신이 접맥된다. 조동일은 탈춤의 창작한 층이 '관념적 허위, 신분적 특권, 남성의 횡포'라는 세 가지 기본적인 허위를 공격했다고 주장했다. 〈왕의 남자〉의 광대들은 신분적 특권과 권력의 횡포, 관료적 허위를 코미디의 흉내내기라는 전략으로 공격하였다는 점에서 한국민속극과 주제적 공통점을 보여준다. 판소리와 민속극이 권력자에 대한 반항이라는 전통적 저항 방식을 채택해왔다면 현대에는 영화의 코미디 전략을 통해 그 저항방식이 전승되고 있는 단초를 〈왕의 남자〉는 제공해준다. 전

통적 저항 방식의 전승이라는 점에서 〈왕의 남자〉에서 성공적으로
재현된 풍자를 통한 웃음거리 만들기와 공격성은 주목할 만한 대목
으로 여겨진다.

4. 감독들은 무슨 생각으로 영화를 만들었는가?

〈웰컴투 동막골〉은 6·25 전쟁을 가볍게 바라볼 수 있게 만든 영
화다. 반공영화고 아니고 전쟁영화도 아니고 문예영화도 아닌 환타
지이면서 코미디로 6·25를 담아 낼 수 있게 된것은 한국사회가 그
만큼 이념의 강박으로부터 벗어났다는 것을 입증해준다. 감독의 연
출 의도에서도 이와 같은 입장이 잘 전달된다.

박광현 감독은 『씨네 21』과의 2005년 9월 6일 인터뷰에서 "나는
작가가 아니다. 관객이 내 영화를 보며 경쟁사회에서 벗어나 잠시
무장해제를 하길 바랄 뿐이다."라고 했다. 관객에게 현실의 세계에
서 극장으로 도피하여 긴장된 감정을 무장해제하고 영화의 세계에
빠질 수 있기를 희망한다는 감독의 의도가 적나라하게 드러난다. 전
쟁을 배경으로 하기에 역사로부터 자유롭기 어렵지 않았을까라는
의문에 대해 감독은 역사 인식보다 휴식을 택하였다고 답한다. 기자
가 물었다 "〈웰컴투 동막골〉의 너무 큰 스케일과 포스트 모던적 무
역사성 때문에 영화화가 어려울 거라고 보았다, 뭘 보고 영화가 될
거라고 확신했나." 감독이 답했다. "연극원작을 보고 사람들이 누군
가를 달래주고 있는 얘기구나, 하고 봤다. 마을 안으로 군인들이 들
어갔는데 그 안에서 재미나게 노니까 휴식이되는 구나"[3]. 그는 역

---

3) 인터뷰, 관객이 간절히 바라는 것을 알면 쉽다, 『씨네 21』, 2005년 9월
  6일, p.106.

사의 재현보다 관객의 휴식을 선택하였다. 이와 같은 역사 가볍게 여기기는 순수한 여일을 등장시키고 수류탄으로 옥수수를 튀겨서 팝콘 눈을 내리게 하는 상상력으로 발전하게 한다. 그는 "이성적, 논리적 접근만 하면 힘들다. 팝콘이 터질 때 꽃을 피웠는데, 관객에게 최면을 걸어주고 싶었다. 위급한 상황에서 오히려 행복을 꽃피우고 싶었던 거다. 행복한 영화, 전쟁으로부터 군인들이 자유로워지는 영화를 만들고 싶었던 거다."고 답한다.

우리는 이제 1980년대의 사랑보다 혁명을 앞세우고 사익보다 대의를 우선하고 민족통일과 민중해방이라는 너무 큰 단어를 라면먹던 입으로 들이마시는 시대에서 멀리 떨어져왔다는 것을 실감나게 한다. 이미 지나온 역사는 그때나 지금이나 달라진 게 없지만 역사를 대하는 태도는 너무나 크게 달라진 것이다. 수류탄에 긴장하고 졸린 눈을 뜨고 대치하던 시대에서 후경에 공부하는 동막골 아이들처럼 각자 경쟁력을 높이는데 필요한 영어를 공부하고 나비를 잡으러 산으로 뛰어나가는 데 더 관심을 갖게 된 것이다.

〈왕의 남자〉는 영화판에서 잔뼈 굵은 제작자와 감독을 거친 이력으로 연출의 변이 만만치 않다. 이준익 감독은 『프리미어』와 인터뷰에서 "〈황산벌〉을 '김유신이 얼마나 비겁한 인간인가를 증명하는 영화'라고 부른다." 한 줄로 요약하여 설명하였다. 그는 감독의 역할에 대해 책무에 대해 목에 힘을 빼고 "감독은 스태프와 배우의 심부름꾼"이라고 단언한다.

영화의 캐릭터에 대해서는 "〈리어왕〉〈햄릿〉의 서양광대는 굉장히 비겁해, 작가의 전지적 시점으로 말만 믿고 도망가는 존재야. 조선의 광대성은 그러지 않아. 조선광대의 풍자와 해학은 서양의 위트나 조크보다 훨씬 수준이 높아. 조선의 풍자는 갖다 들이대는거야.

양반을 개 차 반 만들고, 신분을 전복시키는 놀이를 하찮은 광대들이 저잣거리에서 하는 거야. 우리 광대는 정말 살아있는 자유의지의 혼이라고. 어떻게 지금까지 작은 나라가 보렸겠어? 바로 근성이야. '가진 것 없으니 잃을 것도 없다.'는 장생의 대사 속에 나오잖아. 이게 광대 혼이라고."(『프리미어』 2005년 12월호, p.84) 설명한다. 필자가 앞 장에서 몇 줄 언급한 풍자의 공격성에 대해 '갖다 들이 댄다'는 표현으로 그 구체적 실감을 느낄 수 있게 한다.

구체적인 인물은 "특히 장생은 성격이 운명인 인간이야. 기존 신분이나 광대라는 위치에서 수긍해야 하는 시대의 관습을 깨는 게 장생의 성격이고 그 성격이 운명이 된 거지 …(중략)… 공길의 하마샤는 자신을 알아주는 사람에게 지극히 순응적이라는 것이고, 물론 연산의 자기 연민에 심정적 동병상련이 있는 거지만, 장생은 그 모든 걸 넘어서려고 하는데 자기파괴적이지."[4] 이준익 감독은 인물 설정하는 내공이 예사롭지 않은 것 같다. 그의 인터뷰 기사를 스크랩하여 읽어보면서 한 쪽에 서너 줄은 꼭 밑줄을 그으면서 읽었다. 필자의 독서 습관상 한 감독의 인터뷰를 밑줄 그으면서 읽고 정리하는 일은 드문 일이다. 이준익 감독은 제작과 수입 현장에서 성공과 실패 경험을 쌓으면서 단련된 영화 철학과 생활 세계의 통찰력이 일정한 깊이를 형성하고 있다. 그의 다음 작품이 기대된다. 누군가의 다음 작품을 기대하는 것은 영화를 보고 공부하는 일을 업으로 삼는 인간에게 커다란 축복이다. 필자가 만사를 뒤로하고 개봉된 영화관으로 달려가고 싶은 생존 영화 감독은 잉마르 베르히만, 이마무라 쇼헤이, 에밀 쿠스타리차, 양덕창, 장예모, 임권택, 장선우, 홍

---

4) 인터뷰, 먼 길을 돌아 이제 사상이 있는 감독으로, 『씨네 21』, 2006년 1월 10일, p.95.

상수, 이재용 등이 존재했었다.

　이준익 감독이 장생과 공길 그리고 계백을 주인공으로 내세운 이유는 서자에 대한 개인적인 지지에 기인한 것 같다. 그의 서자론은 길게 경청할 만하다. 『씨네 21』의 임범 기자와 인터뷰에서 "세상의 중심은 서자다."고 선언한다. 그가 펼친 서자론은 귀기울이고 곰곰이 생각할 대목이 많은 것 같다. 그는 "메이저에 편승 못하고 마이너로 겉돌면서도 자신의 목소리를 강하게 내는 인간이 서자라고 생각하는데, 아웃사이더가 자꾸 인사이더가 되려고 덤비는 게 제일 없어 보여. 아웃사이더가 인사이더에 가래침을 뱉으면 있어 보여"라고 한다.

　그의 서자론은 주류 질서에 편입되기 위해 앞을 다투어 변질되는 사이비 운동권이나 사이비 학자 같은 타자들이 아니라 아웃사이더의 자긍심을 갖고 주류에 대해 눈치 보지 않고 당당하게 비판하고 공격하고 견제하고 인정해주는 멋있는 타자이다. 아니 타자라고 명명되는 것 보다 자발적 서자 혹은 주체적 아웃사이더로 개명되어야 할 것 같다. 영화는 이와 같은 멋있는 아웃사이더들이 꿈을 이루는 서사로 채워진다. 멋있는 아웃사이더, 낮은 자리에 서 있는 주체들의 자기완성은 객석에 앉아있는 모든 관객들의 지지를 받게되며 관객의 꿈과 악수하는 지점이다.

　이준익은 이 지점을 간파하고 있다. 그의 후각은 대중성에 대한 예민함보다 인간에 대한 이해에서 관객에 대한 이해로 진화되어갔기에 신뢰할 만 하다. 여기에 비해 박광현은 재능은 검증되었으나 관객을 소박하게 믿거나 의존하는 순진함의 때를 아직 덜 벗은 것 같다. 어찌되었든 한국 관객은 서로 다른 코드를 통해 이 두 감독을 지지하였다.

5. 두 작품에 대한 평가에 귀 기울이기고 한술 거들기

어느덧 필자도 한국에서 영화 평론가로 살아간 지 한 10년이 되어간다. 10년 동안 주요 일간지와 대표적인 영화주간지에 한 번도 글을 게재하지 못했으면서도 영화평론가 명함을 아직 들고 다닌 맷집에 스스로 놀라기도 한다. 필자는 이미 오래 전에 신춘문예의 영화평론에 당선된 적 있었으며, 1996년 당시 한 두 개 밖에 존재하지 않은 영화 월간지에 지금은 전설이 되신 이영일 선생님의 추천으로 등단한 경력도 있다. 심지어 동국대에서 영화학으로 박사학위를 받았으며 한국예술종합학교 영상원 영화과에서 전문사 과정을 마쳐서 가방끈도 웬만큼 늘렸다. 한번 웃고 넘어가면서 말하자면, 그럼에도 불구하고 여전히 전국의 일간지와 영화주간지의 지면은 나를 외면하고 있다. 필자 역시 지금은 짧은 지면을 채우는 글쟁이의 역할에 대해 관심이 없다. 다만 영화기자와 영화홍보사의 직원 사이에 낀 영화 평론가의 역할에 대해 반성적 물음을 스스로에게 던지고 있을 뿐이다.

그럼에도 불구하고 필자는 무명의 평론가로 10년 정도 살아가면서 자가 발전하여 영화 관객과 독자들이 대부분 관심을 갖지 않은 지면인 『영화평론』, 『영화연구』에 긴 글을 실으면서 명함값을 하느라 애쓰고 있다. 등단 초기에는 『씨네 21』과 『키노』를 정기구독하여 밑줄 그으면서 읽은 적 있다. 지금은 많이 게을러져서 도서관에 가서 읽고 나서 필요한 부분만 카피하여 노트에 정리하는 정도에 머문다.

한국영화잡지를 읽으면서 느낀 점 하나는 대한민국 대학생과 회사원과 가방끈 긴 관객들이 영화평론가들 못지 않게 영화를 더 많

이 접하고 글쓰기도 전혀 꿀리지 않는다는 점이다. 영화관련 글쓰기의 춘추전국시대에 한 사람이 독자로 묻혀서 글읽는 일에 성의를 다하는 것도 필요하다는 생각에서 이제는 영화잡지에 필자로 참여하지 않기를 참 잘 했다고 안도하는 쪽으로 바뀌게 되었다.

최근에는 김소영, 정성일, 허문영 선생이 릴레이 연재 한 전영객잔을 열심히 읽고 있다. 그리고 『조선일보』에 실린 선배 평론가인 김시무의 글과 『씨네 21』에서는 학교에서 자주 얼굴 보는 사이인 후배 안시환의 글도 읽고, 가끔 실린 강성률의 글도 읽어보고 영상원 동기의 언니인 남다은의 글도 재미있게 읽고 있다. 자신이 쓰는 글은 고통스럽지만 남이 쓴 글을 읽는 일은 독서의 쾌감을 준다. 쓰는 자보다 읽는 자가 더 남는 장사를 한 것 같다.

〈웰컴투 동막골〉과 〈왕의 남자〉에 대한 개별 리뷰는 지금 열심히 활동하고 있는 영화평론가들이 발표한 글에 더할 것도 뺄 것도 그다지 많지 않다는 생각이 든다. 주목할 만한 최근 리뷰를 통해 그들의 글을 독자의 자리에서 비켜봐 온 필자는 다만 한두 마디 거들어 보도록하겠다.

김소영 선생은 전영객잔에서 〈무릉도원에 스미스는 왜 있는 거야요?〉라는 제목의 글을 통해 〈웰컴투 동막골〉의 리뷰를 별로 내키지 않은 내색을 하면서 시작한다. 그리고 연합군 대위인 스미스의 존재에 대해 과다하게 언급하면서 비교적 근자에 번역된 편인 지젝의 『진짜눈물의 공포』의 내용을 인용하면서 글을 끌고 간다. 흥미로운 주장은 "영화적 배열에서 그는 이질적 얼룩이다. 바로 이 이질성 때문에 〈웰컴투 동막골〉은 남북한의 이데올로기적 차이를 인본주의로 극복 할 수도 있다는 기존의 많은 문학, 영화작품들과 결정적 차이를 만들어낸다."(『씨네 21』 515호, 95쪽)는 대목에 있다. 그리고 스

미스의 눈물에 방점을 찍고 있다. "동막골로 돌아가던 스미스는 집중 포격소리를 듣고 이들의 숭고한 죽음을 느끼며 눈물을 흘린다. 영화가 내내 끌어내고 있던 연민에 가까운 감정의 초절정, 그 하중이 온전히 스미스에게 실리는 순간이다. 나는 영화 서사의 이러한 무게중심의 변화에 당혹감을 느꼈다. 그러나 극장에서 놀라운 일이 벌어졌다. 몇몇 여학생들이 스미스의 눈물과 함께 눈물을 흘리기 시작한 것이다." 김소영은 스미스의 눈물이 주는 공포에 가짜 눈물의 공포라고 재빨리 이름을 붙였다. 그 이유는 "남북한 군인이 민간인을 보호하기 위해 집단 희생을 치른 뒤 다음 장면이 스미스의 눈물로 이어지고, 바로 그 눈물이 관객의 눈물을 촉발하는 것은 정말 가짜 눈물의 공포를 느끼게 한다."것이다. 그리고 스미스가 한국에 침범하는 제국주의자의 주범이 된다. "이 영화가 지지하는 것처럼 보이는 남북한의 화해, 그것을 가능케 할 이데올로기 제로 지대로서의 동막골의 설정, 남북 양쪽 군인의 희생 등, 이것이 가질 수 있는 상징적 중량감이 스미스에게로 건너가 종결되는 판타지 구조는 문제가 있다고 생각한다. 말하자면 남북한이 애써 꾸린 화해의 보따리를 연합군 미군에게 넘겨주는 꼴이다." 스미스의 눈에 관객이 동일시되어 남북한의 상징적 화해와 희생이 값싼 연민으로 전락하고 있다는 것이 김소영 선생의 비판의 핵심인 것 같다. 필자처럼 코미디가 전공인 자에게 웃기는 장면만 계속 들어오고 영화이론과 탈식민주의를 깊이 천착하신 분의 눈에는 스미스가 중요하게 꽂힌 것 같다.

　영화에서 살아남아 지켜보는 자 보다 희생당하는 자 혹은 자발적인 희생양이 더 아름다운 경우도 있다. 연합군 스미스가 남북한 군인과 동막골 주민을 위해 희생했다면, 오히려 열등하고 순진한 동양인을 위해 숭고하게 희생할 기회를 부여받은 우월한 백인이라는 평

가를 받을 수도 있을 것 같다. 또한 스미스의 친구가 〈웰컴투 동막
골〉을 관람하면서 그들(동양인)은 우리(서양인)기 이름답게 희생할
권리마저 박탈하는 것인가라고 푸념할 수도 있지 않겠는가. 이데올
로기 비판과 탈식민주의 시각이 영화의 다양한 해석의 길을 열어주
지만, 동시에 과도한 의미 부여의 세계를 열어간다는 명분아래 현학
적 함정과 과잉해석의 덫에 걸릴 수 있지 않을까라는 의문이 고개
를 들어 머리가 어지러워졌다.

지식인들의 이데올로기 비판과 아주 상반된 다음과 같은 인터넷
독자비평은 평범한 한국인의 이데올로기적 풍향을 보여준다. 동일한
텍스트를 읽는 다양한 목소리를 실감하게 한다. 인터넷 사이트의 게
시판에 실린 글을 인용해 본다.

"마지막 내용을 미군기의 폭격이 아닌 동막골 고지를 놓고 북한군
과 남한군이 충돌하는 상황직전에서 이를 동막골에 있던 남-북군과
마을사람들의 슬기로 모면한다는 내용으로 바꾸었으면 더 좋지 않았
을까. 멧돼지 한밤중에 몰래 잡아먹는 것도 문제, 인민군과 국군만이
구워 먹어야 했었나. 당연히 마을사람 모두 모여 나눠먹어야 한다."
이 글은 필자에게 영화보는 재미보다 더한 웃음을 선물하였다.

영화와 역사에 대해 고민하던 중 최근에 접한 글 중 가장 울림을
준 글은 김경욱 선생의 짧은 글이다. 김경욱은 「소비되는 역사, 그
비겁한 변명에 대하여」라는 글에서 역사를 소재로 한 한국영화의
문제점을 차분하고 예리하게 지적하였다. 한국영화가 역사를 영화적
상품 가치 제고를 위해 의도적으로 누락시킨 부분을 지적하였다. 구
체적으로 살펴보면 "〈실미도〉는 684 부대를 창설하고 나중에 제거
를 명령한 사람들의 이름을 단 한번도 언급하지 않는다. 대신 영화
적 상상력을 빌미로 684 부대의 희생자들을 사형을 언도받을 정도

로 흉악범으로 각색한다. 〈역도산〉은 남북한을 오간 역도산의 행적, 조선인을 탄압하는 일본인의 영웅으로서 일본 우익의 열렬한 지지 속에 북한과 접촉했던 역도산의 모순을 그리지 않는다. 대신 지나치게 성공을 갈망하다 강박증으로 스스로 무너져버린 역도산을 그려낸다. 〈그때 그사람들〉은 1979년 10월 26일, 궁정동 만찬장에서 김재규가 박정희를 살해하는 과정과 결과를 추적한다. 그러나 우리는 김재규가 왜 박정희를 살해할 수밖에 없었는지 끝내 알 수가 없다. 경호실장 차지철과 암투 끝에 저지른 우발적 사건인지, 대의를 위한 계획적 사건인지, 영화는 대답하지 않는다. 이처럼 한국현대사의 역사적 실존인물이나 사건을 다루는 팩션영화의 상상력은 매우 중요한 지점에서 주춤거리며 뒤로 물러선다."[5] 역사에서 결락된 부분은 영화적 상상력으로 채워가지만 그 상상력의 불온성은 '사건과 인물을 역사 속에서 떼어내서 장르 같은 전혀 다른 맥락 속에 갖다 놓는다.'는 점에 있다는 지적은 되새겨봐야할 대목같다.

영화의 역사 재현은 흥행성을 위해 영화적인 요소를 우선하고 역사적 사실에 대한 규명을 차선으로 선택한다는 점에서 문제적이다. 이는 감독의 역사의식 부재와 실체적 진실에 대한 예술적 규명 의지 부족과 연출 역량의 한계에 기인한다. 이와 같은 상황에서 흥행의 볼모가 된 역사는 상품성을 높이기 위한 당의정으로 역할이 축소 왜곡될 것이다. 관객은 영화로 재구성된 영화를 소비하면서 또 다른 역사를 상상하고 학습받게 될 것이다. 장르의 맥락 속에 역사와 인물 위치지우기는 바로 상품을 위한 역사의 재가공 과정이 주는 위험성을 드러낼 수 있다. 이와 같은 위험성을 가장 재치있게 극

---

5) 김경욱, 「소비되는 역사, 그 비겁한 변명에 대하여」, 『무비위크』, 2006. 1.18. 211호,

복하거나 공격적으로 활용한 작품이 〈왕의 남자〉로 보인다.

　〈왕이 남자〉는 왕을 가지고 노는 풍자의 공격성과 남성과 여성 모두의 마음을 사로잡았다고 평가 받은 이준기라는 특정 배우의 힘이 대중적 흥행요소로 입에 오르내리고 있다. 하지만 필자에게 가장 눈길을 끌었던 것은 두 가지였다. 하나는 가진 것 없는 광대가 권력과 왕앞에서도 비굴하지 않고 당당하게 큰소리치며 한판 놀아보는 꿀리지 않은 자긍심이다. 광대의 자긍심은 스스로 민중 예술이거나 고급 예술이거나 이름붙이고 구분짓는 것에 구애 받지 않고 권력의 눈치도 보지 않고 크게 한판 내지르는 사자같은 자유로운 예술혼을 온 몸으로 구현하는 인물이 한국영화에 등장했다는 점에서 전율을 느꼈다.

　감독은 이 장면에 대해 "눈파인 장생이 이 개놈의 세상 한번 놀아 보자고 할 때, 계급과 신분을 다 떠나 바닥까지 간 그 개인의 진정성에 동참하고 싶은 연산과 녹수의 모습이 보이잖아. 여기서 모두 하나가 돼. 인간의 광대성이지. 신들린 듯 논다는 신명은 자기를 잃어버리는 거야. 자의식 다 던져버리는 거야. 그러면 진짜 놀 수 있어. 영화에서 쿠데타가 와도 광대성의 시간은 영원히 박제된 채로 그렇게 끝나잖아."[6]라고 의미를 정확하게 박아두고있다.

　객석에서 필자는 두 눈을 잃고 줄 위에 올라서 큰소리치고 목숨걸고 한판 벌이는 장생의 맞장뜨는 것을 뭉클하게 바라보았다. 그의 옹골찬 태도는 사소한 세속적인 가치 기준과 편견의 벽에 부딪쳐 크고 작은 좌절을 일상적으로 맛보면서 기록되지 않은 무형의 패배전적을 쌓아오면서 그래도 인간적 자존감을 잃지 않으며, 표정 찡그리지 않고 대항하려고 애써온 한 사람의 관객으로서 눈물을 쏟을

---

6) 이준익 인터뷰, 『씨네 21』, 위의 글, p. 96.

뻔 했다. 물론 엉엉 울지는 못했지만 필자의 눈가에는 이미 눈물이 번지고 있었다. 이는 눈은 잃었지만 정신은 더 밝아진 광대가 현실의 억압과 폭력 앞에서 단단한 결의를 다지고 분연히 떨쳐 일어나 숭고한 광대의 예술가적 태도를 보여주는 장면, 아니 그 보다도 자신의 훼손된 목숨을 걸고 자신의 품위를 지키며 눈은 멀어도 정신은 더 높이 고양하여 굴종하지 않은 광대의 삶에 대한 자기 긍정과 투쟁을 통한 자유의 쟁취의 아름다운 모습이 눈을 통로로 밀고 들어와 머릿속의 많은 생각들을 자극하면서 감동의 울림으로 응결되었다.

이 순간 나는 지나치게 감상적일 수밖에 없었다. 이성은 정신이 현실적 실감으로 존재하는 억압적인 상황을 무시할 만큼 강하거나 억압의 하중이 견딜 만하거나 뭔가 여유라는 틈을 제공할 때 발호하는 것이 아닌가. 감상은 동물적으로 빠르게 스며들고 이성은 인공적으로 시간를 두고 개입한다. 일상의 영역에서 간에 무리를 주도록 시간을 내어서 글을 읽고 글을 쓰고 강의를 해오는 세월이 두 손으로 헤아리기 부족할 지경에 임박해졌지만, 대학졸업 후 직장생활을 유지한 고등학교 동창생들에 비해 초라하기 그지없는 수입과 사회적 위상, 대학 입학부터 시작하면 근 20년 만에 받은 박사학위는 생존의 문제를 해결하는 데 무기력한 한 장의 종이로 남아있는 현실에 뿌리를 박고 있는 한사람의 관객을 영화는 감상의 포로로 생포하고 말았다.

이 상황은 차가운 눈을 맞아서 아름다운 눈꽃을 피우는 겨울나무 같은 인고의 자세를 요구하였다. 또한 스스로 흘린 땀과 내딛는 한발 한발에 의지하여 밀고 올라가 삶을 미학적으로 승화할 수 있는 정신의 힘이 더 절실해지기도 하다. 물적 조건이 열악하고 신분이 허약할 때, 세상이 붙인 모든 계급장을 떼고 인간으로서 품위를 지키고 스스

로의 자긍심을 견지하면서 주어진 자기 직분의 수행을 통해 하나의 아름다운 작품으로 완성시키는 길을 기야히는 시기가 도래힌다. 징생은 훼손된 신체를 무릅쓰고 목숨을 걸고 줄 위로 올라가 줄타기를 하고 마음 속의 언어를 쏟아내면서 스스로 하나의 작품을 완성해간다. 책읽고 글쓰는 자 역시 손상된 자긍심을 봉합하고 온 몸을 다해 당당한 글을 쓰고 그 글쓰기를 통해 삶을 완성해가는 행보를 걷는다. 그 길은 스스로 삶의 행·불행과 무관한 자기완성과 자기 소멸의 통로이기에 생의 비장함이 실리게 된다. 이 지점에서 영화와 현실은 서로 삼투되어 극심한 감정의 고양을 가져왔다.

다른 하나는 동성애 코드에 대한 대중적 소통의 가능성을 열었다는 점이다. 한국관객은 그동안 동성사랑을 다루는 〈내일로 흐르는 강〉, 〈로드 무비〉 같은 영화의 지지에 망설였거나 인색한 편이었다. 이번 〈왕의 남자〉의 경우 장생과 공길은 키스 장면으로 가시화되거나 연산을 사이에 두고 벌이는 세 남자의 삼각관계, 연산과 공길의 관계 등 동성애를 전면에 포진시키고 있다. 하지만 〈왕의 남자〉는 동성애에 대한 관객의 거부감은 희석되고 1000만 관객이 지지하는 영화의 자리에 올라서게 되었다. 『씨네 21』에 실린 안시환의 평가는 이와 같은 맥락에서 주목할 만하다. 그는 〈왕의 남자〉를 "아마도 몇 년이 지난 뒤에도 〈왕의 남자〉가 인구에 회자 될 수 있다면, 이 작품이 담고 있는 역사에 대한 자유로운 접근이나 계급적 관점, 예술적 논평에 관해서 라기 보다는, 동성애적 감수성이 관객과의 소통에 성공한 드문 사례"로서 각인될 으로 평가하였다. 한국영화는 〈왕의 남자〉 천만 관객 시대를 열면서 고비용의 한국형 블록버스터의 강박으로부터 자유로워졌으며 동시에 동성코드는 흥행의 저해 요소라는 묵은 편견으로부터 벗어난 셈이다.

　지금 한국영화는 한국영화 시장점유율 증가와 1000만 관객 시대라는 산업적 수치에 취해있다. 스타는 단지 출연료에 불과한 몸값을 자신의 연기력에 대한 산술적 평가로 오해하여 시장의 규모에 대한 고려 없이 억대 이상으로 몸값 올리기에 여념 없다. 제작자는 순제작비에 대한 투자보다 고비용의 마켓팅비를 쏟아부어 관객을 극장으로 호객하는데 열을 올린다. 대형 배급사는 스스로 운영하는 극장에 자기자본이 투자된 영화를 과다하게 상영하여 관객의 영화 선택권을 제한하면서 이윤창출에 몰두 한다. 관객이면서 동시에 신문과 잡지의 독자이기도 한 우리들은 영화적 완성도보다는 흥행성공작의 관객 동원 스코어에 관심을 갖고 한국영화의 자국시장 점유율의 50%선 돌파에 환호한다. 비평과 저널에 대해 든든한 후원자이거나 잠재적 우군인 우리는 한국과 외국의 축구 경기를 지켜보는 붉은 악마같은 강한 연대감으로 한국문화산업에 일조하고 있다고 위안을 삼고 있다.

　이와 같은 한국영화의 문제점은 한국영화의 해외영화제에서 수상과 한류의 힘으로 이루어낸 해외 수출 증가라는 파란 불에 가려 수면위로 떠오르지 않고 있다. 이 같은 문제의식은 이미 『씨네 21』과 『무비위크』정도의 영화잡지를 한 달에 한권이나마 성실하게 읽는 독자에게는 초보적 수준의 상식에 속한 일이 되었다. 한국영화는 폭풍우치는 혼돈 속의 바다를 향해 겁 없이 출항하고 무섭게 질주하는 거대한 선박과 닮아있다. 관객은 선박의 거대함과 바다의 드넓음에 한껏 매료되어있다.

　영화와 영화산업은 예측불허의 미래를 향해 질주해야하는 보편적인 운명을 지니고 있다. 최준식 선생은 한국미를 자유분방성이라는 단어로 설명하였다. 자유분방성 spontaneity은 규범이나 질서 혹은

격식에 얽매이지 않으려는 성향이다. 한국의 영화는 자유분방한 항해를 선호한다. 자유분방성은 우리아 정서저 친연성이 있음이 분명하다. 우리는 세계에서 유래없는 60%에 가까운 자국영화 지지 관객을 보유하고 있다. 충무로의 기획영화라는 이름은 붙어있지만 붕어빵의 양산보다 감독의 색깔이 선명한 영화들이 한국영화 같다. 한 사람의 관객의 자리에서 자유분방한 혼돈 속의 항해를 바라보는 일은 생활의 자극이 된다. 문제가 많을수록 그것을 돌파하는 방법과 노력도 그만큼 문제적일 것으로 기대되기에 한국영화의 미래를 상상하는 일은 기쁜 일이다. 지금은 스크린 쿼터 절반 축소라는 하나의 암초를 만나 빠져나가고 있는 중이다. 거대한 바다에서 기다리고 있을 수많은 암초들의 존재는 긴 항해에서 오는 권태와 지루함을 상쇄시킬 긴장감을 생성시키는 마르지 않는 샘물이다.

특집 I

픽션과 팩트 사이

완강한 질서를 내파하는 역사영화의 힘
-〈혈의 누〉〈형사〉〈왕의 남자〉를 중심으로

강유정(영화평론가)

1. 역사 혹은 역사영화라는 오래된 이름

역사 영화는 모순 어법이다. 만일 역사가 완강한 실재이며 영화가 한 개인의 무구한 상상력의 발현이라면 이 두 개념은 애초부터 결합할 수 없는 이질성으로 분해될 수밖에 없다. 그러나 한편 모든 영화는 역사 영화이다. 오늘이 다음 날 과거가 되고, 그것의 기록이 역사로 호명될 때, 이미 과거가 되어버린 시간을 박제할 수밖에 없는 영화적 기억의 태생은 그 속성상 역사의 언어와 내통한다. 그럼에도 불구하고, 즉, 프레임에 가두는 순간 모든 움직임은 과거에 포획될 수밖에 없음에도 불구하고, 영화는 기록으로서의 역사와 대질될 수는 없다. 프레임에 갇히는 순간 과거가 되어버릴 미래, 이 이율배반 가운데서 영화는 현존의 언어를 개척해간다. 역사와 영화, 이들의 공생과 길항은 기록의 문제와 더불어 가늠된다. 기록된 과거, 공인된 상징계의 언어일 때 우리는 그것을 역사라고 인증한다. 영화는 개인의 지표나 욕망 혹은 풍속과 멀리 떨어진 엄숙하고 완강한 무엇으로 상정된 역사 그 한 가운데 상상력의 닻을 내린다. 영

화의 상상력은 완강한 엄숙주의의 베일에 가려있던 역사의 권위를 전복하고 전도한다.

2005년 한 해, 역사 영화는 새로운 조명의 대상으로 부각되었다. 엄밀히 말해 이는 귀납적이라기보다 연역적으로 추리된 열풍의 지형도라고 할 수 있다. 그도 그럴 것이 역사 영화에 대한 주목이 2005년 대미를 장식한 〈왕의 남자〉의 선풍에서 비롯되었기 때문이다. 〈왕의 남자〉는 역사 영화로는 400만도 넘기 힘들다는 시장의 암묵적 예측을 깨고 한국영화사에 새로운 족적을 남겼다. 만일, 그 흔적이 비단 흥행 자체에 편중된 것이었다면 상황은 자못 달랐을 것이다. 〈왕의 남자〉는 대중 관객의 호평 뿐만 아니라 까다로운 감식안을 가졌다고 자부하는 전문가 집단과 평단에서까지 호평을 넘어 극찬을 불러일으켰다.

물론, 〈왕의 남자〉에 쏟아진 세간의 관심은 흥행 지표의 갱신이라는 사실에서 비롯된 놀라움이 크다. 권력 암투에 대한 재해석, 역사의 주변에 위치했던 아웃사이더들의 입을 통한 장쾌한 카타르시스, 소루한 인간의 욕망 등등 영화는 수많은 해석의 대상이 되었음에도 여전히 해독되지 않은 매력적 콘텍스트로 남아 있다. 어떤 점에서 〈왕의 남자〉가 매설하고 있는 이 매혹적인 컨텍스트와 텍스트는 역사적 실존 자체에 은닉되어 있던 매력이라고 할 수 있을 지도 모른다. 폐주 연산과 그의 애첩 장록수를 다룬 티브이 드라마나 영화, 연극이 셀 수 없이 많았다는 사실은 이를 입증하기 충분하다. 그럼에도 불구하고, 누구나 다 알고 있는 역사적 사건이자 인물인 "연산"임에도 불구하고 〈왕의 남자〉는 새로움으로 관객에게 각인되었다. 즉, 〈왕의 남자〉는 매설된 채 발견되지 않은 매혹을 새로운 서사와 미학으로 연출해낸 셈이다.

단언컨대, 역사란 고증으로 박제된 시간의 흔적이 아니라 거듭 해석되고 창조될 수 있는 상상력이 개활지이다. 2005년 발표된 한국의 사극 영화들이 주목받은 까닭은 그 작품들이 공고한 역사에 새로운 형식과 미학 그리고 영화적 전언을 투입했기 때문이다. 〈혈의 누〉, 〈형사 Duelist〉(이하 〈형사〉), 〈천군〉, 〈왕의 남자〉에 이르는 작품들은 모두 역사를 소재 혹은 공간적 배경으로 채택하고 있으나 경화된 역사 진술의 관습을 거부한다. 이들 작품 안에서 역사는 역사이면서도 역사이기를 거부하는 제3의 스펙트럼이자 탈중심적 원심력으로 도치된다. 역사 영화의 힘에 주목하는 까닭은 바로 이 때문이다.

2. 팩션이라는 유령과 상상력의 두 얼굴

역사 영화를 언급할 때 함께 고려할 수밖에 없는 대상은 바로 팩션(Fac- tion)이다. 픽션(Fiction)과 팩트(Fact)의 합성어인 팩션은 사실상 그 발생지조차 불명확한 국적불명의 유행어라고 할 수 있다. 어원의 불명확성과 관계없이 이제 팩션은 문학과 영화의 하위 장르를 지칭하는 용어로 고착된 혐의가 농후하다. 혐의라는 다소 의도적인 용어를 선택한 것은 팩션이라는 말 자체가 이미 정치적 파급력을 가진 패러다임이기 때문이다. 패러다임의 전위로서 팩션은 역사와 상상의 결합이 마치 초유의 사태인 듯한 착각을 심어 준다.

팩션이라고 명명된 역사물들은 공통적으로 역사 속의 미스테리에 관심을 갖는다. 팩션의 패러다임이 음모론, 우리가 알고 있는 상황과 현실이 어딘가 어긋난 매트릭스라는 사실로 귀결되는 것이다. 따라서 팩션 속에서 허구는 역사 속 미스테리에 침투해 그것을 상상

적 추리력으로 재구성하고 고착된 진실의 허명을 전복하고자 한다. 팩션의 진정한 의도는 바로 이 전복에 있다. 역사가 엄폐해 온 진실을 노출함으로써 자신의 상상력을 초월적 지평의 역사적 전범으로 설득하고자 하는 것이다. 2006년 개봉될 영화 〈다빈치 코드〉가 주목하고 있는 부분도 바로 이 것이다. 역사보다 더 잘 갖춰진 알리바이, 기록보다 더 설득력 있는 상상력을 통해 역사의 엄숙주의와 완강한 사실주의를 조롱하는 것, 그 자체가 바로 팩션의 힘이다.

팩션 영화의 영향력은 대중적 호소력을 지닌 잘 만든 역사 영화의 내포와 같은 지점에 수렴된다. 잘 만든 역사 영화는 역사적 사실의 재현이 아니라 역사라는 실체에 은닉된 인간의 욕망이나 숨겨진 미스테리를 전경화해내기 때문이다. 가늠점은 바로 이 것, 과연 역사라는 소재에 얼마나 창작자의 새로운 세계관이 투영되었느냐에 있다. 즉 중요한 것은 허구이지 사실의 박진성이나 흥미로움이 아니라는 말이다. 2005년에 발표된 두 편의 영화, 〈천군〉과 〈웰컴투 동막골〉은 바로 이러한 가늠점에 대한 예시가 되기에 충분해 보인다.

어떤 점에서, 〈웰컴투 동막골〉은 역사 영화에 포섭된다기보다 판타지 영화의 계보에 귀속된다고 볼 수 있다. 물론 그렇다. 그러나 한편 간과하지 말자. 박광현 감독이 〈웰컴투 동막골〉에서 판타지의 언어로 새롭게 재현한 대상은 감독의 초월적 매트릭스가 아닌 개연성 있는 역사적 공간이다. 박광현은 실존했던 한국 전쟁의 역사적 사실과 기록에서부터 이 영화를 시작한다. 1950년에 발생했던 처참했던 전쟁이 판타지라는 장르 문법을 요구했다는 뜻이다. 이는 한편 〈웰컴투 동막골〉이 〈반지의 제왕〉이나 〈해리 포터〉같은 낭만적 판타지와 구분될 수밖에 없다는 사실과 상통한다. 즉, 〈웰컴투 동막

골〉은 역사적 사건의 한 토막을 유토피아와 노스탤지어의 공간으로 번역해낸 것이다.

박광현 감독이 새롭게 창출해낸 역사는 불화와 대립으로 점철되어있던 민족 분쟁의 한 시기이다. 그 어떤 역사책을 뒤져본다 해도 암울한 대척과 피비린내 나는 상잔 밖에 없었던 역사의 공간에 판타지를 통한 화해라는 새로운 의지를 도입한 것이다. 남과 북이라는 공간적 지형도와 좌와 우라는 이데올로기적 지평으로부터 자유로운 동막골이라는 환상은 엄혹했던 한국의 실제적 역사 상황 없이는 유출될 수 없는 가상이라고 할 수 있다. 기록된 역사를 넘어선 초월적 지평, 이성에 각인된 대립 너머의 감각적 이면에, 박광현 감독은 반역사적 상상력의 무대인 동막골을 설계한다.

결국 박광현 감독의 〈웰컴투 동막골〉을 통해 관객이 얻게 되는 카타르시스는 강대국의 소모품으로 전락함으로써 감내해야했던 역사적 상흔의 전복에서 비롯된다. 남과 북의 잔류군인들이 만들어낸 연합군은 비록 결코 실존했을 리 없을 가상(假像)에 가깝지만 관객은 그 가상안에서 기록된 역사의 결핍을 보충하게 된다. 〈웰컴투 동막골〉의 판타지, 그것은 개인의 상상력이 아닌 민족의 공통 감각에 의존한 역사적 상상력의 출구였던 셈이다.

한편, 〈천군〉은 팩션이라는 신조어의 문법에 적극적으로 동참했던 작품이라고 할 수 있다. 이순신이라는 실존인물(팩트)이 시간여행이라는 상상력(픽션)으로 융해된 것이다. 언뜻 보아, 〈천군〉의 상상력은 〈웰컴투 동막골〉의 영화적 비전이나 전언과 유사해 보인다. 남과 북이라는 분열을 지하 모임으로 극복하고자 한 상상력이라던가 국가라는 대의를 위해 개인의 소루한 욕망이나 안위를 버리는 군인들

까지, 영화는 실존했던 역사의 틈새에 허구와 상상력을 메워나가고
자 한다. 그러나, 〈천군〉은 〈웰컴투 동막골〉과 정반대의 지점에 안
주하고 만다. 역사라는 완강한 고형 물질을 상상력이라는 유기성으
로 관통해낸 작품이 〈웰컴투 동막골〉이라면 〈천군〉은 남성의 언어
로 쓰여진 역사를 또 다시 남성의 시각으로 응고시키기 때문이다.
여기서 말하는 남성의 언어란 국가나 민족을 앞세워 개인의 희생을
강요하는 일종의 국수주의를 일컫는다. 〈천군〉은 과거의 한 때, 위
기로부터 국가를 구한 역사적 위인을 현재화함으로써 역사를 재창
조한다기 보다 역사의 권위를 재확인하고자 한다. 이순신이 장군이
되어야만 한다는 대명제 하에 미래의 삶을 포기하는 남과 북의 장
교들의 모습이 이를 잘 보여준다.

　역사 영화에서 물론 역사는 소재이다. 그러나 그것이 단지 소재에
머무를 때, 역사는 시효가 만료된 기록일 수밖에 없다. 이는 역사 영화
에서 역사란 픽션의 하위 항목이라는 사실을 보여준다. 역사가 영화로
현재화될 때 그 부활의 동인은 바로 상상력과 세계관이다. 이러한 맥
락에서, 김대승의 〈혈의 누〉나 이명세의 〈형사〉는 역사를 완전히 상상
력에 귀속된 메타포로 배치한다는 점에서 주목해야 한다. 〈혈의 누〉나
〈형사〉의 시, 공간적 배경은 분명 고증을 거친 과거이지만 역사적 한
계로서 기능하지 않는다. 다만 이 작품들에서 역사는 영화가 추구하는
전언을 담지하는 전제이자 메타포로 기능할 뿐이다. 이제 우리의 논의
는 역사성이라는 이미지 그 내부로 진입해야 할 것이다.

3. 이미지, 메타포로서의 역사

김대승 감독의 〈혈의 누〉는 18세기 말, "동화도"라는 가상의 섬에서 일어난 살인 사건에서부터 시작된다. 여기서 주목해야 할 것은 바로 18세기 말이라는 시간적 배경이다. 영·정조 시대의 끝자락으로 기억되는 18세기 말은 근대 문명이 비로소 하나의 대안으로 침입해 오던 시기라고 할 수 있다. 근대 문명과 살인 사건은 이성을 통한 추리와 선조적 시간의 배열에 의해 그 귀추와 결과가 좌우된다는 점에서 닮아 있다. 이는 한편 추리 소설의 시작이 18세기 후반이었다는 사실과도 연관된다. 즉, 김대승 감독이 〈혈의 누〉에서 만들어낸 동화도라는 공간은 새로운 문물과 세계관으로서의 근대와 주술과 신념, 집단 무의식의 잔재로 유지되는 전통적 습속의 길항으로 부조된다. 이 길항과 충돌 가운데서, "살인사건"은 대응의 방식에 따라 그 의미가 달라지는 중핵으로 전치된다. 뭍에서 온 검시관에게 살인사건이란 시간의 추이와 논리적 추론을 통해 검증해 내야 할 과학이지만 섬사람에게 있어 귀신이나 원혼의 잔재를 유발하는 주술적 공포에 가까운 것이다.

이야기는 조공용 제지가 실린 수송선이 불에 타는 데서부터 비롯된다. 화재 사건을 조사, 취재하기 위해 군관 이원규(차승원)와 최차사(최종원) 그리고 호방이 섬으로 들어온다. 이원규는 섬에 들어오자마자 죽창에 찔려 죽은 남자의 사인이 독살임을 밝혀낸다. 그는 과학적인 원인수사를 통해 화재를 유발한 진범을 금세 찾아낼 수 있으리라 자신한다. 그런데 사건은 예상을 벗어나 7년 전의 은폐된 기억과 연관되어 있음이 점차 밝혀진다. 천주교도라는 오명을 쓰고 몰살당한 강승률(천호진) 일가의 죽음이 현재의 사건과 자꾸 결부되는 것이다.

간단한 줄거리에서도 〈혈의 누〉가 그려내고자 했던 역사적 공간이 기득권을 지닌 주류와 새롭게 부상하는 신진 세력 사이의 길항이 충돌했던 장소였음이 감지된다. 즉, 동화도란 새롭게 부상하는 신진 재산가와 혈통과 신분을 앞세운 양반의 권위가 헤게모니를 다투고 이성이나 검증이 주술이나 심증과 대결하는 공간인 셈이다. 〈혈의 누〉에서 근대의 과도기였던 18세기는 섬세한 미장센을 통해 강화된다. 세도가의 등뒤에 놓인 초서체의 병풍, 살인의 주요 원리였던 도르래나 그 도르래의 원리로 설계된 제지소, 이원규가 애용하는 안경이난 물증을 통한 과학 수사와 같은 요소들은 주술이나 신념 사이로 거칠게 파고들어온 이성적 문명의 질서가 어떤 것인지 잘 보여준다. 영화 내내 등장하는 "도르래"라는 미장센은 바로 이원규가 의존하고 있는 과학적 지식의 요체라고 할 수 있다.[1]

---

1) 이는 한편, 합리적 이성의 힘을 증명하는 계몽적 이성주의가 극도로 잔혹한 사실주의적 노출에서부터 시작했다는 사실을 생각할 때 더 의미심장해진다. 렘브란트의 『해부학 실습』과 같은 그림에서 인체를 해부하는 의사들과 그들의 시선 앞에 완전히 개방된 채 전시된 신체는, 문명과 이성

결국 김대승 감독은 문명과 주술, 근대와 반근대라는 이율배반적인 요소들이 충돌하는 "동화도"라는 섬을 제구성함으로써 추상적 기록으로서의 역사를 인간의 내면에 잠재된 무의식과 욕망의 세계로 구체화하는 데 성공한다. 이에, 그들의 섬 "동화도"는 우리의 내면 한 구석 어딘가에 자리 잡고 있는 파렴치의 심연으로 심화된다. 김대승의 〈혈의 누〉는 역사의 실마리를 메타포로 활용함으로써 확장시킨 예라고 할 수 있다. 메타포로서의 역사적 공간과 향취는 2005년 개봉되었던 이명세 감독의 〈형사〉에서 더욱 두드러진다.

〈형사〉에 묘사된 공간과 복색은 분명 조선시대의 그것이지만 실상 〈형사〉의 공간은 무국적적, 무시간적 유토피아라고 보는 편이 옳다. 비록 복색은 과거의 어느 한 시절과 닮아 있으나 그것은 단지 은유와 이미지로서의 복색일 뿐 어느 한 시대의 실증적 고증에 정박하지는 않는다. 오히려 역사적 실증은 〈형사〉의 풍부한 의미망을 협소하고 소루하게 축소시킬 뿐이다. 〈형사〉의 서사가 의존하고 있는 틀은 분명 역사의 구체적 한 공간과 연루되어 있으나 그것은 단지 공간적 설정에 불과하다. 포교라는 직업, 상평통보라는 화폐의 구체성은 역사적 기록이나 사실이 아니라 상상력과 이미지를 통해 추론할 수 있는 메타포로서의 과거일 뿐이다. 이는 영화의 시작에서부터 암시되어 있다.

영화의 오프닝은 엉뚱하게도 숲 사이를 헤매다 귀신을 만난 사내

아래 명백히 노출되어야 할 비밀이라는 메타포를 간직하고 있다. 해부학이란 신성한 내부조차 유혈을 감수하고서라도 직시해야할 이성과 계몽의 언어였던 셈이다. 이러한 점에서, 마치 렘브란트의 잔혹한 사실주의 그림을 떠올리게 하는 〈혈의 누〉의 잔인한 하드 고어 장면은 이성과 사실을 통해 기록될 역사에 대한 주류의 태도로 귀결된다.

의 이야기로 전개된다. 어둠 속 달빛도 괴괴한 밤 한 중년의 사나이가 여우같은 여자에게 홀려 폐가에 이른다. 화면 전체 여자의 탐스러운 엉덩이가 클로즈업되는 순간 장면은 호들갑스럽게 이야기를 풀고 있는 남자로 전이된다. 영화의 전체 맥락과 전혀 상관없이 영화의 봉인을 뜯어내는 이 장면은 이명세의 〈형사〉의 스타일이 지니고 있는 비밀스러운 행간을 암시하고 있다. 남자의 너스레가 쳐놓은 울타리, 이 프레임으로 인해 남순과 "슬픈 눈"이 겪었던 미묘한 감정의 흐름과 일련의 사건들은 알 수 없는 삶에 대한 상징으로 확산된다. 프레임은 남순과 "슬픈 눈"이 실존하는 공간을 알레고리적 이미지의 무대로 전경화해주는 셈이다.

〈형사〉는 달빛 아래 귀신인지, 여자인지 알 수 없는 무엇에 홀린 사람들의 이야기이다. 그리고 이 알 수 없는 끌림이란 곧 사랑이라고 할 수 있다. 이러한 맥락에서, 이명세가 제시한 조선 시대의 구체성은 그들의 "사랑"을 가장 명징히 전달할 수 있을 시, 공간적 선택에 불과하다. 시장 장면, 쏟아진 위조 주화로 달려드는 군중과 먼지, 빛, 형형색색의 천들이 나부끼는 공간은 남순과 "슬픈 눈"의 사랑을 고색창연한 이미지로 격상시켜준다. 이명세에게 있어 조선 시대, 사극이라는 조건은 두 인물이 만들어내는 율동과 그 이미지를 최대한 증폭할 수 있는 일종의 매개체로 기능한다. 즉, 유려한 움직임을 살리기 위해 한복이 선택되었고 화려하면서도 찰나적인 매료를 설명하기 위해 조선시대의 저자거리가 지명된 셈이다. 이는 영화의 마지막 장면, 포교들이 병판의 집을 기습하는 데서 더 극명해진다. 눈쌓인 병판의 집을 잰걸음으로 습격하는 포교들의 풍경은 조선시대의 낮은 담벼락과 그들의 복색 및 기구가 아니었다면 표현해낼

수 없는 우아를 담지하고 있다. 한복과 눈, 한옥의 고즈넉함이 어울려 정준동이라는 이명세 감독이 영화 언어는 절정이 맛을 본다. 군무처럼 대립되는 두 무리의 움직임은 직선과 곡선의 흐름, 검은색과 흰색의 콘트라스트를 통해 강렬하게 대비된다. 이 때 조용히 내리는 눈은 대사가 거의 없는 인물들의 움직임, 눈빛의 교환, 호흡의 변화를 관장한다. 눈으로 인해 혼돈과 소요, 동요는 차분하고 고요한 파문으로 흐른다. 대결의 의미는 빛, 소리, 움직임의 콘트라스트로 현현하는 것이다.

이명세의 〈형사〉는 비록 복색과 장소, 시간은 과거의 어느 한 지점을 상정하고 있으나 결코 "사극"이라고 지칭할 수 없는 잉여를 지니고 있다. 그리고 〈형사〉는 보여지는 사실적 역사의 측면이 아니라 그 보이지 않는 잉여의 메타포를 읽어냄으로써 풍족해지는 영화라고 할 수 있다. 〈형사〉에서 사극적 면모가 있다면 그것은 단지 우리의 관습적 기억에 의존한 편리한 독법에 불과한 셈이다. 그저 역사란 장식에 불과하기 때문이다.

4. 〈왕의 남자〉, 해석의 가능성

　조지 오웰은 『1984』에서 "현재를 지배하는 자가 과거를 지배하며, 과거를 지배하는 자가 미래를 지배한다"고 말한 바 있다. 이 말은 주어진 역사를 재해석하는 상상력에 의해 미래는 형성된다는 의미로 받아들여진다. 2005년 열풍을 일으켰던 〈왕의 남자〉는 조지 오웰의 이러한 규정을 다시금 생각하게 한다. 〈왕의 남자〉는 역사를 메타포로 사용하거나 혹은 상징이나 소재로 사용하지 않았다. 단지 〈왕의 남자〉는 지배자의 어휘로 기록된 주류의 역사가 사상한 비주류의 세계를 주목한다. 〈왕의 남자〉는 말 그대로 정통 사극이며, 역사적 실재에서 어긋난 소재를 사용한 바가 거의 없다. 영화 속에서 벌이는 광대놀음은 소학지희에 기록된 실제이며 연산군 역시 실존했던 역사적 인물이다. 뿐만 아니라 공길 역시 조선왕조 실록에 기록된 실존 인물이다. 이준익 감독은 이 빈약한 역사적 소재와 사실을 통해 새로운 한 장면을 산출해낸다. 중요한 것은 그렇다고 해서 이준익 감독이 역사적 사실을 왜곡하거나 은폐된 그 무엇을 들춰냄으로써 기존의 정사를 부정하고 새롭게 자리매김하고자 하는 권력욕을 드러내 보이지 않는다는 사실이다. 〈왕의 남자〉는 권력의 암투와 개인의 운명, 그리고 개

인과 길항하는 군주의 내면등을 입체적으로 조감함으로써 역사의 한 장면을 인생과 삶 전반에 대한 철학으로 신화하고 있다. 과거를 지배함으로써 미래를 지배하게 된다는 오웰의 말은 그런 의미에서 이준익의 〈왕의 남자〉에 적합한 정의가 될 법하다.

"연산"이나 "사도 세자"등은 수많은 후대의 상상력이 관심을 기울인 실제적 인물이라고 할 수 있다. 문제는 한국영화사에서 이러한 인물들을 다루었을 때 주로 기록된 궁중의 권력 암투나 야사에 의존한 비루한 출세욕을 다룬 경우가 대부분이었다는 사실이다. 역사를 기록한 주체를 주인공으로 내세웠을 때 그 해석은 기록된 언어의 문체나 뉘앙스와 다를 수 없다. 이준익 감독의 〈왕의 남자〉는 이러한 관습을 배반함으로써 역사를 재조형해 낸다. 한 번도 역사적 기록의 주체가 되어 본 적이 없는 "광대"가 서술의 주체로 전치되기 때문이다. 기록의 권한에서 배제되었던 자들이 영화의 언어를 통해 왕과 신하보다 부각됨으로써 자연스럽게 역사는 전복되고 권력은 전도된다. 이준익 감독이 〈왕의 남자〉에서 이루어 낸 성과는 한마디로 외면했던 실체들의 부활이라는 말로 요약될 수 있을 것이다. 왕의 시선에서 왕의 신하, 광대의 시선으로 그리고 거시 담론은 미시적 풍속과 생활사로 옮겨감으로써 박제된 시간 속의 역사는 생생한 현재의 언어로 각색된다. 마치 공중에 뛰어오른 채 영원한 현존을 누리게 된 공길과 장생처럼, 해석의 가능성에 개방되었을 때 비로소 작품 속 역사는 생생한 삶의 한 장면으로 육박해온다. 상징계적 언어 질서의 완강함을 기록으로서의 역사 속에서 내파하는 힘, 그것이 곧 역사 영화의 상상력이라고 할 수 있다. 결국, 역사란 현재의 심연이자 도래할 미래의 예측이기 때문이다.

민족, 지역, 세계화에 대한 영화적 고민

-〈바람의 파이터〉〈역도산〉〈청연〉에서의 민족주의 담론을 중심으로

염찬희(성공회대 연구교수, 영화평론가)

1. 탈민족주의 담론의 출현

2004년 이후 최근에 이르기까지 한국영화를 지켜보면, 실화영화 제작이 흐름을 이루어 지속되고 있는 현상을 확인할 수 있다. 이미, 영화전문지『씨네 21』은 2004년 상반기 한국영화를 결산하는 특집을 통해서 한국영화계에서 실화영화를 제작하는 하나의 흐름을 읽을 수 있다고 평가했고,("충무로 실화영화 붐",『씨네 21』, 2004/6/30) 영화전문가 김경욱(2005)도 과거에 실재했던 일을 실존 인물을 중심으로 다시 이야기하는 영화를 '역사-서사 영화'로 명명하면서 이러한 영화들이 만들어지는 흐름은 〈살인의 추억〉과 〈실미도〉의 흥행 성공 이후 활발해져 2005년에도 여전히 계속되고 있다고 설명하고 있다.

왜 2006년 이 시점에서 실화로 역사를 이야기하는 영화들은 하나의 흐름을 이루게 되었는가에 대한 의문으로 이 글은 출발하였다. 그러는 중에 2004년 이후 나타난 일련의 영화들에서 발견한 몇몇 공통점이 흥미롭게 다가왔다. 즉, 〈바람의 파이터〉, 〈역도산〉, 〈도마 안중

근〉, 〈청연〉 등이 그러한 일련의 영화이며, 공통점은 우선, 이들 영화가 모두 일제식민시기와 해방 이후 1960년대 이전까지를 시대적 배경으로 삼고 있다는 점이다. 그리고, 이 시기를 다룬 이전의 영화들이 대개가 민족주의를 과잉 적재하여 관객의 반일, 항일 의지를 고양하는 결과를 의도했다고 한다면, 〈바람의 파이터〉 등은 그와는 사뭇 다른 서사 구조를 가지고 있다는 점도 흥미로웠다.

〈도마 안중근〉을 제외한 나머지 3편의 영화는 하나 같이 이 시기를 다루면서 식민지 조선 땅이 아닌 일본 제국의 본토를 공간적 배경으로 삼고 있으며, 둘째, 스모, 가라데 등 일본의 국가적 특기 분야, 혹은 비행 기술 등과 같은 선진 기술이 전수되는 일본 안에서 최고의 자리에 올랐던 실존 인물을 주인공으로 하고 있다. 그리고, 이들 주인공이 모두 자발적 실향민으로 조선인이라는 점 등을 공통점으로 갖는다.

이전의 영화들이 이 시기를 다룰 때면 흔히 민족의 수난사라는 동일한 목소리를 반복해서 재생산해냈다고 한다면, 〈역도산〉 등의 이들 영화에서는 기존의 민족주의적 화법과는 거리가 있는, 민족주의와는 무관한, 혹은 탈민족주의로 향한다고 할 수 있는 서사 방식을 채용하고 있다는 것을 발견할 수 있다. 여기서 잠시 1990년대 말 이후의 한국 주류 상업영화는 그 특징으로 서사 차원에서 민족주의가 강화되었다는 점을 꼽을 수 있다는 지적(염찬희, 2004, 170쪽; 김경욱, 2002 참조)을 환기할 필요가 있다. 그렇다면, 이러한 탈민족주의적인 특성은 민족주의가 강화되던 경향성에 대한 어떤 저항의 한 경향으로 볼 수 있을 것인가?

이글은 이러한 문제의식을 중심 축으로 삼고 '2006년 현재 이 시점에서 한국영화는 왜 식민시기에 실존했던 조선인들에 대해 이야

기하고자 했을까?', '근대사 속의 인물들, 그들 사이의 관계에 대한 영화서사 방식은 이전의 민족주의적 접근방식과 어떻게 달라졌으며 왜 달라졌을까?', '영화 관객들은 이러한 서사 방식에 어떻게 반응하였는가?' 하는 문제를 설명하고자 한다. 여러 편의 영화에서 동일 시기의 역사가 반복적으로 재서사화되었는데, 그 효과에 대한 논의의 필요성도 절감하지만, 이 글에서는 여러 가지 한계로 인해서 다음 기회로 넘기기로 한다.

2. 세계화 시대, 탈영토의 산업적 문화적 욕구

2006년 현재 이 시점에서 한국영화는 왜 식민시기에 실존했던 조선인들에 대해 이야기하고자 했을까? 에 대한 문제를 설명하기 위해서는 영화 텍스트를 넘어서 한국영화산업의 맥락을 살펴보는 것이 선결되어야 한다.

한국영화계에 시장 확대가 중요한 과제로 대두한 것은 1990년대 말이었다. 한국영화 자체의 시장을 확보하는 것에서 나아가 시장을 확대하고자 하는 움직임은 헐리우드영화를 중심으로 하는 세계화 움직임에 대해 한국이 대응하는 하나의 양상으로 볼 수 있다. 헐리우드를 벤치마킹했다는 〈쉬리〉가 흥행에서 크게 성공하고 한국상업영화의 정전으로 등극한 이후 한국의 영화 제작 현장에서는 영화의 규모를 키우고 아시아 시장을 한국영화의 제2의 목표 시장으로 잡는 시장 확대 움직임이 가시화되었다고 할 수 있다. 해외 로케이션, 해외 인력의 이용, 그리고 아시아내 국가들과의 합작 등의 현상이 그것이다. 물론 합작이 모두 시장 차원에서만 이루어진 것은 아니

다. 물론 시장 확대를 위해서 아시아 문화를 타진하고 문화적으로 새로운 지역 문화의 형성을 위해서 순수하게 노력하는 차원도 있다는 것을 간과해서는 안된다.

한일합작영화 〈역도산〉은 이러한 제작 요구의 연장선 위에 놓여 있는 영화로 보여지는데, 지역의 새로운 문화 형성이라는 의도보다는 시장 확대 요구에 더 충실한 제작인 것으로 읽힌다. 탈영토로 향하는 산업적 요구라고 독해하는 이유는 "각국 시장에서 자국영화로 받아들여질 수 있는 아이디얼한 시도가 필요했다"("영화인 7인 특강 : 싸이더스 차승재 대표가 말하는 한국 영화산업의 경쟁력-중국의 시장개방에 대비해야 한다"『씨네 21』, 2005/6/10 참조)는 제작자의 인터뷰에 일차적으로 근거했기 때문이다.

이상과 같이 시장의 차원에서의 접근에서 나아가, 이들 영화에 대한 텍스트적 차원의 독해도 반드시 필요하다. 김소영의 말처럼 "동시대 우리의 강박인 민족, 지역, 세계화의 문제에 대한 고민"("2004년 송년특집 편집위원 3인 좌담", 『씨네 21』, 2004/12/21)을 이 영화의 텍스트에서 읽어내는 것은 무리하지 않다. 〈역도산〉, 〈바람의 파이터〉, 그리고 〈청연〉은 일제 식민시기에 조선에서 태어났으나 일본

의 땅으로 건너가 일본인의 영웅이 된 실존했던 조선인에 대한 이야기이다. 만약, 이전의 영화들이라면 등장인물들 사이의 관계를 민족의 차원에서 조

선과 일본으로 이원화하는 구조 속에서 피해 집단과 가해 집단, 선과 악이라는 이항대립으로 표상하는 방식을 선택했을 것이다. 그러나 이들 영화에서는 이러한 이분법을 해체하고자 하는 듯이 보인다. 이들의 주인공들은 모두 일제의 만행을 피해서 자신의 신분을 속이고, 혹은 일제에 의해서 끌려서 일본 땅에 도착한 것이 아니다. 〈역도산〉은, 그리고 〈바람의 파이터〉의 최배달은, 게다가 〈청연〉의 박경원은 각각 '웃으면서 살기 위해서', 혹은 '하늘을 날고 싶어서', '조선에서는 배울 수 없는 비행기술을 배우기 위해서' 자발적으로 일본 땅으로 건너간 것이다. 이들은 모두 한결 같이 개인적인 목표를 달성하기 위해서 실향을 했고, 따라서 그 목표를 이루는데 장애가 되는 일본인들의 폭언과 폭행도 민족이라는 차원에서 이해하기 보다는 개인의 차원에서 소화시킨다. 세상 어디에나 나쁜 놈은 있지 않은가!이다. 〈역도산〉의 역도산은 스모를 배우는 과정에서 '웃는 조센징이 제일 싫다'는 일본인 스모 선배의 민족차별에 근거한 폭행도 이를 악물고 참아낸다. 그리고 조선인이라는 이유로 스모의 최고선수로 뽑히는 것이 좌절되었을 때에 조차도 그 화를 일본이라는 국가/민족차원으로 전환시키지 않는다. 역도산은 '조선, 일본 그런 것 모르고 자신은 세계인'이라고 부르짖는 장면은 단일 민족정체성이 아닌 새로운 정체성을 스스로에게 부여하고자 애쓰는 것으로 볼 수 있다. 이들은 조선인, 일본인이라는 이분법적 틀을 거부했던 삶을 살았던 대표적인 인물들이다. 이처럼, 2000년대 한국의 땅에서 만들어지는 식민시기 조선인에 대한 서사는 세계화라는 화두를 중심으로 이전의 민족에 근거한 이분법적인 구조를 탈피하고자 하고 있다는 점에서 이전과 다르다. 즉, 세계화 시대에 우리에게 보편화되고 있는 탈영토/탈민족에 대한 문화적 욕구는 식민시기 실존 조선인이

일본에서 이러저러한 이야기를 가져오게 한 것이라고 할 수 있다. 민족의 갈등이 가장 첨예한 것으로 서사되어 온 식민시기를 가져다가 민족 갈등과는 무관한 삶을 살았다는 점에서 이전에 묻혀졌던 이들을 조합시키므로써 민족에 의한 이분법을 해체할 수 있는 틈을 확보할 수 있었던 것으로 보인다.

3. 탈정치, 탈역사, 개인주의 서사

일제 식민시기의 역사에 국한해서만이 아닌, 일반론적으로, 역사 서사 영화의 기획 의도는 현실에 대한 어떤 발언을 하고 싶을 때 과거를 끌어오는 것이라고 한다.[1] 물론 일각에서는 새로운 볼거리를 제공할 수 있는 재료로 과거를 끌어온다고 주장하기도 한다. 왜냐하면 영화에서 과거는 시각적으로 볼거리가 있는 것들이 섞어진 것으로써 진열될 수 있기 때문이다. 게다가 과거를 진열하면 과거를 동경하는 시선을 유도할 수 있는 효과를 거두기도 한다.[2] 특히 실존 인물이나 문제적 실재 사건은 현재의 관객이 다양한 통로를 통한 교육과 경험에 의해서 기억을 공유하고 있기 때문에 영화 소재로 선택하기에 매력적인 측면이 있다는 점을 무시할 수 없다.

이와 같은 일반론적인 효과에 더해서 일제 식민시기라는 특정 시

---

1) 〈혈의 누〉 감독인 김대승은 『씨네 21』과의 인터뷰에서 왜 그 시기를 다루었냐는 질문에 "과거를 끌어오는 게 과거를 이야기하기 위함은 아니잖나. 현실에 대한 어떤 발언을 하고 싶어서인데."라고 대답했다.

2) Higson은 *British Cinema and Thatcherism*에서 물론 바로 그러한 동경하는 시선 때문에 이러한 영화들이 서사적으로 제안하는 사회 비판들과 모순들이 무의미해지기도 한다는 것을 덧붙이면서 강조한다.

기가 주는 효과가 덧붙는다. 이
시기는 일본이 대동아공영권이
라는 권역화를 추구하고 있던
시기라는 점에서 볼 때, 이후의
한국과 일본이라는 국가의 모습
으로 상상되던 굳건한 경계와는
달리 탈국가 및 영토 공간 이동
에 대한 상상이 보다 수월한 시
기라는 점이다. 즉, 일본과 조선
인을 표상할 때, 내선일체를 부
르짖던 일본을 조선땅에서 표상
하기에는 침략자 이상으로 나아

가기가 어렵다. 그러므로 탈정치 서사가 어렵다. 그러나, 일본땅은
조선인에게는 침략의 장소가 아니므로, 통치자의 원래 땅으로 수직
이동하는 것이라는 점에서 탈정치 서사가 가능하다. 이처럼, 이국적
인 볼거리를 제공할 수 있으면서 동시에 민족 차별이라는 문제 외
에도 할 이야기를 풍성하게 해줄 가능성이 있는 공간으로 전환시킬
수 있다는 것이다. 예를 들면, 〈역도산〉과 〈바람의 파이터〉, 그리고
〈청연〉은 모두 이야기의 시작을 조선이라는 공간으로 설정하지만
곧이어 이야기의 공간은 일본 땅으로 이동한다. 일본으로 건너가게
되는 원인에 대해서 세편의 영화가 모두 똑같이 간략히 다룬다. 이
는 탈영토를 위한 이유를 캐기보다는 탈영토 후의 시간에 대한 이
야기를 하겠다는 의도이다. 즉, '한이 맺혀서' 고향을 떠나는 것이
아니라 보다 나은 삶을 위해서 선진의 땅으로 이동하는 것임을 강
조하는 서사 전략이라는 의미이다. 그리고 정치의 개입을 차단할 수

있는 기반이 마련된다. 예를 들면, 〈역도산〉과 〈청연〉은 일제에 대한 민족적·사회적 복수라는 한풀이라는 '늘 써오던 방식'을 볼 수 없다. 특정한 분야에서 성공하고자 하는 한 개인의 욕구의 차원으로 '다르게' 구성하고 있다. 이 두 영화와 달리 민족적 한이 드러나는 것으로 읽을 수 있는 〈바람의 파이터〉의 경우에서 조차도 개인의 욕구 차원에서 중심 플롯이 전개된다는 점은 마찬가지이다. 최배달이 가라데의 고수가 되고자 마음먹게 되는 직접적인 계기는 어렸을 때 자신에게 무예를 가르쳐주던 아저씨가 일본땅에서 조선인 학교를 건설하기 위해 애쓰다가 일본 무사에 의해 살해되는 것을 목격하는 것이다. '민족적 한'이 '개인적 한'으로 대체되는 것이다. 내면에 조선인으로써 일본 최고의 무술인 가라데의 고수들을 물리친다는 민족적인 자긍심이 자리할 수 있었을 테지만 이 영화에서는 그것을 드러내지 않는다. 조선인 무사와 일본인 고수의 구분이 아니라 무사들 사이의 승부욕일 뿐으로 표상된다.

이러한 표상 방식은 일본이라는 선진의 땅에 혈혈단신으로 건너가서 자기가 원하던 분야의 최고가 되기까지의 힘든 과정을 중심에 두는 플롯 구성과 함께 탈역사적인 개인 차원에서 경쟁을 통한 성공 이야기를 만들어간다.

이처럼 조선/한국이라는 특정 영토 외에 다른 공간에서 탈정치·탈역사화된 맥락에서 벌어지는 이야기를 순수한 휴머니즘으로 접근하고자 하는 욕망은 세계화시대인 지금에 일제 식민시기를, 영웅이 되었던 실존하는 인물들의 이야기를 선택하여 탈민족을 향하게 했던 것이라고 할 수 있다.3)

---

3) 〈역도산〉 제작자인 차승재의 말처럼 "〈역도산〉 같은 경우, 그래서 내셔널리티가 없고, 기본적인 휴머니즘에 호소하려고 했던 영화"(차승재,

4. 순수사랑으로 민족차별, 계급차별의 은폐

이들 영화에서 순수한 휴머니즘은 남녀의 사랑 문제에서 두드러진다. 〈역도산〉의 역도산과 〈바람의 파이터〉의 최배달은 일본여성과 순수한 사랑을 나눈다. 역도산과 최배달은 상대가 일본 여성임에 대해서 타민족 여성과의 결혼이라는 것에 대해서 전혀 고민하지 않는 것으로 그려진다. 두 남녀가 문화적인 차이나 민족적인 차이로 갈등하는 장면은 단 한번도 나오지 않는다. 이들 영화에서 식민시기라는 것은 탈정치화된 역사로 재구성되고, 다만 하나의 시대적인 배경에 머문다. 조선 남자와 일본 여자의 관계를 다루는 이 두 영화와 달리 조선인 남녀의 사랑 이야기를 담고 있는〈청연〉의 경우에서도 순수한 사랑은 마찬가지이다. 박경원과 애인 한지혁의 대화 중에는 일본인과의 관계에서 발생하는 조선인으로서의 고뇌라던가 타지에서 살면서 겪는 차별에 대한 분노는 찾아볼 수 없다. 마치 한동안 외국에 나가 머물면서 사랑을 나누는 듯하다.

순수한 사랑은 종종 민족 차별과 계급 차별을 드러내는데 반해서 이들 영화는 민족차별과 계급차별을 은폐한다. 역도산과 최배달은 일본에 건너가서 살다가 일본여성, 그 중에서도 게이샤와 결혼한다. 일본인 아내는 역도산과 최배달이 조선인임에 대해서 전혀 문제삼지 않는다. 〈역도산〉의 경우에 영화는 게이샤의 계급적 위치를 드러내려 하지 않는다.[4] 설령 일본문화에서 게이샤와 결혼하는 것이 조

윗 글 참조)가 된 것이다.

4) 〈바람의 파이터〉의 경우에는 배달이 사랑하는 여성이 게이샤로서 원하지 않는 연희 자리에 나가야한다는 장면이 나온다는 점에서 〈역도산〉과 약간 다르다.

선에서 기생을 조강지처로 두는 것과는 다른 의미일 수 있겠지만, 한국의 관객은 역도산과 최배달이 일본의 중산층 여성과 혼인하지 못했다는 점에 대해서 한국의 문화 지평에서 해석할 것이다. 그래서 조선인으로써 일본의 땅에서 스모인으로 그리고 가라데의 고수로, 일본인 여성과 결혼을 하고 일본인보다 더 일본인처럼 살았으나 그들은 일본 사회의 중심으로 편입하는데 성공하지는 못했다고 해석할 수 있다. 그럴 경우, 역도산과 최배달의 순수한 사랑은 중심으로 편입하고픈 식민인의 욕망이라고 읽을 수 있다.

역도산은 조선인의 정체성을 버리고 다른 무엇의 정체성의 가능성을 찾는다. 예를 들면, 〈역도산〉에서 역도산이 남의 눈을 피해 찾는 조선인 친구에게 조선이 자신에게 해준 것이 없다며 자신은 "조선, 일본, 그런 것에 관심 없고 세계인일 뿐"이라고 말하는 장면은 대표적이다. 일본인도 조선인도 아닌 세계인으로서의 정체성을 새롭게 구성하고자 했다. 〈청연〉에서 박경원에게 한지혁이 '조선이 너에게 해준 것이 무엇이냐? 며 조선이라는 국가로부터 자유롭게 하고 싶은 것을 하라'는 의미로 조언을 하는 것도 민족주의를 억압의 기제로 바라보는 시선이 내재한 것이라고 할 수 있다.

이들 영화에서 순수한 휴머니즘은 남녀의 사랑 문제에서 가장 두드러지지만, 경쟁 관계를 다룰 때에도 최고의 가치로 제안한다. 역도산, 최배달, 박경원은 일제 식민시기와 그 이후 시기를 살던 실존 인물로 자신의 분야에서 최고가 된 인물들이다. 조선인이기 때문에 일본인 선배로부터 괴롭힘을 당하거나 실력을 과소평가받게 되어 좌절을 하지만 모든 악조건에서 맨몸으로 초인적인 노력으로 극복하고 결국엔 성공한다. 개인이 노력하면 모든 차별은 극복될 수 있는 것이라는, 성공 신화를 이룬다.

5. 한국영화의 초국화 경향과 관객의 반응

세계화시대 한국영화의 탈영토 욕구는 정치적인 인물을 배제하는
방향으로 움직인다. 친일인물이건 반일인물이건 간에 이들을 탈정치
화시킨다. 바로 이 지점에서 관객들의 호응을 얻어내거나 반감을 일
으키는데, 당시의 시대가 무엇을 요구하느냐에 따라서, 즉 당시에 특
정한 사건으로 인해 어떤 집단적 정서가 형성되어 있느냐에 따라서
내셔널리티에 대한 관객들의 관심은 흔들리는 것을 볼 수 있다.[5]

〈역도산〉, 〈바람의 파이터〉, 〈청연〉, 이들은 정도의 차이는 있으나
공통적으로 '탈민족-그리고-지역화'를 기획한 듯하나, 서사 차원에
대한 분석을 해보면, 그 성공의 정도는 세 편이 다양하고, 탈민족이
아닌 다만 '탈영토-그리고-지역화'로써 영토적 차원에서 성공하고
있다고 하겠다. 특히 〈바람의 파이터〉(2004. 8 개봉, 전국관객
2,346,446명)의 상대적인 흥행 성공과 〈역도산〉(2004. 12 개봉, 전국
관객 1,386,179명)의 상대적인 흥행 실패(영화진흥위원회 홈페이지
박스오피스 참조), 그리고 영화 외적인 여러 요인들이 작용한 탓도
배제할 수 없지만 〈청연〉의 절대적인 흥행 실패를 흥행 지도 위에
순서대로 늘어놓아 본다면, 민족주의 담론에 근거한 영화가 대중적
호감을 유도한다는, 즉 민족 문제에 근거한 영화가 산업적·문화적
인 성공 가능성을 제공해준다는 주장(제임슨, 1992 서문, xiii, 롭 윌
슨, 250 참조)이 한국의 영화관객들에게도 예외는 아니라고 하겠다.
물론 〈바람의 파이터〉가 만화를 원작으로 하고 있어서, 영화의 주관

---

5) 예를 들면, 평소에 일본 문화에 대해서 친근하거나 무관심하다가도 독
   도 영유권에 대한 주장에 접했을 때나 오노 사건 같은 경우가 발생하
   면 반일감정은 극에 달한다.

객층이라고 하는 10대와 20대
에게 기본적인 흡인력을 갖고
있다는 점, 그리고 〈역도산〉은
그에 비하면 주관객층에게 흡
인력이 상대적으로 떨어진다는
점 등도 일본관련 영화와 관객
의 호응도의 관계를 판단할 때
고려해야 한다. 극단적으로
〈청연〉에 이르면 대일관계에
대한 서사가 관객에게 주는 즐
거움의 근원은 분명 민족주의,
특히 폐쇄적인 민족주의에 머
물고 있는 듯이 보이기도 한다.

1990년대 후반 이후 한국영화는 민족 서사를 통해서 세계화에 대한
대응으로 지역화와 초국화 전략을 구현하고자 하는 경향을 보인다고
할 수 있다. 한편에서는 민족주의 서사를 강화하는 경향성을 보였는데,
이는 초국적 영화 자본의 세계화에 대한 지역화 대응이라고 볼 수 있
다. 〈쉬리〉와 〈공동경비구역 JSA〉[6] 등과 같이 한국의 분단이라는 소
재를 통해서 민족의 문제를 주제로 다루는 경우가 대표적이다. 이들은
헐리우드영화의 공세에 대응하기 위해서 전략적으로 국내시장을 확보
하고자 했다(염찬희, 2004). 김소영은 민족서사의 강조 경향에 대해 초
국적 자본주의가 전면화되는 시기에 민족국가단위 공동체가 강조되는
현상이 나타났다고 분석한다(김소영, 2001, 29쪽 참조). 또 다른 한편

---

6) 2005년 〈웰컴투 동막골〉까지.

에서는 아시아 시장을 공략하기 위해서 보편화된 이야기를 무국적 공간에 앉히는 초국화를 적극적으로 채택하는 경향이 있는데, 대표적인 예가 〈비천무〉, 〈무사〉, 〈2009 로스트메모리즈〉 등이다. 2004년 이후에는 초국적 자본주의가 전면화되는 시기에 민족국가 단위공동체가 약화되는 현상이 한편에서 나타나고 있다는 것을 〈역도산〉, 〈바람의 파이터〉 그리고 〈청연〉에서 볼 수 있다. 이는 민족 서사의 약화가 개인주의의 강화, 성공 신화, 가족의 부재, 그리고 순수한 휴머니즘 등으로 요약되는 신자유주의적 문화 특성과 섞여있다는 점에서 당대의 지구적 영화 산업의 요구가 만들어내는 또 다른 '제조합형의 문화 산물'(커닝햄과 플류, 2000)로 볼 수 있겠다.

참고문헌

김경욱(2002), 『블록버스터의 환상』, 책세상.

______(2005), "역사에 대한 '문학적 상상력'으로서의 기억", 『영화연구』, 26호.

김소영(2001), "사라지는 남한 여성들 : 한국형 블록버스터 영화의 무의식적 광학", 김소영 외, 『한국형블록버스터』, 현실문화연구.

염찬희(2004), "시장개방 이후 한국영화의 변화 과정과 특성에 대한 체계분석적 연구", 서울대 언론정보학과 박사학위논문.

롭 윌슨(2001), "세계화를 향한 길 위의 한국", 김소영 외, 『한국형블록버스터』, 현실문화연구.

Cunningham, S. and Flew, T.(2000), "De-Westernizing Australia?", Curran, J. and Park, M.(eds.), *De-Westernizing Media Studies*, Routledge.

Friedman, L.(1993), *British Cinema and Thatcherism*, Taylor & Francis Books Ltd.

www.kofic.or.kr(영화진흥위원회 홈페이지)

www.cine21.co.kr(씨네21 홈페이지)

이분법, 그 위로 날아오르지 못한 청연
-〈청연〉의 서사 논리에 내재한 몇 가지 맹점

박유희(영화평론가)

1. 〈청연〉 논란의 쟁점과 문제점

1980년대 국어시간에 김소월과 한용운의 시를 배울 때면 선생님은 '님'의 의미에 대해 오래 설명하셨다. 그 설명은 언제나 '님'이 '조국'이나 '독립'의 비유적 표현이라는 것으로 귀결되었으며, 이는 사지선다형 시험문제로 자주 출제되곤 했다. 필자는 그때 '두 시인의 시를 그냥 연인을 잃고 슬퍼하는 이의 가슴 아픈 연가(戀歌)로 읽으면 안 되는 것일까?'라는 의문을 조심스레 품었던 기억이 있다. 대학에 진학하여 김소월과 한용운의 시를 다시 배우며 이 시들에 대해 얼마나 다양한 해석이 있는지를 알게 된 것은 새로운 하늘을 보는 것처럼 놀랍고도 반가운 일이었다. 그리고 다양하게 읽힐 수 있는 가능성을 내재하고 있기에 이 시들이 좋은 작품이라는 것도 깨닫게 되었다. 지난 연말에 개봉하여 대중에게 외면당한 대형 영화 〈청연〉과 이 영화를 둘러싼 논란은 필자에게 중고등학교 시절의 문학교육방법을 환기시키는 동시에 작품에 내재한 해독의 가능성에 대해 다시 생각해보게 했다. 비록 흥행에 실패했더라도 작품을 둘러싸고 다양한 쟁점이 생

기고 논란이 다중적으로 전개되는 것은 바람직한 현상이며, 이러한 논란을 가능케 하는 작품은 이미 풍부한 해석의 가능성을 내재하고 있는 좋은 텍스트라고 할 수 있다. 이와는 반대로 텍스트를 둘러싸고 벌어지는 논란이 동어반복적이고 소모적이라면 우선 논자들의 사유 방식을 점검해 볼 일이지만 대상 텍스트가 그 정도의 논란밖에 제공 하지 못하는 측면이 있는 것이 아닌가라는 검토도 아울러 이루어져야 한다. 이는 우리가 어떤 사람에 대해 극단적으로 엇갈리는 평판이 있을 때 그것을 말하는 이들의 입장과 더불어 대상이 되는 이의 됨됨이를 꼼꼼히 살펴보게 되는 것과 같은 이치이다.

〈청연〉을 둘러싼 논란은 "박경원이 최초의 여성비행사냐, 아니냐?", "박경원이 친일파냐, 아니냐?", "영화 〈청연〉이 친일파를 미화했느냐, 아니냐?", "〈청연〉이 좋은 영화냐, 아니냐?" 등이며 이는 일견 다양한 차원에서 논쟁이 전개된 것처럼 보인다. 그러나 실제로는 이분법에 근거한 입장들이 선정적으로 대립하는 양상을 띠었으며 이러한 논란은 크게 두 가지 쟁점으로 요약될 수 있다.

하나는 '박경원이라는 인물의 역사적 위상'에 대한 것이고, 다른 하나는 '영화 〈청연〉이 드러내는 시선의 정체성'에 대한 것이다. 이 두 가지 쟁점은 모두 결과론적인 해석의 문제이다. 즉 〈청연〉이라는 텍스트에 기인하여 '박경원'이라는 역사적 인물이 대두된 것이고, 결국 이 인물에 대한 해석이나 역사적 인식에 대한 평가는 텍스트를 분석하는 과정에서 도출된 결과를 바탕으로 추론되고 해석된 것에 대해 이루어지는 것이기 때문이다. 그러나 이 논란에 참여한 대부분의 논자들은 텍스트에 근거하기보다는 텍스트 외적인 자료나 이미 애초에 가지고 있는 입장을 가지고 주장을 펴고 있다. 예를 들면 '박

경원은 친일파이므로 박경원을 다룬 영화는 반민족적인 영화다'라는 단순 논리, '〈청연〉은 감독과 배우를 비롯한 많은 스태프들이 오랫동안 고생한 영화이므로 좋은 영화'라는 인정 논리, '한국에서 100억 원 들어간 영화를 잡아먹어서 어쩌자는 거냐'와 같은 현실 논리, 또는 감독이 인터뷰에서 밝힌 제작 의도와 텍스트의 결과를 혼동하여 〈청연〉을 '기존의 억압적인 민족 논리로부터 자유로운 개인적인 이상에 대한 영화'라고 말하는 어설픈 논리 등이 모두 이에 해당한다.

그러나 애석하게도 이는 그 주장들의 표면적인 치열함과 감정적 수위에 비례하여 생산적인 논의로 나아가는 길을 협소화하는 논의 방식이다. 텍스트에서 시작된 논란이 텍스트를 떠날 때 그것은 텍스트도 제대로 해명하지 못하고 논자의 주장도 제대로 펴지 못하고 마는 결과를 가져온다. 서로 다른 주장이 텍스트를 가운데 둔 소통의 맥락에서 담론으로 엮이지 못할 때 그것은 소통이 두절된 공허한 독백으로 목소리만 커지게 되기 때문이다.

그렇다면 왜 〈청연〉에 대해 이러한 논란이 일어났던 것일까? 그것은 이른바 '꽂히면 영웅'으로 대접하고 '수틀리면 마녀사냥'을 해 버리는 인터넷 여론 문화의 경박한 이분법에서 비롯된 것일 수도 있고, '동업자 의식'이나 '현실적 이해관계'에 기반을 둔 영화평단과 저널의 섹트주의에 기인한 것일 수도 있다. 그러나 이 글의 주된 관심은 이 모든 상황성의 중심에 위치하고 있는 〈청연〉의 텍스트이다. 왜 이런 일이 일어났는지를 〈청연〉의 텍스트에 한 번 물어보고자 하는 것이다. 따라서 이 글의 줄기는 텍스트의 전개를 따라 읽으며 서사 논리를 추출하고, 그것을 반성적으로 성찰해 보는 과정으로 이루어질 것이다.

2. 시퍼런 날개를 진부한 멜로드라마의 틀로 복속시키다

"어른들은 모이기만 하면 일본에 나라를 빼앗겼다고 분노했지만 아이들은 모이기만 하면 닌자 이야기를 했다."

〈청연〉은 일본군의 행렬을 보여주는 화면과 함께 이와 같은 당돌한 내레이션이 어린 소녀의 목소리로 깔리면서 시작된다. 이러한 내레이션은 이 영화가 일제강점기를 배경으로 하지만 기존의 민족주의적 시각과는 다른 길을 갈 것이라는 의도를 선명하게 드러낸다. 그리고 나서 이어지는 내레이션, "닌자들은 하늘을 날 수 있을까?"는 '하늘을 날 수만 있다면 닌자라도 될 수 있을 것 같은 소녀의 절절한 소망'을 드러내며 이후 이 소녀의 삶에 대한 강력한 암시로 작용한다.

영화의 전반부는 이러한 암시를 확인시켜 주는 방향으로 전개된다. 여자는 사람도 아니냐며 죽어도 학교에 가겠다고 아비에게 대들던 당찬 소녀는 기어이 다치가와 비행학교에 입학하여 도쿄 거리를 활보하며 자신의 꿈에 다가가기에 이른다. 이때 일본이라는 공간은 식민 수탈을 환기시키는 제국주의의 본토이거나 조선인에 대한 박해의 공간이 아니다. 조선보다 풍요롭고 자유로운 꿈의 공간이다. 직장에서도 학교에서도 박경원을 조선인이라고 차별하는 사람은 없으며 언제나 조심스럽게 처신하는 일본인들과 달리 큰 소리로 웃고 떠들고 다녀도 눈살을 찌푸리는 사람도 없다. 박경원은 학비를 벌기 위해 여자 몸으로는 험한 일인 야간 택시 운전을 하면서도 씩씩하고 쾌활하다.

이러한 묘사는 '당차고 배짱 있고 출세지향적인 한 인간'의 주관

적 시점으로 이루어진 것이기에 가능하다. 우리가 흔히 접해 온 '객관적인 식민 현실'이 아니라 자기에게 충실한 한 인물의 눈으로 보는 '그의 현실'인 것이다. 그에게 중요한 것은 현재 처한 공간이 제공할 수 있는 기회의 정도이다. 따라서 근대적인 문물과 이국적인 정취를 가진 도쿄가 박경원이라는 필터를 통해 오렌지 빛 공간으로 그려지는 것은 자연스러운 일이다.

이는 미국이 각종 불평등 협정 체결을 강요하며 한국에 대해 횡포를 부리고 있어도 미국에 공부하러 간 유학생들은 대국의 풍모와 선진 문물의 화려함에 일단 경도되지 않을 수 없으며, 그들에게 미국이라는 공간은 꿈의 실현을 위한 도약의 공간이 되는 것과 같다. 이러한 태도에 대해서는 자연스럽게 받아들이면서, 일제강점기 젊은 이들이 일본에 대해 가졌던 동경에 대해서는 지금까지 영화에서 제대로 묘사된 예가 거의 없었다는 것은 생각해 볼만한 문제이다. '현해탄 콤플렉스'라는 표현이 가능할 정도로 당시 신식교육을 받은 사람들에게 일본에 대한 동경과 열등감은 대단했으며, 지금도 그때 일본의 명문대학에 유학한 원로들에 대해서는 내심 그 실력을 인정하는 분위기가 있으면서도 말이다.

이러한 측면에서 볼 때 이 영화에서의 도쿄에 대한 묘사는 최근 활성화되고 있는 미시사적인 접근의 일환으로 당시 역사에 대한 새로운 접근의 가능성을 품고 있다. 따라서 "〈청연〉은 식민지 시대를 다룬 영화들 가운데 민족적 강박관념을 거의 찾아볼 수 없다는 점에서 매우 특이하게 다가온다."는 한 평론가의 평가는 이 영화의 초반에서는 유효하다.

그런데 한지혁이라는 인물이 출현하면서 그 신선한 가능성이 퇴

색하기 시작한다. 한지혁은 조선 갑부의 외아들로 야심이 큰 아버지의 강권에 의해 일본에 유학 갔지만, 정작 자신이 하고 싶은 바를 찾지 못해 방황하고 있는 유약한 인물로 그려진다. 그러나 그의 방황에는 치열함이 없다. 즉 그는 박경원을 위해 튀어 나온 낭만적인 소년과 같은 인물일 뿐 그의 행동에서 그 자신의 고민이나 현실감은 매우 미약하게 느껴진다는 것이다. 그는 눈 오는 거리에서 술에 취해 '희망가'를 부르지만 그것은 박경원에게 그가 조선 사람임을 알리고 교감하는 역할만 할 뿐이다. "이 풍진 세상을 만났으니 너의 희망이 무엇이냐."는 구슬픈 가사와 곡조는 여기에서 식민지 시대의 말못할 설움이라는 아우라가 최소화되고 로맨스의 계기로 단순화된다. 이후에 그의 행동은 모두 박경원을 위한 것으로 집중되며 인물 설정의 작위성이 두드러진다.

그러나 세상에 공짜란 없다. 이는 서사 구성에서도 마찬가지이다. 한 인물이 다른 인물을 위해서만 존재할 때 상대방을 빛나게 하는 측면도 있을 수 있지만, 그것이 지속되면 상대방의 발목을 잡아매기 십상이다. 한지혁이라는 부잣집 아들이 일본군 장교까지 되어 '사랑의 이름으로' 박경원의 곁에만 머물게 되면서, 박경원의 행동도 현실적 어려움 없이 한지혁과의 사랑 내지 그 언저리로 고착되어 가고 이와 더불어 박경원이라는 인물의 현실적 치열함도 퇴색한다. 여기에서 한지혁이 부르주아 근성과 역사적 명분 사이에서 갈등하는 복잡하고 유약한 인텔리로 그려질 수 있었다면 영화는 훨씬 더 긴장감을 확보할 수 있었을 것이다. 그래서 차라리 박경원이라는 인물이 자신의 꿈을 실현하기 위해 한지혁이라는 돈 많은 한량의 사랑을 이용하는 것으로 그리고, 영화가 그 과정에서 사회적 야망과 낭만적 사랑

사이에 놓인 한 근대 여성의 고뇌를 추적했다면 이 영화는 달라졌을 것이다.

그러나 박경원의 꿈을 실현하는 데 절대적인 후원자로 등장한 '한지혁'이라는 모호한 인물은 박경원이 왜 그리 날고 싶어 하는지, 왜 그리 고향에 돌아가고 싶어 하는지 등 보편적인 공감을 얻을 수 있는 현실적 계기들이 표현될 여지를 혼자 차지해 버림으로써 결과적으로 그러한 표현을 차단한다. 이로 인해 박경원이 반복해 강조하는 비상의 꿈은 추상적으로 다가오고 그의 죽음은 화면의 비장미에도 불구하고 다소 허황하게 느껴진다. 게다가 그녀가 마지막 비행에서 한지혁의 유골을 안고 타는 설정은 날기 위해서라면 닌자라도 될 성 싶던 여자의 강렬한 의지를 사랑 없이는 살 수 없는 멜로드라마 여주인공의 지고지순함으로 복속시킨다. 이로 인해 영화는 애초의 당돌함을 잃어버리고 박경원의 추락 장면처럼 힘없이 꺼져간다.

3. 박경원의 꿈만 보고 세상은 보지 못하다

이 영화는 전반부와 후반부로 확연히 나뉘는데, 그 분기점이 되는 것은 비행대회이다. 손에 땀을 쥐게 하는 박진감 실현에 성공한 비행대회 장면은 〈청연〉의 실제적인 클라이맥스에 해당한다. 이 장면 이후 영화는 급격히 힘이 빠지며 침울해진다.

비행대회 우승 축하연에서 박경원은 고향 방문 비행의 뜻을 밝히며 '조국(祖國)'이라는 말을 사용하여 요주의 인물 명단에 오르게 된다. 그 당시에 일반적으로 쓰이지 않던 단어를 입에 올리며 그 이전에는 전혀 암시된 바가 없던 소망을 밝힌 것부터가 다소 뜬금없는 설정인데다 그것으로 요주의 인물에 오르게 되고 급기야 조선적색단 사건에 휘말리게 된다는 것은 한 영화평론가의 말대로 "너무 편의적이다."

이 부분은 이 영화의 최대 맹점이며 아무리 긍정적으로 합리화해 보려 해도 너무 안이했거나 인식의 한계였다고밖에 할 수 없는 지점이다. 국가와 이념을 초월하여 자신의 꿈을 실현하기 위해 매진하는 인물을 그리면서, 그렇기 때문에 그 인물의 실제 행각을 합리화하거나 미화하기 위한 것이 아니라고 주장하면서, 그 인물을 좌절시키는 계기로 특정한 이념 집단을 끌어오는 것은 아전인수 격의 편리한 논리이다. 이념에 충실한 인물이 순진한 한지혁을 이용해 그의 눈앞에서 한지혁의 아버지까지 쏘아 죽였을 때, 그리고 그로 인해 한지혁과 박경원이 온갖 고문에 시달리는 장면이 구체적으로 눈앞에 펼쳐질 때, 한지혁과 박경원은 무고하고 순수하여 시대에 희생당하는 사람이 되고, 이와는 반대로 이념이나 대의에 충실한 사람은

피도 눈물도 없는 냉혈한이 된다. 결과적으로 영화는 박경원이 가진 꿈의 순수함을 부각시키기 위해 이념이나 대의에 충실한 사람을 오염되고 불순한 사람으로 폄훼하는 셈이 되는 것이다.

또한 조선적색단과 휘말린다는 설정은 일제강점기를 배경으로 한 시대극에서 주인공을 고난에 빠뜨리는 장치로 지금까지 자주 사용되어 온 것이지만 한지혁이나 박경원과 연루시킬 때에는 시대적인 전형에서 많이 어긋나는 설정이다. 개인적인 욕망의 실현을 위해 대의나 정당성을 돌볼 새가 없었던, 지금까지 일제강점기 시대극에서 다룬 인물들과는 많이 다른 인물을 형상화하면서 그를 걸려 넘어지게 하는 결정적 계기가 기존의 서사에서 사용해 온 구태의연한 장치라는 것은 애초의 야심찬 의도를 실제 서사 구성에서 구현하지 못한 예에 해당한다.

게다가 이 영화에서 박경원을 이해하고 무조건적으로 돕는 인물은 '공교롭게도' 모두 일본인이다. 기베도 그렇고 도쿠다 교관도 그렇다. 하다못해 택시 회사 주인에게서도 여성이나 조선인에 대한 차별은 찾아보기 힘들다. 이에 반해 조선인들은 하나같이 그를 곤경에 빠뜨리고 힘들게 한다. 아버지는 그녀가 학교 교육 받는 것을 빗자루로 때려가며 막고, 그녀를 스타로 만든 조선인 기자이자 독립운동가는 그녀가 지상에 거(居)하는 이유였던 연인을 결정적으로 앗아가며, 자매와 같던 정희는 한지혁을 박경원에게 빼앗겼다고 생각하자 매몰차게 돌아선다. 그리고 고국 비행을 위한 후원을 요청해도 일본인들보다 조선인들이 오히려 더 냉담한 것으로 그려진다.

사실 그랬을 수 있다. 당시 재일동포들이라고 해야 당장 먹고 살기도 힘든 판국이었을 텐데 조선의 여성 비행사가 고향으로 날아가

든 어쩌든 간에 무슨 상관이었겠으며, 누가 관심이나 있었겠는가? 그런데 문제는 꿈밖에 가진 게 없고 배우의 무구한 눈망울만큼이니 순수하고 선량하게 묘사되는 주인공이 이에 상처받고 절망한다는 점이다. 그리고 영화는 이러한 주인공의 아픔을 반복해서 보여준다. 이때 그의 꿈을 몰라주는 조선인들, 그리고 나아가 이 세상은 그에게 해주는 것도 없으면서 곤경에만 빠뜨리는 악(惡)이 된다.

이 영화는 박경원의 행적을 미화하려고는 하지 않았다. 그러나 인물의 순수함을 강조하기 위해 상관없는 인물이나 집단이 편의적으로 이용되고 결과적으로 왜곡되거나 폄훼된다면 그것이 균형 잡힌 서사 구성 방식이라고는 할 수 없다. 또한 이로 인해 순수한 개인과 타락한 세계라는 사춘기적인 도식이 주제로 표출된다면 그 한계는 자명해진다.

"가장 행복하고 달콤했던 순간은 하늘로 비상할 때였노라." 이는 실제 박경원이 남긴 말로 이 영화의 마지막에 새겨지는 자막이다. 이 영화의 무리한 설정과 그로 인한 한계는 이 말에 너무 경도된 데 기인한 것이 아닌가라는 생각을 해본다. 다시 말해 박경원이라는 인물의 날고 싶다는 낭만적 꿈에만 너무 매혹된 나머지 세상을 보는 데는 소홀했던 것이 아닌가 싶은 것이다.

그러나 이를 너그럽게 수용하기에는 세상이 너무 만만치 않고 복잡하며 다양한 이해관계가 공존한다. 그리고 서사에서 개인의 꿈이라는 모티브는 그것을 표상하는 방식이 사실적이든 환상적이든 간에 심층에서 세상과 치열하게 접전할 때 비로소 의미를 가지며 빛을 발할 수 있는 것이다.

영화 〈청연〉이 후반부로 갈수록 힘이 빠지는 것은 개인의 꿈과

완강한 세상을 현실적 계기 속에서 연관짓지 못하고 도식적으로 분리해 버린 것이 첫 번째 이유요, 그나마 이를 바라보는 시선이 양쪽에 대해 균형을 잡지 못하고 만 것이 두 번째 이유이다. 그리고 박경원이 가진 비상의 꿈에는 매혹되었으면서도, 여성이자 식민지 백성으로서 야망을 위해 험난한 세상을 헤쳐 나가야 했던 인물의 복잡한 내면과 그가 살았던 시대를 제대로 이해하지 못한 것이 그 세번째 이유이다.

4. 차라리 뻔뻔한 친일을 보고 싶다

영화가 개봉되기 전부터 논란이 되었던 '박경원이라는 비행사의 최초 여부나 친일 여부'는 이 영화를 해독하고 평가하는 데 전혀 중요하지 않다. 그리고 필자의 단견으로는 이러한 논란이 이 영화의 흥행 실패에 필연적인 연관이 있는 것 같지도 않다. 아무리 〈타이타닉〉 불매운동을 벌였어도 영화적 재미 앞에서는 다 소용없었듯이 친일 논란이 있었다 해도 경우에 따라서는 그것이 오히려 호재로 작용했을 가능성도 있었다고 보기 때문이다. 따라서 이 영화의 흥행 실패는 친일 논란과는 다른 차원에서 논의되어야 할 문제라고 판단된다. 이와 마찬가지로 이 영화가 이룩한 스펙타클과 영화 기술적인 개가도 또 다른 차원에서 제대로 논의되고 평가되어야 할 일이라고 생각한다. 이 영화가 흥행했든 아니든, 기술적으로 훌륭하든 아니든, 박경원이 역사적으로 친일파이든 아니든 간에, 이 영화는 박경원이라는 인물의 내면을 심도 있게 표현하는 데 만족할 만한 성취를 이루지 못했다.

박경원이라는 실존 인물은 영화화해 볼만한 흥미로운 요소를 많

이 가진 인물이다. 1901년생 근대 초기 식민지 여성이 지배국에 건너가 스스로 학비를 충당해가며 남자도 하기 힘든 비행기 조종사 자격증을 땄다는 것만으로도 입지전적인데, 개인적으로 숙원해온 장거리 비행을 위해서는 선택의 여지가 없었던 '일만친선 황군위문 일만연락비행(日滿親善 皇軍慰問 日滿連絡飛行)'을 하려고 날아오른 지 45분 만에 추락함으로써 33세의 나이로 요절했기 때문이다. 입지와 요절 이 두 가지 사실만으로도 얼마든지 극화가 가능하다. 멀리 갈 필요도 없이 〈연산군일기〉에 몇 번 나오는 이름만으로 이야기를 만들어 낸 연극 〈爾〉와 이를 토대로 영화화하여 천만 관객 동원의 축포를 터뜨리고 있는 〈왕의 남자〉를 보면 쉽게 알 수 있다.

따라서 역사적 인물을 극화할 때 허구가 가미되는 것은 당연한 일이며, 좀 더 근본적으로 따져볼 때 허구와 사실을 경계 짓는 일은 매우 어려운 문제이기도 하다. 극화한다는 것은 결국 사실을 허구의 틀로 집어넣는다는 의미이며, 따라서 모든 이야기는 결국 말하는 이의 해석의 문제라고 해도 과언이 아니기 때문이다. 따라서 〈청연〉이 박경원의 행적을 그대로 그리지 않은 것이 그의 친일 행적을 미화한 것이라고는 할 수 없다. 사실과 허구가 어우러져 서사적으로 개연성을 확보한다면 텍스트 외적인 근거를 가지고 그것을 문제 삼을 수는 없는 것이다.

그런데 문제는 〈청연〉의 서사 논리 안에 치명적인 모순이 존재한다는 점이다. 개봉하기 이전에 박경원이라는 실제 인물의 역사적 위상 문제로 논란이 시작된 것은 김소월과 한용운 시의 '님'을 '조국'이나 '독립'으로 해석해야 한다고 믿는 우리 사회의 뿌리 깊은 민족주의적 강박증에서 비롯된 것이므로 영화의 서사 논리와 큰 상관이

없다고 할 수 있다. 그러나 개봉 이후에도 〈청연〉이 이분법적인 대립 논리에 발목 잡히게 되는 것은 영화에 내재하는 서사 논리가 가지는 맹점에 일정한 책임이 있다.

〈청연〉은 식민지 시대 여성이라는 이중적 질곡 속에서 '세상, 그 위로 날아오르려 한' 인물을 그리려 하면서 그의 좌절에 독립운동을 끌어들이고, 마지막 비행에 지고지순한 여성상을 덧씌운다. 이는 '친일이냐, 아니냐', '조선이냐, 일본이냐', '여성으로 사느냐, 비행사로 사느냐' 등 이분법적인 사고와 양자택일의 선택을 강요하는 세상에서 그러한 선택을 넘어 자신의 욕망을 실현하고자 했던 인물을 다시 친일이 아니면 독립운동이고 사랑이 아니면 죽음이며, 내편이 아니면 모두 적이라는 구태의연한 이분법적 도식으로 귀속시켜 버리는 결과를 초래한다. 이로 인해 〈청연〉은 애초의 의도와 상관없이 박경원도 곡해하고 시대도 곡해하고 만다. 그래서 이 영화는 개인의 일대기로서도, 여성 영웅을 주인공으로 한 여성영화로서도 기대했던 만큼의 성취를 이루어내지 못하고 만 것이다. 민족주의적 강박관념, 이분법적 도식을 넘어서려 한 야심찬 시도가 다시 민족주의적 강박관념에 사로잡히고 이분법적 도식으로 귀환하는 한계를 노정하고 만 것은 너무나 안타까운 일이다.

필자는 영화를 보는 내내 답답한 마음으로 박경원이 "그래, 나는 비행사가 되고 싶었다. 조선 여자라는 질곡과 차별을 넘어 자유롭게 하늘을 날고 싶었다. 딸이라고 학교도 안 보내주었던 아버지에게 비행기를 타고 당당하게 날아가고 싶었다. 그래서 나의 야망을 위해 일본인과 친하게 지냈고 권력과도 타협했다. 그런 이유로 나를 친일파라고 부르고 싶으면 그렇게 불러라!"라고 당당하게 외쳐주기를

간절히 바랐다. 그 욕망이 추악하더라도 그것이 그 시대를 살았던 사람이 가질 수 있는 욕망이었다면 박경원을 통해 시대 속에 묻힌 개인을 그려낼 수 있었을 것이다. 그러나 그런 일은 일어나지 않았고 박경원은 세상을 등진 채 힘없이 스러져 갔다.

언제쯤 그렇게 당당한 욕망을 만날 수 있을까? 아니 당당하다 못해 뻔뻔스러운 욕망을 볼 수 있을까? 어떻게 하면 그 욕망이 세상과 난투극을 벌이다 맞이하는 장렬한 최후를 목도할 수 있을까? 〈청연〉의 시도와 한계를 교훈 삼는다면 그것이 가능할지도 모르겠다.

특집 Ⅱ

여성·주체·복수

폭력적 복수의 주체가 된 모성

-〈친절한 금자씨〉와 〈오로라공주〉를 중심으로

황영미(숙명여대 교수, 영화평론가)

인류의 반이 여성임에도 그동안 한국영화에서 여성을 주체로서 바라본 시각을 드러낸 영화는 그리 많지 않았다. 영화 속 여성 인물들은 대부분 남성들의 성적(性的) 욕망의 대상이 되어 성폭행을 당하는 인물이거나, 남성의 주체적 시선으로 본 타자로 그려져 왔다. 여성인물에 초점 맞춘 작품이 있다 하더라도 여전히 여성은 남성 중심의 가부장제라는 억압적 질서 속에 편입되어 있는 것으로 나타났다. 그러나 몇 년 전부터 여성에 대한 사회적 인식의 변모를 보이는 영화가 등장하기 시작했다. 〈엽기적인 그녀〉가 신호탄이 된 이후 여성들은 연애에 있어서 주도권을 잡거나, 〈바람난 가족〉이나 〈녹색의자〉처럼 성적 욕망의 주체로, 혹은 〈조폭마누라〉처럼 폭력조직의 우두머리, 〈잠복근무〉처럼 터프한 여형사로 표징되기도 했다.

이런 변화의 연장선상에서 2005년에는 새로운 변화의 양상을 띤 영화가 등장했다는 점이 주목된다. 바로 박찬욱 감독의 복수 삼부작의 마지막인 〈친절한 금자씨〉와 방은진 감독의 장편 데뷔작 〈오로라공주〉에서 여성이 폭력적 복수의 주체가 된 점이다. 여성이 폭력적 복수의 주체가 되었다는 것 자체가 반가운 일이라고 할 수는 없

다. 그러나 억울한 일을 당하고도 마음속으로만 간직하고 복수를 하지 못하고 살아가던 여성인물과는 다르게 현실에서 직접 응징의 행동으로 옮기는 적극적 양상을 보인다는 점에서 기존의 영화와는 다르다. 그동안 여성의 복수는 직접 응징을 행동으로 옮기기 보다는 한을 품은 '원귀'가 되어 영혼을 통해 복수를 하는 양상이 있을 뿐이었다. 사실 우리민족의 정서는 '복수'보다는 '은근과 끈기'로 '참고 인내하는' 쪽에 가까웠다. '인내'는 남성보다는 여성에게 더 강조되어 왔으며, 폭력에 의한 직접적 복수는 남성의 전유물이기도 했다. 스릴러와 누아르에서 나타나는 폭력적 복수는 여성이 근접할 수 없는 금기로 취급되었다. 그런데 〈친절한 금자씨〉와 〈오로라공주〉에서는 이러한 금기를 깼다. 살인과 범죄를 자행하는 여성인물을 주인공으로 택한 것이다.

자식의 희생에 의해 분노하는 모성

여성이 폭력적 복수의 주체가 된 영화는 남성 주인공의 스릴러나 누아르와는 어떻게 다른가. 쿠엔틴 타란티노 감독의 〈킬빌〉에서는 자신을 죽이려고 했거나 이 일에 동조한 사람들에게 복수하는 여성인물을 그렸다. 살인조직의 킬러였던 주인공 '더 브라이드(우마 써먼)'는 결혼식날 공격을 받게 된다. 임신중이었던 그녀가 한동안의 코마 상태에서 깨어나 보니, 몸은 움직일 수 없도록 만신창이가 된 채 이미 출산을 한 상태가 되어 있었다. 이후 자신을 죽이려고 했던 사람들에 대한 복수가 시작되는데, 이는 생사를 알 수 없는 자식에 대한 모성애와 더불어 증폭된다. 바로 이 지점이

여성이 폭력적 복수의 주체로 등장하게 되는 근간이라고 할 수 있다. '여성은 약하나, 어머니는 강하다.'는 격언은 만고불변의 진리이다. 모성애를 건드리면 여성은 남성보다 훨씬 민감하고 치열하게 반응한다.

박찬욱 감독은 〈복수는 나의 것〉에서 부성애, 〈올드보이〉에서 근친상간적 형제애로 남성의 복수를 영화화한 바 있다. 그러나 〈친절한 금자씨〉의 복수의 근원이 된 모성애는 남성의 부성애, 형제애와는 양상이 다르다. 이금자(이영애)는 자신의 아이를 담보로 협박하는 백한상(최민식) 때문에 아이를 위해 스스럼없이 유괴살인의 죄를 뒤집어쓰고 감옥에서 13년간을 복역한다. 여성이 자식 때문에 13년간 복역할 수 있다는 것은 설득력이 있어도, 남성이 자식 때문에 그럴 수 있다고 여겨지지 않는 것은 왜일까. 절대절명의 모성은 남성과는 생물학적으로부터 정신적인 측면까지 차이가 난다. 여성이 자식을 몸속에 지니고 있었다는 점은 자식이라는 존재 자체를 자기 자신과 쉽게 동일시하게 하며, 고통 속에서 직접 낳는다는 점이 자식에 대한 모성애를 자연스럽게 강화시킨다. 그래서 〈친절한 금자씨〉에서 나타난 이금자의 강한 모성애는 자신이 죽음을 방조했다는 이유로 유괴살해당한 원모에게는 속죄의 감정과 보다 가깝게 밀착되는 것이다. 그러므로 백한상에 대한 복수는 자기 자신을 향한 정죄와 동일시되었고, 그렇기 때문에 그녀에게는 다른 어떤 복수와는 다르게 기도와 구원이 간절히 필요했던 것이다. 출소하자마자 원모의 집에 가서 자신의 새끼손가락을 자르는 등의 자해행위는 어머니로서의 자식 사랑을 누구보다도 가슴 깊이 인식하고 있는 사람으로서 결코 과장된 행동이라고 볼 수 없다. 자식을 위해 유괴살인죄를

뒤집어쓰고 감옥에 갈 정도의 모성애를 지닌 사람은 자신이 가해자라는 것, 그리고 자신이 방조했기 때문에 남의 자식이 죽게 되었다는 가책은 바로 자신이 자식을 직접 죽인 것처럼 강하게 와 닿을 수 있다.

이런 그녀이기에 원모 이후 유괴살해된 아이들의 부모의 심정 또한 자기 자신의 마음처럼 느낄 수 있었다. 그래서 그녀는 '친절'하게도 유괴된 아이들의 부모를 불러서 함께 복수할 기회를 주는 것이다. 폐교에서의 복수의 양상도 심장이 약한 부인이 남편보다 앞서서 복수를 감행하는가 하면, 죽은 아이의 할머니가 가위로 마지막 대미를 장식한다. 남성 피해자 중에 도끼를 준비해 와서 백한상을 처단하는 사람이 있기는 하지만, 대부분 여성들이 먼저 앞장서서 잔혹한 복수의 의식에 동참한다. 이는 복수의 근원이 아이와 관련된 유괴에서 출발하기 때문에 분노한 모성성이 더욱 강렬하게 나타나는 것이다.

'여성이 한을 품으면 오뉴월에도 서리가 내린다.'는 속담은 금자의 복수 방식에서 드러난다. 〈친절한 금자씨〉는 여죄수 감옥을 자주 플래시백으로 보여주는데, 이는 금자가 만나는 사람들을 통해 수감되었던 13년 동안 백한상에 대한 복수를 어떤 방식으로 준비하는가를 보여준다. 출옥 후 금자가 복수를 준비하는 과정은 감옥에서 맺은 끊을 수 없는 인연으로 인한 여성들의 도움을 받게 되기 때문이다. 금자가 도움을 청하는 여성들은 모두 금자로 인해 특별한 은혜를 받은 인물이다. 사제권총을 만들어준 우소영에게 금자는 자신의 신장 하나를 떼어 준 적이 있었다. 권총의 설계도는 금자가 돌봐주던 남파간첩이었던 치매노인한테서 받았다. 출소 후 거처를 마련해 준 김양희에게 금자는 기도하며 교도

소에서 마음을 안식하는 법을 가르쳐준 적이 있다. 사제 권총의 은장식을 만들어주는 오수희에게는 그녀를 괴롭히던 '마녀'로 군림하던 여죄수를 혼내 준 적이 있다. 백한상과 동거하면서 금자에게 복수의 기회를 마련해주는 박이정 역시 '마녀'에게서 구타와 성적인 괴롭힘을 당했다. 이런 '마녀'가 병이 나자 간호를 자처하고 나선 금자는 '마녀'에게 오랫동안 약 대신 락스를 조금씩 먹여서 죽였다. 박이정 역시 이런 인연으로 금자의 부탁을 거절할 수 없다. 이는 금자의 복수가 얼마나 철저하게 준비되는지를 보여준다. 타인에게 도움 혹은 은혜를 베풀고 이를 자신의 복수에 이용한다는 것으로 보면 금자는 이기적이며 야비하다. 그러나 영화는 관객이 금자에게 면죄부를 주도록 금자가 벌하는 사람들의 나쁜 점을 강조하며 금자의 행동에 타당성을 부여하고 있다.

금자는 출소 후에도 늘 촛불을 켜놓고 기도를 한다. 이것은 교도소에서부터의 습관이다. 유괴살인범으로 수배된 자신의 몽타주가 박힌 포스터를 벽에 붙여놓고 원모에게 속죄하는 기도를 한다. "기도할 때 금자의 얼굴에서는 빛이 난다"는 내레이션과 함께 화면에 나타나는 금자의 얼굴은 후광과 함께 빛이 난다. 이 때의 금자는 천사처럼 아름답고 예쁘다. 그리고 금자의 입을 통해서 감독은 분명히 말한다. 뭐든지 예쁜 게 좋다고. 심지어 총조차 예쁜 게 좋다면서 멋진 은세공장식을 붙인다.

예쁘다는 것이 살인을 하는 여주인공에게 과연 어떤 영

향을 끼칠 수 있는가 생각해보자. 〈몬스터〉에서 샤를리즈 테론은 괴물처럼 모습을 바꾸고, 연쇄살인을 저지르는 망가질 대로 망가진 거리의 창녀 역을 하였다. 흉하게 생겼다고 이 영화의 주제가 흐려지는 않는다. 즉 사회가 이 여자를 이렇게 만들었으므로 여주인공에게 면죄부를 주어야 한다는 공감대가 생기지 못할 이유는 없는 것이다. 그러나 〈몬스터〉의 여주인공과 기도하는 아름다운 금자는 콘셉트 자체가 다른 것이다. 살인을 하더라도 모성을 지닌 어머니의 모습은 흉한 괴물의 이미지와는 사뭇 다르다. 금자는 모성이라는 '천사'의 이미지를 지니고 있기 때문에 흉함보다는 아름다움이 더 잘 어울린다. 물론 전술했듯이 금자의 행동이 옳다는 것은 아니다. 그렇다고 해서 금자의 도덕성 결여를 두고 금자에게 돌을 던질 사람 또한 흔하지 않을 것이다. 영화는 금자가 응징하는 자의 비도덕성을 강조하며 금자의 도덕성을 문제 삼지 않고 있기 때문이다. 사회에는 개인이 죄를 지었을 때 그 처벌은 공공기관을 통해 하게 되어 있는 법이라는 존재가 엄연히 있다. 사적(私的)으로 원한을 복수하는 것은 법으로 금지되어 있는 것이다. 그런데 금자의 한맺힌 깊은 원한은 반드시 사적으로 복수를 해야 하며, 자신만 복수하는 것이 아니라 그런 원한을 지닌 사람들과 기꺼이 그 기회를 나누고 있다. 우리 모두 공범이 되자며 종용하고 있는 것이다. 이렇게 나쁜 사람을 직접 처단하는 것은 나쁜 것이 아니라며, 백한상 때문에 자식이 죽은 사람들을 모아놓고 '백한상 처단식'을 함께 거행한다. 게다가 서로를 불신하며 나중에 고발하거나 딴 소리할 수도 있으니, 함께 사진을 찍어 놓아 아무도 서로를 고발할 수 없도록 하자는 공범의식까지 치른다. 백한상 처단식 후 유괴당한 아이의 부모들은 하

나같이 금자에게 계좌번호를 써 주며, 아이의 몸값으로 준 돈을 다시 부쳐달라고 한다. 유괴당한 아이의 부모들은 비로 영회를 보는 관객들의 모습이다. 부모들의 이러한 행동에 대해 도덕적이다 아니다 라고 할 수 없는 것처럼, 바로 이런 점에서 금자의 행동 역시 도덕성을 논할 수 없게 만든다. 뿐만 아니라 함께 그 자리에서 이 모든 일들을 묵묵히 지켜보며, 칼로 살을 잘 찌르는 방법까지 가르쳐 주는 경찰 역시 마찬가지다. 이는 우리 모두에게 정도의 차이가 있을 뿐 죄성이 있다는 점을 강조하고 있는 것이다. 이러한 복수심은 금자만 있는 것이 아니다, 당신들도 모두 백한상을 죽였지 않느냐, 경찰은 그것을 지켜보고 동조하고 있었지 않느냐는 것을 보여준다. 장엄한 레퀴엠 같은 분위기조차 가끔 유머러스하게 보이게 만드는 것이 이 영화가 지닌 독특함이다. 편집 또한 스피디하며 경쾌하게 진행된다. 마치 다큐멘터리를 보는 것 같은 느낌을 주는 단아하고 선명한 목소리의 내레이션도 관객이 금자에게 면죄부를 주는 요인이 될 수 있다. 바로 여기에서 자식 때문에 13년간 복역하였던 금자를, 기도하며 잠들었을 때 백한상을 잔인하게 죽이는 꿈을 꾸고는 미소를 짓는 금자를 관객은 단죄할 수 없게 된다.

어머니와 딸의 서사

출소한 금자가 백한상이 데리고 있던 자신의 딸을 찾아나서는 것은 자연스러운 코스이다. 백한상이 죽이지 않았다면 입양이 되었을 가능성이 있기 때문에 13년 전 살았던 동네 근처의 아동복지회를 찾아간다. 미혼모였던 금자가 친부모라는 것을 증명할 수 없으므로 공식적

으로는 아이를 찾을 수 없었다. 금자는 밤중에 아동복지회의 창문을 깨고 들어가서 서류를 한참을 뒤진 다음에야 사진 속의 딸을 발견할 수 있었다. 호주로 입양된 딸 제니와 금자가 만나는 초원은 초현실주의 회화 같은 기괴함과 원시적 신비함을 간직한 곳이다. 하늘을 향해 휘어진 이상한 나무 하나만 덩그마니 서있는 황량함이 풍기는 황무지 같은 공간이다. 현실과는 동떨어져 보이는 이 공간은 두 모녀의 합일 자체가 비현실성을 지니는 것처럼 느껴지게 한다. 게다가 제니는 영어를 쓰는 탓에 금자와 의사소통도 잘 되지 않는다. 그 공간은 두 모녀를 떼어 놓은 13년간이라는 시간적 거리감을 공간적으로 느껴지게 한다. 그러나 어색한 듯 보이는 모녀의 관계는 혈육이기 때문인지 금세 친밀함으로 바뀐다. 당돌한 금자의 딸 제니는 자신의 친엄마를 따라 한국에 가겠다고 한다. 거사를 앞두고 있는 금자 역시 제니를 데리고 있을 형편이 아니었다. 그러나 당돌한 제니가 한국행이 뜻대로 되지 않자 자신의 목에 칼을 대며 죽겠다고 협박까지 하자 금자도 양부모도 허락할 수밖에 없었다. 제니와의 동행은 금자에게 특별한 경험이 된다. 그렇다고 해서 영화에서 금자가 자애로운 어머니상을 나타내지는 않는다. 그러나 엄마는 한국어로 뭐라고 말하느냐고 물어오는 제니에게 "그냥 금자씨"라고 말하는 것은 '금자'라는 단어가 모성의 한 양상을 상징하는 것이라고 해석할 가능성이 없지는 않다. 백한상이 보낸 괴한들이 딸과 금자를 공격했을 때, 금자가 목숨을 걸고 딸을 구하며 괴한에게 총까지 쏘는 힘을 발휘하는 데서도 나타난다. 딸을 구하는 것이 자신의 생명보다 귀하다는 것을 보여주는 것이다. 팔을 쭉 앞으로 뻗은 달려가며 총을 쏘는 금자의 모습은 진지하며 심오한 분위기를 풍긴다. 금자가 골목길에서 자신이 만든 네모난 두부

모양의 하얀 케이크에 얼굴을 박는 모습에 흘러나오는 내레이션에서 화자는 "그래서 나는 금자씨를 사랑한다."라는 말을 내뱉음으로써 금자의 딸임을 밝힌다. 이로써 이 영화는 제니가 어머니의 이야기를 재구성하여 보여준 셈이 되는 것이다. 또한 어머니 금자의 행위에 대한 딸의 이해, 딸과의 화해를 말하는 것이다. 딸과의 화해는 궁극적으로 금자와 관객과의 화해로 치환된다.

결국 〈친절한 금자씨〉는 '모성'이라는 코드로 금자가 백한상을 처단하는 것에 대한 관객의 공감대를 이끌어내고 있음을 알 수 있다.

딸의 원한을 대리하는 모성

〈오로라공주〉는 자식이 유괴살해된 여성이 사건의 원인제공자를 연쇄살인이라는 잔혹한 방식으로 복수를 자행하는 영화이다. 이는 여성이 원한에 의한 살인을 저지른다는 점, 유괴살해라는 사건이 바탕에 깔려 있다는 점에서 〈친절한 금자씨〉와 유사하다. 그러나 〈친절한 금자씨〉가 회개와 기도하는 천사의 모습이 깃들어 있는 기독교적 코드가 깔려있는 반면, 〈오로라공주〉에서는 연쇄살인범 주인공 정순정(엄정화)이 기꺼이 딸의 영매가 됨으로써 샤머니즘적 코드로 풀어내고 있다. 이금자는 자신이 유괴의 주범은 아니지만 종범으로서의 행위를 했기 때문에, 회개가 필요하다. 그러나 정순정은 자신은 아무런 잘못이 없는 채로 딸이 죽었다. 그러므로 회개와 기도가 필요한 것이 아니라 억울하게 죽음을 맞게 된 딸의 원한을 대신 풀어줄 영매가 필요해서였는지도 모른다. 금자는 자신도 잘못을 했기 때문에 다른 사람들도 살인의 행위에 동참하며 자신의 죄를 약화시

킬 필요가 있다. 그러나 정순정은 그럴 필요가 없다. 모든 복수를 혼자서 계획하고 혼자 단죄하고 실행한다. 유일한 조력자가 되는 것은 마지막에 마음의 결심을 하는 이혼한 전남편 오성호(문성근)이다. 딸의 유괴살해는 오성호가 이혼함으로써 딸을 정순정 혼자 돌봐야 했었기 때문에 빚어진 사건이므로, 오성호도 잘못이 있고 이에 대한 책임이 있는 것이다. 그래서 오성호는 회개의 필요성이 있다. 영화에서 오성호가 성경을 자주 읽고, 목사가 되려고 한다는 것은 이와 관련되어 있다.

남편이 도와주기 전까지 정순정이 혼자서 하는 살해행위는 갖가지 방법이 동원된다. 방법은 다르지만 늘 여자아들이 당시에 많이 갖고 있던 오로라공주 스티커를 사체나 범행 주변에 남겨 둔다. 이 영화에서는 추리기법을 사용해 관객들에게는 정순정이 왜 잔혹한 살해행위를 계속하는지가 철저하게 비밀에 붙여진다. 이 영화의 구성은 사건이 터지고 나서 경찰이 범행을 역추적해 가는 방식을 취하고 있고, 경찰이 아는 만큼만 관객에게도 정보가 주어진다. 살해된 사체들은 서로 연관성이 없어 보이며, 정순정의 잔혹한 살해행위에만 영화는 집중된다. 그러다가 정순정의 회상, 딸 오민아에 대한 회상 장면을 통해 딸이 유괴살해 되었는지를 조금씩 짐작하게 될 뿐이다. 살해된 사람들과 민아의 죽음과의 연관성은 거의 마지막에

가서야 정순정의 환상장면으로 온전히 제시된다. 살해될 당시에는 그들의 예의없고 비도덕적인 면모만 드러날 뿐 민아외의 관련성을 찾기 힘들게 되어 있기 때문이다. 이는 이 영화가 분노하는 모성의 극한까지 다다른 후에야 그 수수께끼를 풀 만큼 정순정의 분노를 보여주는 데 치중했다는 것이다. 살해된 사람들은 모두 정순정의 딸이 유괴살해되게 만드는 원인제공자들이다. 민아를 맡겨두고 제 시간에 찾으러 가지 못한 정순정의 상황은 생각지도 않고 아이가 귀찮다고 아무런 관심 없이 길가에 내버려두고 가버린 불륜남녀부터 살해의 대상이다. 다음엔 일방통행로로 진입해 들어와 접촉사고를 유발하여 시간을 지체시킨 청년, 돈이 부족하다고 아이를 집까지 안전하게 데려다 주지 않고 길에 내리라고 한 택시기사, 유괴살해범에게 돈을 받고 정신보호감호로 빼내준 변호사 등의 순서가 정순정의 표적이다. 그러나 변호사는 직접 죽이지 않고 매립지에서 살려두는 대신 방송국에 연락하여 언론을 모은다. 그래야 정신보호 감호에 들어가서 최종 표적인 유괴살해범을 죽일 수 있기 때문이다. 정순정은 왜 이토록 많은 사람들을 죽여야 했을까?

정순정은 영화의 오프닝에서 아이(딸의 친구)를 핍박하는 나쁜 계모를 죽인다. 이는 계모를 죽이고 싶어하는 민아의 친구의 대리자로서의 역할을 대행한 것으로, 이후의 살인 행위 역시 민아의 분노를 대행해준다는 것을 암시한다. 그래서 택시기사를 죽일 때도 정순정은 민아의 목소리를 내는 영매가 되는 것이며, 쓰레기매립장에서의 민아의 목소리를 내는 것 역시 민아의 혼을 달래주는 것이다. 오로라공주 스티커를 몸에 붙이기를 좋아하던 민아를 대신하여 살해를 한 후, 그 징표로 오로라공주 스티커를 사체 근처에 붙여놓는 것도 그런 이유에

서이다. 정순정은 정신보호감호병동에서 정작 민아를 유괴살해한 범인의 목에 면도날을 들이댄 후에야 한맺힌 죽음으로 구천을 떠돌던 민아의 혼거두기가 끝난다고 생각했다. 따라서 혼거두기가 끝난 후엔 그동안 민아와 한 몸이 되었던 정순정 역시 민아와 영원히 함께 하기 위해 자신의 목에 칼을 대는 것이다. 딸과 한 몸인 모성은 부성과는 다른 생물학적이면서 원초적인 관계이기 때문이다.

모성에 대한 이상화

〈친절한 금자씨〉와 〈오로라공주〉에서 행위의 주체는 여성이며, 남성인물은 여성인물의 주변인에 그친다. 〈친절한 금자씨〉에 나오는 여성교도소에서의 에피소드는 그런 의미에서 상징적이다. 죄많은 여성들의 세계, 그녀들의 죄는 다 이유가 있다. 나쁜 남성이 원인이 되거나 세상이 죄를 짓게 만들었다. 금자의 복수를 도와주는 사람들은 모두 교도소에서 인연을 맺은 여성들이다. 물론 그들은 개인적으로 금자에게 모종의 은혜를 입기는 했지만, 반드시 위험한 임무를 맡아 도와야 하는 것은 아니었다. 이는 죄를 지었던 여성들이 금자의 복수를 돕는다는 것은 그만큼 그녀들 역시 개인적으로 원한이 있기 때문에 원한에 대해 깊게 공감한다는 데에 일차적으로 기인할 것이다. 그러나 잘 살펴보면 여성의 모성이 타인을 돌보고 도와준다는 특성을 지닌다는 점에서 남성의 의리 차원과는 다른 맥락을 지닌다는 점에 주목할 수 있다. 금자에게 살 집과 복수를 위한 도구를 제공해주는 등 금자를 위한 그녀들의 도움은 우정보다는 모성에 가깝다. 이는 〈친절한 금자씨〉가 여성복수극이 모성애에 근간을 두고

있는 것과 무관하지 않다.

〈친절한 금자씨〉에서 금자의 모든 관심은 제니라는 딸이다. 〈오로라공주〉에서 정순정은 아들이 아닌 딸이 유괴살해당함으로써 모녀관계가 훼손당했다. 같은 여성으로서 딸의 유괴나 입양은 곧바로 어머니 자신과 일체화되어 등치된다. 어머니와 딸이 한 몸이라는 것은 아버지가 배제된 모녀중심서사에서 성립된다. 아버지가 없다는 것은 라깡식으로 말하면 사회화되지 않은 원초적인 상상계적 관계이다. 상상계적 관계는 상징계에 속해 있는 아버지와의 관계보다 더 긴밀하다. 상상계적 서사를 통해 관객은 동일시의 효과에 근접하게 된다. 살인이 불러오는 비극성은 그 원인이 모성이 됨으로써 동일시와 연민을 자아내어 카타르시스된다.

모성애에 관한 한 인류 최대의 범죄인 살인까지도 용서할 수 있게 함으로써 이 두 영화에서 모성은 이상화되고 강화된다. 이는 주체적 여성의 한 양상을 강화된 모성성으로 보여주고 있는 것이다.

복수하는 여자들

김윤아(영화평론가)

　살아서 복수하지 못한 여자들이 죽어서 복수하는 소위, '여귀 호러영화'들이 한 풀 꺾이는 듯하자 완전 범죄를 꿈꾸지도 않고 살인을 더 이상 두려워하지 않으며 복수에 자신의 남은 삶을 올인하는 여자들이 한국 영화 속에 속속 등장하고 있다. 〈친절한 금자씨〉와 〈오로라공주〉가 대표적이다. 성격은 다소 다르지만 그녀들이 전면에 내세우는 것은 한결같이 '모성'이며, '내 아이'를 죽인 자들을 응징하고, 아이로 상징되는 '내 인생'을, '내 행복'을 앗아간 자들의 목숨을 가차 없이 빼앗는다는 점에서 진정 '무서운 엄마'의 등장이라 아니할 수 없다.

들어가며

　기실 여자들이 복수를 하는 영화 내러티브는 새로운 것이 아니다. 그러나 전통적인 가부장적 이데올로기가 아직도 서슬 퍼런 한국적 상황에서 영화 속 여자들이 세상에 복수하는 방식이 '살해'라는 점은 눈여겨볼 대목이다. 살해는 인간의 폭력 중에도 가장 극단적인 폭력의 양상이기 때문이다. 더구나 여자들이 살해를 하는 경우는 남

자들의 우발적 살해와는 달리 오랜 기간 계획하고 치밀한 준비와 살해를 할 충분한 동기를 갖고 행해지는 것이 대부분이라고 한다. 이 글의 의도는 영화 내러티브 속에 나타나는 여자들의 아이 살해나 복수를 지지하거나 박수치자는 것이 아니라 그런 이미지들이 가지는 재현의 정치학과 그 텍스트들의 의미화 과정을 징후적으로 읽어보려는 것이다.

영화 속 여자들의 살해는 확연하게 1997년 말의 IMF 경제 위기 이후 수적으로 증가하는 경향을 뚜렷이 보인다. 그래서 이 글은 IMF 이후의 텍스트들을 중심으로 삼고 있다. 여자들이 살해하고 복수하는 텍스트들의 등장은 IMF로 촉발된 한국 사회의 전반적이고 급격한 구조적 변화와 그런 변화에서 파생한 가치관 전도와 긴밀한 듯이 보이기 때문이다. 글을 본격적으로 시작하기 전에 두 가지 전제할 것은 첫째, 이 글에서 '복수'[1]의 의미를 자신이나 가족을 죽게 만든 상대에게 원한을 품어 살해하거나 죽도록 만드는 행위로 규정하기로 한다. 두 번째 전제는 영화 속 주인공을 직접 죽음으로 몰아넣은 일개인뿐 아니라 주인공을 실제로 죽이거나 상징적 죽음으로 몰아간 사회의 억압적 제도를 대표하는 사람들까지를 복수의 대상으로 삼는 텍스트를 중심으로 논의될 것이다. 가령, 〈여고괴담〉에서 아이들을 사정없이 구타하는 '미친개'를 죽이는 행위는 억압적이고 폭력적인 학교제도에 일종의 복수를 가하는 것으로 볼 수 있을 것이다.

위에서 전제한 시기에 여주인공이 원한을 가지고 상대를 살해하

---

1) 복수의 사전적 정의는 "자기에게 쓰라린 변을 겪게 한 대상에게 그와 같은 고통을 경험하게 갚음하는 일"이며 원수를 갚음. 앙갚음을 의미한다. 『동아 새국어사전』, 동아출판사, 1989년 판.

는 복수의 텍스트들을 시기별로 열거해보면, 〈여고괴담〉(1998)을 시작으로 아버지에 대한 복수가 남자에 대한 복수로 확대되는 〈텔 미 썸딩〉(1999), 2000년 여름의 청소년 학원 호러라 할 〈가위〉, 가정폭력에 시달리던 여자가 남편을 살해하는 법정 드라마 〈인디안 썸머〉(2001)로 이어진다. 이후 2002년의 〈폰〉과 〈하얀 방〉에 오면 '모성'이 여성의 복수와 살해의 동기로 등장하기 시작한다. 2003년 〈아카시아〉, 〈거울 속으로〉가 있었고[2], 2004년에는 〈령〉, 〈분신사바〉 등이 복수의 텍스트 범주에 든다. 특히 2005년에 오면 〈분홍신〉, 〈여고괴담 4 : 목소리〉, 〈친절한 금자씨〉, 〈첼로〉, 〈오로라공주〉, 〈6월의 일기〉 등을 꼽을 수 있다.

IMF가 시작된 시기를 지나면서 나타난 여성 복수 텍스트는 매년 한 두 편씩 보이다가 2002년을 기점으로 '모성'과 관련되면서 수적인 증가 추세를 보인다. 그리고 2005년에는 '모성'의 이름으로 거칠 것 없이 복수하는 텍스트들이 등장하는 경향을 나타내고 있다는 것을 알 수 있다.

---

2) 2003년에는 여성 복수의 텍스트는 아니지만 엄마가 아이를 죽이는 반(反)모성 이데올로기를 보이는 〈4인용 식탁〉이 있었으며, 엄마와 동생이 죽은 소녀의 환상을 그로테스크하게 그린 〈장화 홍련〉도 같은 해의 만들어진 텍스트이다. 〈4인용 식탁〉의 경우, 내러티브 상 여러 건의 유아 살해가 이루어지지만 복수의 성격은 아니고 〈장화 홍련〉의 경우에도 이미 죽은 어머니와 동생에 대한 죄의식이긴 하지만 여주인공의 행위가 정신적인 혼란에서 야기하는 것으로 복수라고 볼 수는 없어 이 글의 대상에서는 제외하였다.

이 텍스트들을 살해 주체의 성격으로 분류해 보면, 세 가지 범주의 유형이 추려진다.

첫째, 원한을 품고 죽은 여귀의 복수, 둘째, 혼합형 복수, 셋째, 살아있는 여자의 복수로 분류할 수 있다. 특히 혼합형 복수의 유형은 빙의나 판타지의 형식으로 살아있는 여자에게 죽은 여자의 귀신이 씌여 산 여자와 죽은 여자가 합세해 상대를 죽음이나 그와 유사한 상태로 몰아간다.

	여귀의 복수	여자+여귀의 복수	여자의 복수
1998년	〈여고괴담〉		
1999년			〈텔미 썸딩〉
2000년	〈가위〉		
2001년			〈인디안 썸머〉
2002년	〈하얀 방〉	〈폰〉	
2003년		〈거울 속으로〉	
2004년	〈령〉	〈분신사바〉	
2005년		〈분홍신〉 〈첼로〉	〈친절한 금자씨〉 〈오로라공주〉 〈6월의 일기〉

첫 번째 여귀의 복수에 범주에 속하는 텍스트로는 〈여고괴담〉(1998), 〈가위〉(2000), 〈하얀 방〉(2002), 〈령〉(2004) 등이 있다. 두 번째 범주에는 산 여자와 죽은 여자의 혼합형 복수의 범주에는 〈폰〉(2002), 〈거울 속으로〉(2003), 〈분신사바〉(2004), 〈분홍신〉(2005), 〈첼로〉(2005) 등의 영화들이 속한다. 〈텔미 썸딩〉(1999), 〈인디안 썸

머〉(2001), 〈친절한 금자씨〉(2005), 〈오로라공주〉(2005), 〈6월의 일기〉(2005)가 세 번째 범주에 속한다.

첫 번째 범주와 두 번째 범주는 대개 실재인지 환상인지 구분이 쉽지 않은 판타스틱한 시공간이 펼쳐지며 그 곳에서 초월적인 힘을 행사하는 여성 주인공(여귀이거나 귀신과의 빙의 등으로 극심한 정체성 혼란을 느끼는 여성주인공)이 초점화의 주체가 되는 영화적 상상력을 보여준다. 특히 두 번째 범주의 영화들은 귀신과 현실 세계의 여자가 심리적으로 빙의의 방식으로 동일시되기도 하고 분리되기도 하여 확실한 복수 행위의 주체가 누구인지 명확히 구분해내기 어려운 경우가 많다.

그러나 세 번째 범주에 속하는 영화들은 잦은 플래시백으로 단선적이고 연대기적 시간순서를 따르지 않는다 해도 지극히 현실적인 시간 원리를 따르고 있기 때문에 다른 두 범주와 달리 시공간 상 독해의 어려움이나 혼란은 상대적으로 적다. 귀신이나 초자연적인 힘의 사용 같은 것은 애초에 없는 영화들이다. 환상물로 기능하는 앞의 두 범주의 영화들과는 달리 이 범주의 영화들은 대개 범죄 영화나 스릴러 장르로 구분이 가능한 텍스트들이다.

그 영화들이 위치하는 이데올로기적인 거점들이 어디이고 영화 속 주인공들의 행동이 함의하는, 혹은 균열이 보이며 의미들이 작동하는 과정을 추적해 보고자 한다.

1. 여귀의 복수 : 상상계적 교란

〈여고괴담〉, 〈가위〉, 〈하얀 방〉, 〈령〉같은 영화들은 소위 여귀호러

영화에 속하는 텍스트들이다. 살아서 원한을 품거나 억울한 누명을 쓰고 죽임을 당한 여자들이 죽어서 귀신이 되어 산 자들의 세계로 돌아와 테러를 가하는 비교적 단순한 내러티브의 영화들이다. 살아서는 자신을 죽게 만든 대상에 대해 힘을 행사하지 못하지만 죽은 후에는 귀신이 되어 살아 생전 갖지 못한 강력한 힘으로 복수를 한다. 그러나 대개의 경우 이러한 여귀의 복수는 원한이 해소되면 멈춰진다. 최근에 귀신이 등장하는 영화들에서는 원한이 완전히 해소되지 않거나 불특정 다수를 향한 테러가 또다시 꼬리를 물고 일어날 가능성을 열어둔 채 영화가 끝나는 경향이 있지만, 이는 대중적인 호러영화의 장르적 컨벤션으로 보인다.

결혼하지 않은 여자들이 순식간에 만삭으로 배가 불러 죽어가지만 범인이 누구인지 애매하게 끝나는 〈하얀 방〉은 인터넷을 통한 연쇄 살인 사건과 낙태 문제를 다루려는 시도에도 불구하고 이미지의 강렬함이 이데올로기적 보수주의에 공조하고 마는 텍스트로 보인다. 또 학창시절 친구들에 의해 살해된 여귀가 복수를 펼치는 〈가위〉와 〈령〉과 같은 이 범주의 영화들은 확실히 할리우드 여름용 10대 학살 영화의 영향을 많이 받은 장르 영화들이라고 할 것이다. 술이나 마약, 섹스가 난무하는 할리우드의 호러 장르적 특성은 많은 변형을 보이지만 이데올로기적으로 보수적이라는 비판은 면하기 어렵다.

이 범주의 영화들 중 가장 중요하게 평가되는 〈여고괴담〉 시리즈는 사춘기 소녀들의 감성을 무기로 학교라는 억압적 공간을 귀신이 난무하는 실재계적 공간으로 전환 시키며 탈주하는 미덕을 보인다. 복수의 대상이 직접적으로는 친구지만 미친개라 불리는 폭력교사와

히스테릭한 반응을 보이는 여선생을 죽여서 모두들 볼 수 있는 곳에 매달아두는 장면은 분명히 복수의 성격을 띠는 것으로 보인다. 전복적으로 보이는 이 장면들은 시리즈가 진행됨에 따라 억압적 학교 제도나 부조리를 폭로하는 대신 동성애 코드를 가진 친구들 간의 사랑과 배신(〈여고괴담 두 번째 이야기〉), 혹은 좀 더 어린 소녀들의 사랑과 질투(〈여우계단〉)로 그 리비도가 외부에서 내부로 향하는 양상을 나타낸다. 〈여고괴담 4 : 목소리〉의 마지막 장면을 상기하면 결국 소녀들은 학교를 떠나지 못하는 귀신을 보여준다. 흡사 그 장면은 학교라는 감옥에 갇혀 버리고 마는 소녀들을 은유하는 듯하다. 더구나 그 소녀귀신은 무엇이라고 큰 소리로 말하고 있는데 관객은 그 모습만 볼 수 있을 뿐 무슨 말을 하는지 들리지 않는다. 시리즈 4편의 제목처럼 그 소녀의 목소리는 들리지 않고 들리지 않는 목소리의 주인공은 잊혀져갈 것이다. 소통되지 않는 소녀들은 차례로 죽음을 맞고 순서대로 귀신이 되어 학교를 일시적 공포 속으로 몰아넣지만 강력한 힘을 발휘하는 무서운 귀신들은 아니다. 이 시리즈는 여자 고등학교를 공간 배경으로 새로운 이데올로기적 가능성의 맹아를 보이지만 소녀 귀신의 복수는 기존 이데올로기나 사회제도를 교란하고 저항하기에는 여전히 많은 한계를 보이는 텍스트로 보인다.

이렇듯 여귀 복수 영화들[3]은 살아서 복수하지 못한 억울한 그녀들에게 카니발적 개방만을 허용한다. 비록 그 개방의 순간이 전복적

---

3) 여귀가 나오는 영화가 모두 복수의 텍스트인 것은 아니다. 〈장화 홍련〉이 그렇고 〈얼굴 없는 미녀〉가 그렇다. 〈여고괴담〉 시리즈들도 1편을 제외하고 복수의 텍스트들이라고 말하기는 어렵다. 사춘기 소녀들 간의 질투와 우정, 사랑 같은 감정들이 내러티브를 추동하는 힘이다.

일 수 있겠지만 이 범주에 속하는 여귀들의 카니발은 이데올로기적
으로 보수적이다. 그녀들은 밀물처럼 오지만 다시 썰물처럼 물러간
다. 그리고 현실은 아무 일 없던 듯이 봉합되고 만다. 일시적 흘러
넘침은 공포와 카니발적 해소를 만들어냄에도 불구하고 근본적이고
지속적인 변화의 동력이 되지는 못한다. 그리하여 결과적으로 욕망
은 재은폐된다. 때가 되면 여귀는 돌아오겠지만 그것은 다시 이전의
일상과 규칙으로 돌아가는 카니발이다. 영화 속에서나마 전복적인
순간이 이전의 부조리와 모순들을 뒤집는 성취를 하지 못한다. 한
번의 들썩임으로 보일 뿐이다. 그래서 여귀의 카니발은 결과적으로
사회 유지의 안전판으로 기능하며 기존의 이데올로기들을 유지하는
데 봉사하는 듯하다.

2. 여귀+여자의 혼합형 복수 : 실재계적 공포

　시기적으로도 두 번째 여성 복수 텍스트로 분류해 볼 수 있는
〈폰〉, 〈분신사바〉, 〈거울 속으로〉, 〈분홍신〉, 〈첼로〉도 이데올로기적
한계를 벗어나지는 못하지만 현실 세계의 인물(여주인공)과 환상
혹은 비현실적인 존재(여귀)가 뒤섞이면서 여귀만 등장하는 영화들
보다 좀 더 적극적인 복수를 하는 것으로 그려진다. 상상계적 복수
가 육신을 입고 실재계적 공포를 만들어내는 이 범주의 텍스트들은
'모성'이라는 개념을 도입하기 시작하면서 복수에 대한 자기 항변을
하며 관객들의 심정적 동의를 다소간 확보한다. 어머니의 이름으로
살해와 복수를 한다면 그것은 살해라고해도 정서적 이해와 면죄부
를 받을 수 있을 것이기 때문이다.

〈폰〉을 기점으로 여성 복수의 양상은 모성을 전면에 내걸기 시작한다. 그러나 〈폰〉에서의 모성은 가부장제의 모순을 체현하는 모성이라는 점에서 여전히 한계를 보인다. 여기서의 모성은 세 번째 범주에서 나타나는 모성과는 성격이 다르다. 〈폰〉에서의 모성은 철저하게 가부장적 모성과 모성이데올로기가 텍스트 전편을 흐르고 있다. 이 영화에는 세 명의 어머니가 등장한다. 모범적인 가부장제 가정의 주부인 정숙한 아내이자 딸을 가진 어머니(가부장제가 보호하는 모성, 그러나 남자 아이를 생산하지 못하는 부족한 모성)와 그녀의 남편이 임신시킨 여고생 애인(가부장제가 거부하는 혼외의 모성), 아이를 낳지 못하는 친구에게 난자를 증여한 처녀생식의 어머니(남자와 섹스하지 않은 성모와 같은 모성, 결국 그녀만이 살아남는다)가 그들이다. 그렇지만 이 세 명의 모성을 살펴보면 모성 자체가 그녀들의 복수나 그것을 저지하려는 행동의 동기가 되지 못한다. 남편의 애인을 살해하는 아내는 가정을 지키기 위해서, 여고생 애인은 자신의 억울한 죽음을 하소연하기 위해서, 아내의 친구는 별다른 모성적 감정 없이 자신에게 닥쳐오는 상황들을 해결하기 위해 움직인다. 결과적으로 어린 딸과 유전적 어머니만 남겨진다.

　정숙하지만 부족한4) 아내가 부도덕한 애인을 죽이고, 고결한 어머니와 자신의 죄 없는 아이까지 죽이려던 모성은 도리어 죽음을 맞는다. 죽은 애인은 귀신이 되어 남자의 딸의 성모 마리아 같은 유

---

4) 아무리 시대가 흘렀어도 아이를 생산하지 못하는 결혼한 여자는 칠거지악의 부덕을 저지르는 것이다. 그래서 겉으로 보기에 부족할 것 없는 그녀는 자신의 목숨과도 같은 가부장적 가정을 지키기 위해 살해도 할 수 있는 인물로 설정되어 있다. 자신의 욕망이 아니라 제도의 욕망을 욕망하는 것이다.

전적 어머니(하지원 분)를 부른다. 그리고 모든 문제는 그녀가 해결한다. 지적하고 싶은 점은 여성을 여성의 적으로 설정한 가부장적 편견을 영화의 내러티브가 철저하게 답습하고 있다는 것이다. 정작 문제의 근원에 있는 남자와 무관하게 〈폰〉은 세 명의 여자들끼리 처절하게 죽고 죽이는 퇴행적 텍스트라 말할 수 있다.

이외에도 〈분신사바〉와 〈분홍신〉은 언급이 필요한 텍스트이다. 두 텍스트는 모두 모녀 관계에 주목하고 있다. 〈분신사바〉에서는 거의 한 몸과 같은 모녀 관계가, 〈분홍신〉에서는 어머니와 딸이 섹슈얼리티와 모성애로 충돌을 일으키는 관계로 설정되어 있다. 뤼스 이리가라이는 상징 질서 내부에서 어머니와 딸의 관계가 왜곡되었기 때문에 여성은 자신의 정체성을 긍정적으로 재현할 수 없게 되었다고 주장한다. 특히 '어머니(motherhood)'는 사회적, 경제적 위치를 부여받지 못하고 단지 양육과 보호의 기능만을 담당하는 인물로 위치 지워지므로 출산의 순간이나 성욕과는 동떨어진 존재로 엄밀하게 규정되어 있다. 이렇게 '어머니'라는 용어가 갖는 중요성이 축소되면서 여성들은 그 배제된 부분을 자제나 극기로 메우고, 스스로를 무가치한 존재로 폄하하며, 지나치게 모성을 강요하는 위험한 상황을 초래하게 된다는 것이다.

〈분신사바〉의 모녀는 창녀 어머니와 눈 먼 딸이다. 모녀는 폐쇄적인 마을에서 집단 따돌림을 당하다가 살해당하고 귀신이 되어 복수를 한다. 이 텍스트는 빙의라는 형식을 통해 여귀의 복수가 현실의 여자에 의해 이루어진다. 마을 남자들에게 철저하게 성적으로 유린당한 어머니의 분노가 장애를 가진 딸의 살해에 이르러 폭발하게 된다. 이 텍스트에서 모성의 분노는 환상이라는 장치를 통해 무대

화된다.

　엘렌 식수는 환상성이 문화적 안정성을 전복하고 침식시키는 기능을 한다고 보면서 '위반으로의 은밀한 초대'라는 개념을 제시한다. 그리고 욕망에 관한 텍스트인 환상물들은 부재와 상실로 경험되는 것들을 추구한다. 말해지지 않는 부분, 보이지 않는 것, 지금까지 침묵 당하고 가려져 왔으며 은폐되고 부재하는 것으로 취급되어 온 것들을 추구하는 것이 환상물이라는 것이다. 그런 정의에 동의하면 여귀 호러 영화들은 일종의 환상물로 기능하는데 그 동안 말해지기 꺼려하고 은폐되고 부재하는 것으로 취급되어왔던 것들을 소환하고 기억해내면서 사회의 일반 통념과 규칙들을 위반하고 시험한다고 할 수 있다. 타자들의 복수와 부활 혹은 귀환은 환상성의 요체라고 여겨진다.

　그러나 라플랑슈와 퐁탈리스의 견해에 따르면 '환상은 욕망의 미장센'이다. 여기서 환상은 소망 충족이 아니라 억압된 분노가 왜곡된 형태로 드러나는 동시에 그 억압 원인에 의해 지배되면서 표현되는 복잡한 절충적 형성물이다.[5]

　현모양처에서 벗어난 위협적 여성 욕망은 가부장적 공동체의 희생양이 된다. 집단 구성원의 성적 욕망의 대상이던 창녀 어머니와 그 딸을 희생시켜 집단의 결속은 강화되는 듯이 보이지만 가해자들은 분노한 여귀의 등장으로 공포에 떨게 된다. 희생양은 여귀로 돌아오고 분노는 환상이라는 가면을 통해 드러난다. 자기검열과 사회적 처벌 양자를 피하면서도 억압된 것들을 귀환시킬 수 있는 장치

---

5) 랩슬리 & 웨스틀레이크, 『현대 영화이론의 이해』, 이영재·김소연 역, 시각과 언어, 1995, 126쪽.

가 환상이다. 그러나 환상은 늘 욕망만을 표현하는 것이 아니라 욕
망과 법을 모두 표현한다고 했다. 이것이 환상이 도입되는 텍스트가
언제나 양면성을 갖는 이유이다. 〈분신사바〉는 자신과 딸을 살해한
공동체에 테러를 가하는 분명한 모성 복수의 텍스트로 환상의 힘에
기대고 있다. 가부장제가 보호하지 않는 창녀 어머니와 장애인 딸은
가부장적 공동체의 희생양이 되어 살아서 복수하지 못하고 죽어서
복수하지만 그것은 환상이므로 욕망을 전시하고 무대화하는 것에
그칠 수밖에 없다. 그 욕망의 실천까지 나아가지는 못한 것이다.

3. 여자의 복수 : 상징계적 복수

세 번째 범주의 〈텔미 썸딩〉, 〈인디안 썸머〉, 〈친절한 금자씨〉,
〈오로라공주〉, 〈6월의 일기〉는 앞의 범주와 달리 환상물로 기능하지
않는다. 물론 〈친절한 금자씨〉의 경우 현실감이 떨어지며 인공적인
내러티브와 인물들이 등장하지만 꿈이나 환상 혹은 상상의 이야기
는 아니다. 금자씨의 복수는 인공적일지언정 초현실적이지 않고, 작
위적이지만 마법이나 귀신이 등장하지 않는다. 그런 의미에서 판타
스틱한 다른 두 범주의 영화들과는 차이를 보인다.

이 범주에 속하는 영화 속의 여자들은 자신의 고통을 상대에게
돌려주며 스스로의 자책이나 복수를 하는 것에 대한 흔들림 같은
것은 찾아보기 힘들다. 너무나 당연한 일을 신념을 가지고 행하는
확신범들이라 할 수 있을 듯하다. 두 번째 범주의 여주인공들이 보
여준 자기 정체성의 혼란과 그에 따른 '미친' 상태의 살인이나 복수
가 아니다. 그녀들의 살인은 오랜 준비와 치밀하고 주도면밀한 계획

하에 행해지는 일종의 퍼포먼스이다. 비밀스럽게 죽이고 아무도 몰래 암매장하는 것이 아니라 세상 사람들에게 살인의 현장 혹은 시체를 보란 듯이 전시하며 살인극을 해결하려는 경찰이나 형사들과 두뇌 게임을 한다. 그녀들의 복수의 동기는 지속적인 근친강간, 목숨을 위협하는 가정폭력, 어린 아이 유괴 살해와 같은 범죄들이다.

또한 흥미로운 것은 복수의 주체가 성인 여자인데 이 범주에 속하는 모성 복수 텍스트들은 특히 가부장적 결혼제도의 외부에 있는 이혼녀, 미혼모, 남편이 죽어 혼자 아이를 키우며 사는 엄마라는 점이다. 그러니까 남자의 힘을 빌지 않고 사는 여자들이 모성을 전면에 내세워 복수하는 영화들이 2005년에 집중적으로 만들어졌다.

복수를 도와주는 조력자들을 중심으로 생각해보면 여자가 복수하는 텍스트들은 조력자들의 도움이나 그들을 이용하던 모습에서 점차 조력자 없이 혼자서 계획하고 복수하는 개별적인 차원으로 변화해 가는 것을 알 수 있다. 이는 복수를 하는 여성주인공이 시간이 흐름에 따라 더 강력해진다고 해석할 여지를 준다. 〈오로라공주〉에서 그녀의 복수극은 종국에는 전남편의 자발적 동의와 도움까지 얻게 된다.

조력자 있는 복수

〈텔미 썸딩〉: 여자 친구의 사랑을 이용하고 믿음을 저버림
〈인디안 썸머〉:남자 변호사인 조력자의 믿음을 저버림
〈친절한 금자씨〉: 목사, 형사, 여자 동료 재소자들이 조력자
　　　　　　　　　조력자들을 이용하고 믿음을 저버리지는 않지
　　　　　　　　　만 공범을 만듦

조력자 없는 복수

〈오로라공주〉: 형사인 전남편이 자발적 조력자가 됨
〈6월의 일기〉: 조력자가 될 만한 여자 친구의 손에 죽음

지능적인 연쇄 살인극을 보이는 〈텔미 썸딩〉은 어린 시절부터 의부에게 근친 강간을 지속적으로 당한 여자의 남성 혐오를 토막 살인을 한 후 그 조각을 맞추어가는 엽기적인 이미지로 그려내면서 팜므 파탈로서의 여주인공을 전면에 등장시킨 텍스트이다. 특히 여주인공이 잡히지 않고 멀리 떠나는 설정은 꽤 파격적이다. 그러나 아직 성공하는 모성 복수의 텍스트는 등장하지 않았던 시기이며 〈텔미 썸딩〉에서 모성은 처음부터 지워져 있다. 유일한 그녀의 조력자는 보이쉬한 여자 친구 한 명 뿐이다. 둘의 관계는 동성애적 코드를 암시하지만 동시에 한 인물 안의 아니마/아니무스로 보이기도 하고, 도플갱어적 관계로 보이기도 한다. 그러나 영화의 종반에 이르면 아니무스적인 측면을 지시하는 여자 친구는 남성 형사에 의해 죽게 된다(여성 안의 남성성, 아니무스의 거세로 보인다).

〈인디안 썸머〉는 남편의 폭력에 견디다 못한 여자가 남편을 살해

한 사건을 다룬 법정 멜로드라마라고 할 수 있는 텍스트이다. 1995
년 존슨의 연구에 따르면 아내 학대나 아내 구타는 가정폭력의 관
점에서 통상적 부부폭력이지만 페미니즘 관점에서는 가부장적 테러
리즘(patriarchal terrorism)으로 규정된다고 한다.6) 이 가부장적 테
러리즘은 체계적 신체 폭력 뿐 아니라 경제적, 정서적, 성적으로 아
내를 종속시키는 통제 양식을 포함하는 개념이다. 침묵과 부정, 무

---

6) 2003년 경찰청 수사국의 [2003 범죄분석]을 보면 2003년 한 해 동안 발
   생한 살인 사건이 총1085건이며 그 중 여성에 의해 발생한 살인사건이
   133건이다. 전체 살인 사건의 12%정도가 여성에 의해 발생한다. 사건
   발생의 원인은 대개 남성 가해자는 '사소한 말다툼 때문(16.7%)', '술,
   마약에 취해서(15.5%)'라 대답했고 여성 가해자는 '상대방을 죽이지 않
   으면 내가 죽을 것 같아서(25.8%)', '상대방이 가족문제를 일으켜서
   (11.3%)'등으로 대답하였다. 지난 10년간 여성 살인 사건 중 예를 들자
   면 1991년 가모씨, 21년 전 자신을 성폭행한 가해자를 찾아가 살해.
   1992년 나모씨, 12년간 자신을 성폭행해왔던 계부를 살해. 1994년 다모
   씨, 25년간 폭행을 일삼던 남편의 복부를 싱크대 위의 부엌칼로 찔러
   사망케 함. 1955년 라모씨, 13년간 자신을 폭행해 오던 남편이 어린 딸
   을 성추행하는 것을 목격하고 잠자는 남편을 올가미로 목 졸라 살해.
   1996년 마모씨, 자신의 딸에게 가학적 성행위를 강요하고 일본도등의
   흉기로 지속적으로 위협해 온 사위의 가슴을 칼로 찔러 살해. 1997년
   바모씨, 잦은 폭행을 일삼는 남편을 블라우스 끈으로 졸라 살해. 1998
   년 사모씨, 자신의 여동생을 10여년간 성폭행 해 온 남편을 여동생과
   함께 야구방망이로 때려 살해. 1999년 아모씨, 폭행과 방화를 일삼던
   남편을 살해. 2000년 자모씨, 지체장애인인 자신에게 폭행과 폭언을 상
   습적으로 하던 남편을 과도로 찔러 살해. 2001년 차모씨, 10년간 자신
   을 폭행해 온 남편이 흉기로 위협하자 그 흉기를 뺏어 가슴을 찔러 살
   해. 2003년 카모씨, 23년간 자신과 자녀들을 폭행하고 흉기로 위협했던
   남편을 남편이 떨어뜨린 흉기로 찔러 살해. 2004년 타모씨, 수년간 폭
   행과 폭언을 일삼던 남편을 칼로 찔러 살해. 좀 긴 듯하지만 인식의 환
   기를 위해 인용하였다. (송란희, "죽을수 없어 죽이는 여자들", 페미니
   스트 저널 『이프』 2004년 가을호, 도서출판 이프, 95-96쪽에서 재인용.)

시의 벽에 둘러싸여 보호되어 왔기 때문에 이러한 아내 구타, 학대[7]의 문제가 상업 영화라는 공론장에서 거론되었다는 점에서 의미 있는 텍스트로 보인다.

그러나 모성을 전면에 내세운 복수는 〈친절한 금자씨〉, 〈오로라공주〉, 〈6월의 일기〉에서 정점을 이루는데, 이 세 편의 모성 복수 텍스트도 '모성에 의한 아이 살해 텍스트들'[8]처럼 이데올로기적으로는 많은 차이를 보인다.

〈친절한 금자씨〉는 아이 유괴 살해범으로 몰려 13년간 억울한 감옥살이를 한 금자씨가 오래 계획한 치밀한 각본에 의해 이루는 복수극이다. 그러나 금자씨의 복수는 자신의 모성에만 연원을 둔 것이라고 보기는 어렵다. 그녀가 복수하고자 하는 여러 이유 중에 하나가 입양된 자기의 딸일 뿐이다. 그러나 이 텍스트를 확대된 모성 복수 텍스트라고 보는 이유는 영화의 후반부에 유괴 살해된 아이들의 부모들이 직접적인 복수를 하도록 만들어주는 것이 금자씨이기 때

---

7) 아내 구타 학대의 원인은 공식적 권력과 일상적 권력 둘 중에 하나만 있을 경우 발생한다. 이를 상대적 무권력이라고 말하는데 이 경우 사회적 사도 마조히즘의 발생 가능성이 높아진다. 이는 한쪽의 무권력을 다른 쪽 권력으로 보상할 수 있을 가능성이 있기 때문이다. 공식적 권력으로부터의 무권력으로 인해 일상적 권력에 더욱 집착하기 때문이다. 그러니까 가해 남편이 가부장적 가족관계, 부부관계를 통해 가장의 권위를 돌려받음으로써 사회적 무권력을 보상받고자 아내를 구타하고 학대한다는 것이다. 『페미니즘 연구 1』 참조.

8) 모성에 의한 아이 살해 텍스트로는 〈4인용 식탁〉과 〈아카시아〉를 들 수 있다. 〈4인용 식탁〉이 반모성이데올로기를 보이면서 모성 신화에 도전하는 반면, 〈아카시아〉는 친자식이 생기자 '제정신이 아닌 상태에서' 입양한 아이를 살해한 '미친' 어머니를 보여주고 있다. 이에 대한 자세한 논의는 『영화언어』, 김윤아, 「가족 살해로 물드는 여성 욕망의 타피스트리」 참조.

문이다. 그러나 결말에 이르러 흰 케이크에 얼굴을 처박은 금자씨가 복수가 구원을 가져오지 못했다는 내레이션을 배경으로 서 있는 장면은 이 영화가 전복적인 여러 설정에도 불구하고 이데올로기적 입장을 유보한 것이 아닌가 하는 의구심을 갖게 만든다. 케이크에 얼굴을 박으며 끝내기에는 그녀의 복수는 너무나도 가열찬 것이었기 때문이다.

그에 비해 〈오로라공주〉의 결말은 사뭇 다르다. 〈오로라공주〉에서 아이를 잃은 엄마의 복수는 죽어서야 끝이 난다. 그녀의 복수에의 욕망은 이혼한 남편에게 옮겨가고 계획했던 복수의 마지막은 남편에 의해 완성되는 것으로 암시되어 있다. 일과 육아를 함께 해야 했던 이혼녀 엄마가 처참하게 아이를 잃고 복수를 하는 대상은 아이를 죽음으로까지 몰아간 세상의 어른들이다. 아이를 학대하는 계모, 젊은 여자와 바람피우는 결혼식장 사장, 돈 많은 남자에 빌붙어 자기의 욕망을 채우는 젊은 여자, 여자를 성적 욕망의 대상으로만 취급하는 무대포의 고기집 총각, 차비가 모자란다고 어린 아이를 아무데나 내려놓은 몰인정한 택시 기사, 형식적 재판을 한 판사, 아이를 강간 살해하고도 정신병원에서 요양 중인 범인, 아이를 놓친 자기 자신과 가족을 지키고 사랑하지 못한 전 남편까지 모두 그녀의 처절한 복수의 대상이다. 영화는 속물적이고 허위에 찬 결혼제도를 비난한다. 귀신이 나오지도 않지만 신을 믿지도 않는다. 죽는 그 순간까지 그녀의 굳은 복수의 일념에는 일말의 흔들림도 없다. 자기 손가락 하나를 자르고 케이크에 얼굴을 처박는 것과는 차원이 다른 복수임에 틀림없다. 잡히지 않기를 원치 않고 복수의 현장에는 꼭 오로라공주 스티커를 남겨놓는다. 금자씨는 복수를 위해 감옥을 나

오지만 〈오로라공주〉의 그녀는 복수를 위해 감옥으로 들어가고 정신병원에 수감된다.

복수극의 정점인 〈오로라공주〉 이후 나온 또 하나의 모성 복수극이면서 십대 학살영화라고 할 수 있는 〈6월의 일기〉가 있다. 왕따였던 한 아이가 자살을 하고 그 아이를 죽음으로 몰아갈 정도의 괴로움을 주던 친구들을 엄마가 일기장에 쓰인 대로 테러하는 것이 복수의 내용이다. 이제는 여성성을 괴물 같은 것(monstrous feminine)으로 취급할 뿐 아니라 모성까지도 괴물스러운 것(monstrous maternity)으로 다루면서 모성성 자체를 폐기하려는 듯 보인다. 결국 아이를 죽게 만든 괴물스러운 엄마는 자기 스스로를 응징하며 경찰의 손을 빌어 자살하는 것으로 끝난다. 장르적 강박을 보이는 이 영화가 살인마-엄마를 죽이는 것으로 내러티브를 종결짓는 것은 이데올로기적으로 불가피해 보인다.

나오는 글

복수하는 여자들이 등장하는 텍스트들은 표면적으로는 여성이 복수의 주체가 된다는 점에서 가부장적인 지배 이데올로기에 반하는 영화로 보이지만 동시에 이데올로기적 균열을 드러내며 시대상을 재현하기도 한다. 앞에서 살펴보았듯이 복수하는 여자가 등장하는 텍스트들은 해석의 여지가 많아 진보적인 텍스트에서 아주 보수적인 텍스트까지 다양한 스펙트럼을 보이고 있다는 것을 알 수 있다. 그러나 복수의 텍스트들은 IMF이후의 사회적 변화들과 조응하며 진화하고 있는 듯하다.

여고괴담 시리즈로 시작된 복수하는 여자들이 주인공인 텍스트들을 컨텍스트적인 측면과 연관지어 바라보면 2002년과 2005년을 기점으로 세 단계로 변화하는 양상을 보인다. 간추려보자면, IMF이후 2002년까지의 첫 번째 단계에서 여귀들이 출몰하는 복수의 텍스트들이 등장하기 시작한다. 타자의 출몰은 주체의 세계가 균열을 보이고 붕괴될 때 더 빈번하고 강해지는 법이다. 호시탐탐 부단히 주체에게 귀환하려는 것이 타자의 속성이지 않은가. IMF가 초래한 미래에 대한 불확실성은 두려움으로 이어지고 사회 전반의 공포감의 팽배는 귀신이 복수하는 내용의 영화들을 양산하는 심리적인 배경이 되었다고 해석해 볼 수 있다.

여귀와 살아있는 여자가 함께 복수하는 두 번째 범주의 영화들은 시기적으로 여귀 복수 텍스트들 뒤에 등장하는 경향이 있다고 할 수 있다. 여귀가 빙의되어 복수의 주체가 된 여자주인공들은 더 이상 어린 아가씨가 아니라 임신을 하고 아기를 낳은 여자들로 바뀌기 시작한다. IMF 이후 불안하고 어려운 경제의 지속은 영화 속에서 재현되는 임신과 출산에 대한 공포 혹은 아이 살해와 같은 내용과 깊은 관련이 있는 것으로 여겨진다. 더욱이 2003년 초 노무현 정부의 집권은 보수 진영의 위축과 정치권의 세대교체와 맞물려 진보에 대한 불신 풍조까지 불러 기존의 이데올로기나 제도들이 도전을 받고 빠른 속도로 변하는 시점이었다. 이러한 세태와 함께 기업 구조 조정에 따른 대량 해고 사태, 높은 실업률 등 지속적인 경제 위축은 남자들의 심리 위축과 가부장으로서의 권위가 붕괴되는 일상의 큰 시련을 안겨주었으며 역설적으로 여성들의 목소리가 높아지게 되는 계기를 제공하였다. 상상계에서만 이루어지던 여성 복수 텍

스트는 여귀와 살아있는 여자가 함께 복수하는 실재계적 공간을 구축하면서 정체성의 혼란을 보여주기에 이른다.

상징계적 세계에서 남자들의 방식으로 복수를 행하는 세 번째 범주의 텍스트들은 IMF로 인한 사회 전반적인 구조 조정이 거의 마무리되고 다소 안정기로 접어들면서 나타난 것들이다. 〈친절한 금자씨〉의 경우 개인의 복수를 공공의 복수로 확대하며 스타일적인 성취를 보여준다. 복수하는 여자가 등장하는 영화들 중 절정을 구가하는 〈오로라공주〉는 복수의 염을 끝까지 밀어붙이는 저력을 보여주고 있다. 복수의 대상에 대한 약간의 동정이나 일말의 양심 같은 것은 기대하기 어렵다. 매너리즘에 접어드는 듯한 〈6월의 일기〉는 괴물 같은 어머니, 복수하는 엄마를 재현하고 있다.

위에서 언급한 많은 영화 텍스트들이 표면적으로 여성의 복수라는 공통된 모티프를 다룬다 하여도 그것은 분명히 이데올로기적으로 동일한 궤적을 보일 수는 없다. 무엇보다 대중문화로서의 영화는 이데올로기 투쟁의 장이며 각각의 영화 텍스트는 다양한 믿음과 가치관을 재현하거나 반영하는 장소이기 때문이다.

스크린 위의 거울이미지 :
불쾌하고 유쾌하게 '우리 자신'의 모습 보여주기

대담 : 곽영진/영화평론가
사진 : 심창용, 정성표

임상수 감독(44)은 지난 98년 〈처녀들의 저녁식사〉로 장편 데뷔한 이래 최근 다섯 번째 영화 〈오래된 정원〉을 찍었다. 서른여섯이라는 다소 늦은 데뷔연령 탓에 아직 '입봉' 10년차 전이지만, 그의 중견의 나잇대와 관록에 이의를 달 사람은 별로 없을 것이다. 고생발(髮)도 신경성도 아니고 유전 탓인, 그의 거뭇거뭇한 백발은 다소의 장난기와 건달기 어린 청년'삘'과 일견 대조를 이룬다. 다소 생뚱맞게 임 감독의 관록 운운한 것은, 다름 아니라 그의 영화가 소재적으로나 주제적으로 파격적이며 논쟁적이라는 데에 이유가 있다.

섹스와 욕망에 대해 성(gender)과 가족의 문제로 접근한 〈처녀들의 저녁식사〉(1998)와 〈바람난 가족〉(2003)이 우선 그렇다. 생(또는 젊음)의 도약과 장벽에 대해 가출·비행 청소년의 문제로 접근한 〈눈물〉(2000)도 그러하다. 역사의 수레바퀴에 깔리는 인간군상에 대해 현대사 내지 정치의 문제로 접근한 〈그때 그사람들〉(2005)이 또 그러하다.

임상수 감독
(왼쪽)

〈바람난 가족〉은, 임권택 감독의 〈티켓〉(1986) 이래 다시 한번 한국 멜로드라마의 유형을 바꾼 문제작으로서, 섹스를 주제로 하지 않고 〈티켓〉처럼 관능과 가족을 외투와 장치 삼아 한국사회를 말하고 있다. 한국사회를 주제로 그 위선을 고발하고 있는 것이다. 〈그때 그사람들〉도 정치영화, 역사영화인 것은 사실이지만 결국 작가 겸

감독이 말하고자, 그리고자 한 것은 정치와 과거사라기보다 한국사회, 곧 인간사회였다. 이렇게 그는 오리지널 시나리오의 자기 작품을 통해 삶과 사회의 보편적인 축소판, 특히 한국 사회 한국인의 삶의 축도(縮圖)를 그려 왔다.

본 대담은 그의 작품세계에 대한 **해설적, 분석적 인터뷰 형식을 취한다.**

지난 1월 24일, 서울 광화문의 한 커피숍에서 임 감독을 만났다. 우선 그의 다섯 번째 새 영화 〈오래된 정원〉에 대한 질문으로 인터뷰를 시작했다. 〈오래된 정원〉은, 황석영의 동명 원작소설(2000)을 각색하고 영화화할 것을 결심한 임 감독에게는 최초의 각색 시나리오가 된다.

이 번엔 관객을 공격하기보다 '위안'을 주는 영화

- 간단히 말해 〈오래된 정원〉은 어떤 작품인가? 각색이나 영화화가 쉽지 않을 것이란 추측도 가능한데….

"(웃으면서) 이 참에 각색 실력을 보여주는 것으로 하겠다.

간단히 요약하면 20년 세월의 러브스토리다. 딱 4개월 연애하고 20년 헤어지는…. 장기수가 감옥을 나오고 여자는 암으로 죽고, 그래서 둘은 영원히 못 만난다."

(나루세 미키오의 〈부운(浮雲)〉만큼, 아니 그 훨씬 이상으로 너무 허무하다는 생각이 대담자의 뇌리를 스친다.)

- 인물, 시대배경, 공간(무대)의 개요를 말해 달라.

"남자 역의 지진희는 직업운동가요 여자 역의 염정아는 미술교사다. 90년대 말인가도 싶고, 아사무사하게 거의 지금 시점이 현재 시점으로 그려진다. 남자는 386세대인데 무기형을 선고받았고, 독재시대에 '당연히' 간첩죄로 엮인 것이며, 20년으로 감형되었다가 이제 출소한 자이다.

영화의 처음, 소개로 찾아온 남자의 도피생활을 돕던 여선생의 꿈 같은 시골집에서 둘은 사랑을 한다. 남자가 서울에서 체포되고 감옥생활이 전개된다. 광주항쟁의 현지 무대와, 여자가 진학한 80년대 중

반의 대학원도 나온다."

– 촬영 일정과 전체 제작기간은?

"촬영은 1월5일 시작했는데 4월초 쯤 마칠 예정이고, 후반작업을 거쳐 6월말에 제작이 완성될 예정이다."

– MBC프로덕션이 제작하게 된 이유나 배경, 또 전문영화사가 아닌 것에서 오는 어려움이나 불만은? 제작비는 어느 정도인가, 중저예산 규모로 알고 있는데…?

"〈그때 그사람들〉을 찍고 나서 소설 〈오래된 정원〉의 영화화, 그러니까 판권구입과 시나리오화를 계획하고 알아보니 이미 MBC프로덕션이 영화판권을 사들인 뒤였다. MBC프로덕션은 황인뢰 감독의 〈꽃을 든 남자〉 이래 세 차례 영화 제작을 진행한 경험이 있다. 〈오래된 정원〉에서 나하고는 제작 초기 잘 맞지 않는 부분이 있었는데 곧 해소됐다.

제작비는 30억 이상이 든다. 두 배우가 〈대장금〉과 〈여선생 대 여제자〉로 '주가'가 많이 오른 만큼 개런티도 만만치 않았다."

– 당신 전작들의 경향이나 성향하고 어떻게 다르고 같은가? 주로 암울한 소재를 대상으로 한 당신의 전작들은 영화 속의 군상들, 곧 관객들을 비판적으로 다루었고 기실 자신들의 모습을 바라봐야 했던 관객들을 매우 불편하게 하는 '전제' 같은 것이 있었다.

"전에는 관객들을 불편하고 불쾌하게 만들고 심지어 관객들에게 화도 내고 공격도 하는 쪽이었다. 이 번엔 공격하기보다 '우리 모두 불쌍한 존재가 아닌가' 하며 위안을 주는, 그러나 결코 겉치레 위안

이 아니라 어렵게 나오는 진실어린 위안을 주는 영화가 될 것 같다.

80년대의 운동, 이념, 투옥, 죽음… 모두 무거운 소재들이다. 10·26을 포함한 70년대 그 사람들의 이야기도, 2000년대 바람난 사람들의 이야기도 다 쉽지 않은 무거운 것들이다. 무거운, 모순과 사건 투성이의 현대사 아닌가. 그러나 나는 가벼운 척, 유머러스하게 해학적으로 간다. 대단히 무거운 면과 가벼운 면을 같이 섞고 배치하면서. 무거운 것을 무겁게 다루는 촌스러운 짓은 절대 안한다.

이 번엔 충무로에서 펀딩 받을 수 없는 소재였다. 멀리서 들리는 거대한 울림을 뒤로 깔면서 사람 사는 이야기, 실패한 사랑과 이념을 가진 젊은이의 '러브스토리'가 될 거다. 이 번에는 풍자, 해학, 냉소가 덜하다. 원작도 있지만 임상수식 터치가 확 느껴지는 러브스토리가 될 것이다.

이상주의 버리고 모두 돈만 쫓는다, 물론 영화판도… 그러는 너는 뭐냐, 라고 묻는 것인가

2천 5·6년. 과거 그렇게 믿었던 이념이 삭으러들고, 무화(無火)되고 그 인간은, 우리는 무엇으로 살아갈 수 있을 것인가. 그걸 모색하는 영화다. 이상… 좌절….

요즘 젊은이들은 이상주의가 존재하지 않는 시대, 오직 현실적으로 돈만 보이고 돈만 추구하는 시대에 산다. 현실세계나 영화판이나 모두 돈, 현금을 쫓는다. 평론가들도 흥행, 대박을 따지는 마당에 10대, 20대들에게 영화에 대한 이상이 남아 있을 게 뭐 있겠나. 다들 굴복하고 있는 거다. 구조와 길항하지 않고."

─감독들은 그리고 당신 또한 그러한 현실을 기록, 비판하면서 해학과 게임으로 즐기고 또 냉소와 조롱의 대상으로 삼고 있지 않은가. 현실의 기록자임을 넘어 비판자로서, 나아가 실천적인 전망을 내오는 당위적 존재로서의 그 정체감이나 역할성에 대해서는 어찌 생각하는가.

"그러는 너는 뭐냐, 라고 묻는 것인가. 나도 그렇게, 수시로 자문을 던지고 있다.

정확히 기록하고 문제의식을 던지는 것, 이상주의의 끈을 놓지 않고 개인으로서 최소한 시대 흐름에 만만치 않게 갈등하는 것. 패배하지 않으면서, 특히 투항하지 않으면서 관찰하고 기록하며 또 해학적으로 비판하고 희롱하는 것이다. 나에게서 패배는 더 이상 영화를 만들지 못하는 것이고.

영화 만들기는 개인의 멘탈리티와 스타일을 구현하는 것이며 나 개인적으로는 과거와 현재, 현실의 아픔과 상처를 드러내는 것이어서 영화 만들기를 결코 게임처럼 하지 않는다."

─나는 평론가로서 예술가에게 필요한, 현실과 자기와의 간격을 인정한다. 현실과 창작자와의 간격이란 비판이나 투쟁에 더하여 자기로부터의 긴장과 절제, 상징과 우회의 형식이 배합되는 것일 게다. 하지만, 이러한 원칙이 변질되고 간격이 타협으로 전화될 수도 있다. 재미를 원하는 대중, 흥행을 원하는 영화자본가에 대한 거절이 아닌 타협….

"타협으로 보일지 몰라도 내겐 영화 만드는 세 가지 원칙이 있다. 첫째, 내가 재밌어 하는 영화를 만든다(또한, 임 감독의 '필'이자 지론

은 같은 값이면 '대중을 재미있게 해주자'이다). 둘째, 현실적으로 나는 상업감독이고 제작자·투자자에게 돈을 벌어주고 싶다. 아니, 벌어줘야 한다. 충무로에서 살아남아 계속 영화를 만들기 위해서라도. 내가 계약상의 일정 흥행 지분을 보유하는 것하고 무관하지 않은 문제이기도 하지만…. 셋째, 나는 매우 진지하게 영화를 만든다. 삶의 어려움과 쓸쓸함, 저들이 왜 이렇게 불행한가 하는 문제에 대해 깊이 고뇌하며 진지하게 접근한다. 단, 진지한 척하지 않는다. (기성과 주류에 대해서는) 냉정하고 사실적으로 바라봐도 그들이 근엄하고 허위스러우니까 그 영화적 표현은 좀 불쾌하고 장난친 것처럼 보인다."

앞서 언급했듯이 임상수는 네 편의 전작을 통해 영화적, 사회적 논쟁의 중심에 서 있었다(특히 〈그때 그사람들〉의 수난을 통해 본의 아니게 엄청 유명해졌다). 그러한 그의 행보는 언뜻 90년대 영화판의 이슈 메이커인 장선우 감독(54)의 그것과 비교된다. 소재와 이슈를 띄운, '필모'상의 시기적 선후 차이가 있고 장선우가 원작의 각색에 다수 의존했지만….

일단 장 감독의 작품연보를 일별해 보자. 〈서울예수〉('86)와 〈성공시대〉('88)의 '데뷔작' 이래 〈우묵배미의 사랑〉('90), 〈경마장 가는 길〉('91), 〈꽃잎〉('96), 〈나쁜영화〉('97), 〈거짓말〉('99) 등 문제작을 양산한 궤적. 임 감독의 행보는 이것과, 우연적인지는 몰라도 유사성이 있다. 〈거짓말〉은 시민단체인 기독교윤리실천운동본부의 형사고발로 감독이 구속 직전까지 내몰린 사례이다. 이에 비해 〈그때 그사람들〉의 수난은 거대야당의 대표 박근혜 등 보수 세력과 관련되어 정치적 성격이 매우 강하다.

적어도 앞서 말한 스승 임권택의 〈티켓〉('86)과 장선우의 〈꽃잎〉

이, 즉 그 형식과 방법론이 임상수에게 준 공감과 영향은 뚜렷한 것으로 보인다. 한편, 장선우는 그의 다큐멘터리 〈한국영화, 씻김〉('95)에서 〈티켓〉이 한국사회를 말하는 형식에 대해 크게 주목했었다고 밝힌 바 있다.

(공동연출된 첫 영화 〈서울예수〉는 공륜과 기독교계의 '탄압'으로 미개봉 상태였다가, 88년도에 '서울황제'란 이름으로 바뀌어 비디오로만 출시되었다. 그러나 희귀비디오이다.)

개인의 명예가 표현의 자유보다 더 중요하다
삭제로, 영화의 의도를 50%도 살릴 수 없었다

- 이제 그 시끄러웠던 〈그때 그사람들〉에 대해 얘기해 보자. 아직 정식재판이 진행 중인데… 역사나 역사인물 소재의 영화, 즉 드라마에서 사자와 유족을 포함한 개인의 명예나 사생활 문제를 어떻게 보는가.

"표현의 자유가 개인의 명예와 프라이버시보다 더 중요하다?
노우! 나는 절대 아니라고 본다. 개인의 명예와 프라이버시를 (헌법과 법의 허용 범위를 넘어) 훼손했다면 법의 제재를 받아야 한다. 단, 훼손했는가를 법적으로 따져보자는 거다. 창작물의 명예·프라이버시 훼손은 (문제가 복잡하고 특히 관련 법조문이 애매하므로) 조문보다 판례가 준거가 돼야 한다고 생각한다. 〈그때 그사람들〉의 경우는, 소설 『무궁화꽃이 피었습니다』의 주인공 역인 이휘소 박사의 유족이 제기한 소송의 무죄 판례와 거의 동일한 맥락으로 판결이 나왔어야 한다고 본다. 그런데 두 공판의 주심 판사가 공교롭게 같은 인물인데도 상이한 판결이 나왔다. 정치적 판결이었던 것이다.

명예 훼손이 있었다면 돈으로 물어주라거나 감옥에 가라거나, 있을 수 있는 일이다. 정말 악의적 비방이 있었다면 영화의 폐기까지도 좋다. 양보할 수 있다. 하지만 삭제가 웬 말인가. '짜'르는 것은 절대 안 된다. 삭제로 인해 영화는 내 의도를 50%도 살릴 수 없었다."

– 시끄러워진 탓에 결과적으로 영화는 엄청난 홍보가 되었는데 흥행엔 실패했다.

"CJ가 계약을 파기하면서까지 배급을 중단했다. 계약 파기라고, MK픽처스가 공룡 CJ를 상대로 어떻게 고소를 할 수 있겠나. 여하튼, 개봉시 겨우 백여 개 스크린에서 백만 이상의 관객 동원이라면 흥행실패라고 말할 수 없다. 오히려 상업성이 입증된 거다."

– 심수봉 역 여가수와 철없는 엄마를 일시 중간화자로 내세우거나, 삭제장면의 뉴스릴에 나오지만 독재자의 죽음을 애도하는 군중의 모습에서 감독의 대중관을 엿볼 수 있었는데….

"나는 사람들, 곧 대중과 지식인을 나누지 않고 영화를 만든다.

삭제된 다큐 릴은 박의 시대에 연루됐고 당시 박의 죽음을 애도했던 '우리 자신들'의 모습을 보여준다. 스크린 상의 거울이미지인데, 자신의 모습을 보여주는 장면을 삭제했으니 관객들은 내 영화의 반도 못 본 거다."

- 박정희 시대를, 대중이 독재자에게 자발적으로도 타협하고 일정 이상 지지한 측면을 강조하여 '대중적 독재'의 시대였다고 규정하려는 시각과 학설도 있는데….

"그런 식의 관념, 개념은 다루지 않지만 권력집단을 넘어 보통사람들에 이르는 전체의 모습을 보여주려고 했다."

- 이 영화에서 진짜로 보여주고자 한 것, 그러니까 영화의 메시지와 그 비판적 멘탈리티는 무엇인가. 세상의 권력, 그 일상의 논리인가.

"영화에서 철저한 상명하복을 반추해 보라. 부당하지만 먹고살기 위해…, 그 때나 지금이나 뭐가 다른가. 그 행태, 그 정신상황… 뭐가 다른가. 김부장, 한석규, 꼬봉들… 본질적으로 뭐가 다른가. 관객들은 웃다가도 자기 모습 보니까 괴롭다. 부시 행정부나, 거대기업이나 전쟁으로 대변되는 세계도 본질과 실상은 같다."

－역사의 실체적 인식과 그 실천, 변혁 가능성에 대한 입장은 어떤
 가? 가령 역사의 실체적 인식 가능성에 대한 〈비정성시〉적인 회의
 주의나 〈동사서독〉적인 불가지론, 이와 상이한 마르크스적이고 고
 다르적인 영화모더니즘과 관련지어서 말해줄 수 있나.

"그런 것에 관심 없고, 또 영화를 많이 보지도 않는다. 나는 소박하
게 영화를 시작한 사람이다. 나의 개인적인 삶으로부터 출발했다는 얘
기다. 삶이 왜 이렇게 불행한가, 왜 명쾌하고 정의로운 기운이 내 주변
에는 없는가를 물어왔다. 작품을 통해 아주 심각하거나 어려운 이야기
를 하고 있지 않다. 10·26은 무엇인가에 대해서도 쉽고 대중적으로 푼
다. 성의 담론이니 가족의 해체니 하는 것에 대해서도 마찬가지다. 근본
적이거나 근본주의적인 지적 태도와 질문 자체를 기피한다. 거대 이념
과 관련된 여러 관념적인 어휘와 개념하고는 벌써 20대에 결별했다."

－창작자의 감성적·예술적인 직관도 개인의 어떤, 일상속의 도덕적
 판단도 사회와 역사 인식의 거대한 구조틀과 자신도 모르게 맞닿
 는 지점이 있는 것 아닌가.

"그런 것에 별로 관심 없다. 빛이 닿아서 필름에 감광되는 물질만
영화로 된다. 나는 일상을 찍지 일상을 통해 나오는 관념들을 찍는
것이 아니다. 〈라쇼몽〉에 대해 전후의 인식론적 혼란을 그린 것이
니, 어쩌니 설과 비평이 무성했다. 구로사와는 '사람은 누구나 자기
에 관해선 좋게 얘기하려는 나쁜 습관이 있다. 이 영화는 바로 그것
을 얘기하고 있다'고 말했다."

감독의 의도대로만 작품을 해석해야 한다?

예술가가 되기 위해서, 그것도 대중영화 감독이 되기 위해서 이념적이고 관념적인 경직성을 떨쳐버린 것은 개인적으로 잘한 일인지도 모른다. 심각하고 무겁게, 어렵게 가지(풀지) 않겠다는 그의 영화노선도 예술적 대중상업영화를 만드는 '원칙'에 부응하는 정당한 것일 게다.

그러나 결국엔 상업영화일지라도 비대중적인 예술성, 컬트성, 이념성 같은 것에 집중하는 소수대중 취향의 작품들도 만들어질 필요가 있다. 안토니오니나 앙겔로풀로스, 타르코프스키, 벤더스같이 재미와 유머가 부족할 뿐 아니라 의도적으로 대중의 취향과 관심에 등을 돌리는 예술영화도 만들어지고 존중될 필요가 있다(허우 샤오시엔처럼 '참다운 예술의 본질은 대중을 거절하는 데에 있다'고까지 공언하는 입장의, 비상업적 예술영화들로서 오늘날에는 아주 소수 관객들에게나 인정받을, 이른바 영화제용 영화들 말이다). 철학적 인식론이나 존재론 그리고 사회·역사 인식의 거대한 구조 틀에 천착하며 기묘한 접선·접점을 취하려는(감성적·회화적 융합을 꾀하는) 영화도 필요하다.

임 감독은 이러한 다양성을 부인하진 않지만 굳이 소통하려 하지 않는다. 일정한 무관심과 무시는 그의 자유이며 또 충무로를 활동무대로 하는 '상업'감독에게 요청되는 태도, 곧 집중성과 명쾌성의 반영이라 하겠다. 인정한다. 하지만 대중적 어법과 화술에 몰두하며 자기 세계, 자기 틀에 정착할 때 '독단'이 강해질 수도 있는 법. 새롭고 다양한 것과의 성실한 소통, 상호침투는 누구에게든 필요하다.

그리고, 왜 감독의 의도대로만 작품을 해석해야 할까. 설령 작가

주의 감독의 작품일지라도…. 영화는 극장에서 관객 및 평자와 만났을 때 비로소 영화인 것(필름이 시네마로 되는 것)이며, 그의 말마따나 영화감독은 일상을 찍지 일상을 통해 나오는 관념들을 찍는 것이 아니기 때문에 영화는 관념(들)로부터 일정 독립한 '유기체'로 전화한다. 관념(들)이 녹아있는, 관념-물질의 복합적 '유기체'로…. 영화 속 감독의 의도는 작품 전체의 관념, 의도, 코드, 기의의 주요한 일부에 '불과'하다. 구로사와가 그의 자서전에서 지적한 것처럼, 〈라쇼몽〉은 시대극의 형식을 빌어 '자기에 관해서는 좋게만 얘기하려는' 인간의 이기적 마음과 습관을 다룬다. 하지만 그것을 넘어 인식 상대주의, 윤리 상대주의로 확장된다. 개별과 일상(마음과 습관)이 인식과 존재의 로직, 파라다임을 암시적으로 또는 명시적으로 만나는 것이다. 전후의 인식론적 혼란을 그린(투영한) 것이란 해석도, '전후 정신'의 창조를 담아낸 것이란 해석도 일리가 있는 것이다.

— 작가주의 영화와 감독에 대해 어떻게 생각하나?

"관심 없다. 상업주의까지는 아니어도 상업영화 만드는 '상업감독'인데…. (웃음)"

— 저예산 디지털영화 〈눈물〉 이후, 마이너영화를 만들 계획은 없었나?

"없었고 앞으로도 없을 것이다. 오히려 규모를 더 키우겠다. 내가 컨트롤할 수 있고, 새로운 영역과 기술에 도전할 수 있다면…. 액션이나 사극 장르, 특히 서사액션물을 찍고 싶다." (임 감독은 〈눈물〉의 흥행 실패 때문인지 차기작 〈바람난 가족〉을 내놓기까지 3년이 걸렸다.)

－그간 기성을 비판, 공격하되 엄숙주의를 배제하고 풍자와 냉소의 경계를 넘나들며 했다고 보는데. 냉소주의를 어떻게 보는가.

"내 작품에 대해, 내 입으로 냉소를 말한 적은 없다. 저널리즘에서도 거의 그렇고. 냉소가 아니라 열소다. 나는 (현실을) 매우 진지하게 생각하고 아파하고 그런 걸 토대로 영화를 만든다. 내 스타일상 (엄숙한) 척하지 않을 뿐이며 관객에게도 그간 보지 못한 새로운 풍자를 보여주니까 일부 냉소로 비쳐질지는 모르겠다."

－개인과 대중의 허위의식을 까발리는 것에 주력한다는 점에서 홍상수 감독과 유사성이 있는데….

"홍상수 감독하고는 이름만 같다. (웃음)"

예술의 본질은 '응그슬쩍'에 있다.

－당신 작품은 독특한 풍자와 해학을 특징으로 하는, 모던한 사회비판적 리얼리즘의 유파로 볼 수 있겠다. 그러나 사회파 영화는 아니다. 제3세계 일부 나라에는 있지만 한국에는 거의 없는….

"한국에 사회파 감독이 누가 있는가."

－홍기선 감독과 과거(초기)의 박광수 감독 정도겠지. 그것도 약한 사회파…. 켄 로치 감독의 영화는 어떻게 생각하나?

"그의 영화를 몇 편 보지는 못했다. 순정은 느껴지지만 유치하다고 생각됐다."

－정면으로 들춰내고 돌파하기와, 일부 직접적이고 구호적(口號的)

인 메시지 전달 때문에 그런가. 그런 것들의 배격이나, 우회성과 내면응시의 고정화는 유럽 모더니즘이 끼친 부정적 잔재의 하나로도 보여지는데….

"직접적이고 구호적인 것, 촌스럽다. 예술의 본질은 '응그슬쩍'에 있다."

(대담자는 전태일과 광주를 소재로 한 최초의 대중영화임에도 민중의 직접적 분노와 응시, 에너지를 '억누르고' 지식인적인 시각과 내면성으로 침잠한 〈아름다운 청년 전태일〉, 〈꽃잎〉이 그런 예이며 두 영화는 가브라스의 〈계엄령〉처럼 갔어야 한다고 보는 견지에서 위의 질문을 던져 보았다.)

- 임 감독은 평소 평론가들에 대해서 매우 비판적인 시각을 지니고 있는데….

"인터넷 파워의 영향도 있긴 하지만, 감독들은 한국의 비평가들에게 관심이 없다. 영화의 흥행에 영향을 미치지 못하고 평가에도 제대로 임무를 수행하지 못하기 때문이다. 창작자의 '느낌'을 전달하는 것엔 무관심하고 대신 대중과 편집자에게 (자기의 느낌과 표현이) 어떻게 팔릴까 하는 것에 관심이 쏠려있는 것 같다. 어찌 보면 당연하기도 하다.

나쁘게 써줘도 그만이고 잘 써줘도 그만이다. 단, 의미 있게 써주면 가슴에 와 박힌다. 감독들은 국제비평가들에겐 관심이 있다. 해외 영화제와 시장에서 작품과 감독의 가격이 올라가니까."

관객들은 그들의 취향이 전부다. 감독들은 그 자신의 취향과 대중이 '전부'일 것이다. 비평가들은 취향이 아닌 분석, 대중이 아닌 예술이 '전

부'다. 미(美)와 예술현상에 대한 분석, 즉 미학적 분석이 임무다. 감독들도 예술을 '엿볼' 것이고 비평가들도 대중과 산업을 '엿볼' 것이다. 대중과 상업(돈)은 동전의 양면 같기도 하다. 물론 대중은 돈, 그 이상이긴 하지만.

임 감독의 영화는 소재적으로나 주제적으로 파격적이며 논쟁적이다. 하지만 그러한 내용의 스크린 위 형상화와 '논쟁'은, 거대 이념과 담론의 직접적·설명적 관계맺음이나 메시지전달 방식이 아니었고 그 바깥의 기묘한 예술적 긴장과 절제를 통한 우회적·묘사적 관계맺음이나 메시지전달 방식이었다. 풍자 가득한 공격적 화술과 잘 정돈된 '그림'만들기에, 예술의 본질적 속성이라 할 긴장과 절제의 미학을 배합하는 것이었다.

내내 아닌 것 같다가 언뜻, 선뜻 갑자기 혈류처럼 번지는 '진실된 충격'의 리얼리티를 관객들에게 선사하는 것 그리고 그러한 리얼리즘의 세계를 구축하는 것이 그의 목표이고 목적일 것이다. 불편하고 불쾌하게, 때론 편안(잔잔)하고 유쾌하게 '우리 자신'의 모습 보여주기를 통해서….

의외로 잔잔하게 흐름이 전개될 그의 신작 〈오래된 정원〉은 주인공의 오래된 감정의 응결과 그 자연스러운 폭발을 정점으로 삼을 것이다. 관객에게 전달되는, 감정 폭발의 그 자연스러움과 영화적 에너지가 〈오래된 정원〉의 생명점으로 작용할 것 같다.

인터뷰의 재구성 :

미완의 '대기' 송일곤 감독과의 긴 대화

일시 : 2005년 1월15일
장소 : (주)신비전미디어 사무실
녹취 및 정리 : 윤정아
사 진 : 윤명아
대담 : 전찬일(숙명여대 겸임교수, 영화평론가)

이 인터뷰는 2006년 2월 3일 지금 이 시간으로부터 1년 1개월쯤 전에 이뤄진 것이다. 원래는 한국영화평론가 협회에서 매년 발간하는 『영화평론』지 2004 제 16호에 실을 작정으로 한 인터뷰이나, 내 특유의 게으름 등으로 인해 그러질 못했다. 아니, 심지어 그 다음 호인 2005년 제17호에조차 싣지를 못했다. 그 주된 이유는 물론 내 게으름이었다. 부끄럽게도.

그렇기에 젊은영화비평집단에서 발간하는 『영화/비평/현실』 제 3호에 이 인터뷰의 재구성을 게재한다는 것이 처음엔 내키지 않았다. 아마도 이 무크지의 편집장인 동료 평론가, 김시무의 강권이 아니었다면 이 인터뷰는 여전히 녹취 상태의, 미완의 원고로 머물러 있었을 게다. 그리고 짐작컨대 영원히 그 상태로 머물러 있을 터였다. 그 점에서 우선 '평생벗'일 평론가 김시무에게 심심한 감사를 전하련다.

만만치 않은 원고 분량 탓이기도 했지만, 녹취 원고를 재구성하는 데만도 몇날 며칠이 걸렸다. 그 분량의 새로운 원고를 쓸 만큼의 날들이. 원고 마감이 지난 지 이미 오래였다. 그래, 인터뷰의 완성도 따윈 아랑곳하지 않고, 원고료에 해당하는 분량인 60매 가량만 적당히 채워 보낼까, 싶은 유혹을 적잖이 받았다. 실은 그랬더라도 하등 문제가 될 건 없었다. 그랬더라면 낑낑 거리며, 150여 매에 달하는 제법 긴 인터뷰를 작성하려고 애를 쓸 필요도 없었으리라.

그러나 도저히 그럴 순 없었다. 그러고 싶진 않았다. 무엇보다 자존심이 허락하지 않아서이기도 했지만, 그건 송일곤 감독이라는 인간에 대한 예의를 저버리는 파렴치한 짓일 테니까 말이다.

인터뷰 이후, 송일곤 감독에겐 큰 신상의 변화는 없었다. 인터뷰에 나오듯, 〈마법사들〉이 전주 영화제에서 첫 선을 보인 뒤, 극소수의 예술영화전용관을 통해서 일반 개봉되었다. 현재는 영화사 봄 제작으로 〈러브 히스토리〉(가칭)라는 4번 째 장편 시나리오 작업을 마무리 중이다(고 지난 2월 8일 스크린쿼터 축소 반대 범 영화인 장외 투쟁의 장에서 만난 감독이 전했다).

독자와의 소통을 위해 어쩔 수 없이 문장을 다듬을 수밖에 없었지만, 가능한 그 날 인터뷰에서 오갔던 대화들을 오리지널 그대로 옮기려 했다는 것을 밝힌다. 녹취가 워낙 좋지 않아 도저히 사용할 수 없는 경우를 제외하고는 감독의 변을 최대한 전하고자 했다. 판단컨대 대략 90%쯤은 전하지 않았나, 싶다. 모쪼록 이 인터뷰의 재구성이 송일곤이라는 미완의 젊은 감독을 이해하는데 일말의 기여나마 할 수 있기를 소망해본다.

전찬일(이하 전) : 자리해 줘 고맙다. 인터뷰는 총론을 중심으로 하면서 필요에 따라 각론에 들어가는 것으로 하겠다. 우선, (막 개봉한 〈깃〉을 장편으로 분류한다면) 지금까지 세편의 장편을 만들었다. 단편 영화계 최고 스타 감독으로서 맹활약을 하다가 장편으로 넘어왔는데…〈꽃섬〉〈거미숲〉이 대중적 성공을 거두지 못했다. 어제 선보인 〈깃〉 또한 대중적 성공과는 애당초 거리가 멀다. 때문에 송 감독은 작가지향적 비흥행감독으로 흔히 분류된다. 그래 할 말이 더 많을 거 같기도 하다. 총론적으로 영화계 제작 환경, 배급 및 상영 맥락이라든가, 한국영화 산업 구조나 시스템 등 영화계 흐름이나 문제점 등에 대해 자유롭게 말해 달라. 인터뷰라는 게 좋은 질문이 나갈 수도, 기분 나쁜 질문이 나갈 수 있을 테니, 너무 기분 나빠하지 말고 허심탄회하게 답변해 주면 고맙겠다.

송일곤(이하 송) : 나는 단편영화를 퍽 많이 만든 감독이다. 〈꽃섬〉으로 장편 데뷔를 하기 전 가장 많은 단편영화를 찍은 감독이지 않나 싶다. 〈꽃섬〉은 99년부터 준비를 시작해서 2001년에 개봉을 했다. 한국영화가 투자가 잘 되는 성장기고, 대기업 자본이 영화계로 들어오면서 저예산 예술 영화에도 투자가 되었던 거 같다. 〈칼〉이라는 영화를 준비하다가 갑자기 〈꽃섬〉을 만들게 되었는데 4억 가량이 들었다. 그때 〈꽃섬〉을 비롯해 〈나비〉〈라이방〉〈고양이를 부탁해〉〈와이키키 브라더스〉 등 충무로 평균 제작비보다 적은 작가주의 영화들이 그래도 꽤 많이 나왔는데, 흥행엔 모두

다 참패했다.

당시 조폭 관련 영화들은 흥행이 되고 여으로 사람들 삶에 대한 이야기나, 자기가 하고 싶은 이야기를 하는 작가주의 영화들은 실패를 했다. 그 이후로 영화들이 급격하게 나뉘었던 거 같다. 거대 자본이 투입된, 조금은 더 기획력이 강한 영화들이 제작되고, 배급 속도도 빨라지고 물량도 증가했다. 보통 1, 2주 안에 모든 것이 승부가 나고, 관객이 1000만이 넘는 영화들이 등장하는 등 갑작스런 변화들이 일어났다. 그에 비례해 점점 더 저예산 영화라든지 소규모의 의미 있는 영화들의 제작이 줄어들었다. 모든 것들이 투자 장악 아래 이루어지게 된 것이다. 작은 영화감독들이 분명히 존재할 텐데, 일본이나 프랑스와는 달리, 그런 감독들이 영화를 만들기 더 힘든 시기가 온 것이다. 하지만 작년엔 다행히 〈마이 제너레이션〉이나 〈양아치 어조〉 등 아주 작은 디지털 영화들이 몇 편 제작되었고, 비록 부산영화제 같은 곳이나 극소수 상영관에서 밖에 볼 수 없었지만, 작게는 인기도 끌었던 걸로 알고 있다.

나는 애당초 독립영화 집단에 속한 적도, 독립영화를 하겠다고 선언 한 적도 없다. 그러나 진정한 독립영화는 정말로 혼자 하는 것이라고 생각한다. 그렇다고 뭐 내가 독립영화만 하겠다고 고집하는 건 아니다. 여태까지 흥행이 안 되었던 이유는 관객과의 소통에 문제가 있기 때문이지 예술영화를 만들었기 때문이라고 생각하진 않는다.

어쨌든 지금의 한국 산업구조 속에서 분명히 하고 싶은 이야기나 시나리오가 있었기 때문에 여태껏 영화를 찍어왔다. 흥행영화를 만들어야 되겠다는 그런 절박한 마음을 먹은 적은 한 번도 없었다. 그저 좋은 시나리오를 쓰겠다, 좋은 영화를 만들겠다는 마음이 제일

컸다. 물론 그런 생각 때문에 흥행이 잘 안됐다고 볼 수도 있을 거다. 왜냐면 정말이지 한국 관객들이 즐거워할 만한 요소를 찾은 적이 없었다. 나를 표현하는 것이 중요했기 때문에… 그렇지만 〈거미숲〉은 14억 원이 들어갔는데, 그렇다고 남의 돈을 막 쓴 것은 아니다. 〈꽃섬〉도 프랑스 굴지의 배급사 와일드 번치가 판권 구입을 하려 했지만, 한국에서 부도가 나는 바람에 5개국에서 계약이 되었다다 취소되었고, 지금도 계약이 묶여 있는 상태다. 〈거미숲〉도 영화진흥위원회에서 4억을 지원 받았는데, 6억 원 가량은 해외에 팔렸고, 관객도 10만쯤 들었다. 부대 판권까지 포함하면 14억이라는 돈은 빠진다. 감독의 입장에서 마케팅비를 제외한 손재에 대한 책임은 진 셈이다. 7천만 원이 든 〈깃〉도 마찬가지다. SBS에서 8천만 원에 샀고, 해외에서도 계약서가 와 있다. 사인만 하면 되는 상태다. 한 20억 정도에 이야기가 되고 있다.

100억이 들었으면 반드시 100억을 벌어야 된다는 그런 흥행 수치로만 따지면 어찌 보면 나도 손해 보는 장사는 안했다고 생각한다. 영화를 계속 찍기 위해 분명 전략이 필요하기 때문에 그런 것들을 소홀히 했다고 생각하지는 않는다. 단지 대중들이 원하는 쉬운 코드의 영화를 안했을 뿐이다.

전 : 흥행에 대한 다른 개념 등, 몇 가지 중요한 이야기들이 나왔다. 우리 영화계엔 지나치게 큰 것 지상주의가 만연해 있다 보니까 큰돈을 벌지 않으면 실패한 거라는 식의 자조 분위기가 팽배해 있는 게 사실이다. 〈거미숲〉도 충분히 여러 루트를 통해서 순제작비 이상을 뽑아냈고, 〈깃〉도 적은 돈이어도 제작사에게 분명히 돈을 벌어 주었다고 했다. 큰 흥행은 못했어도, 그 영화 때문에 제작사가

망했다든지, 빚더미에 오르진 않았다는 것이다. 중요한 지적이다. 그 점에서 송감독은 나름대로 전략적 사고, 전략적 영화 만들기를 해 왔고, 그것이 생각만큼의 큰 성공을 못 거뒀더라도, 절반 정도는 성공한 걸로 볼 수 있지 않나 싶다.

(물론 이건 감독의 지나치게 자의적 해석일 수도 있다. 어떤 계기로 〈거미숲〉 제작자를 술자리에서 만나 그런 얘기를 나눴는데, 그는 영화 흥행 참패로 인해 상당한 빚을 지게 되었다고 말했다. 그렇다면 감독과 다른 주장을 펼치고 있는 셈인데, 과연 누구의 주장이 더 설득력이 있는 건지에 대해선 이 자리에서 단정할 수는 없을 성 싶다. 그럴 필요도 없을 테고.)

대중에게 쉬운 코드의 영화를 만들지 않았다고 했는데, 그 말은 대중에게 가지고 있는 송감독의 어떤 불만이나 경계심, 거리감 등 그런 것의 결과인지? 감독들은 누구나 자기표현의 욕구가 있기 마련이다. 그렇다면 그 자기 표현 욕구와 대중들의 욕구가 상치되기 때문에 그러는 것인지, 그 점은 송감독 영화에 다가가는데 중요한 사항이라고 여겨진다.

송 : 난 영화 공부를 좀 오래한 편이다. 예전(서울예술대학) 89학번으로, 한국에서 영화에 대한 갈증이 많았었다. 영화를 잘 만들고 싶고, 영화 공부를 하며 봤던 대가들의 작품을 보면서 나도 언젠간 저런 영화를 만들 수 있게 되겠지…좋은 영화를 만들고 싶은 욕구가 있었으나 좀처럼 해소 되지 않았다. 어떻게 하면 되는지 아무도 가르쳐 주지 않았다.

폴란드에 가니까 유럽에는 분명 전통이 있었고 영화 문법 체계가

있어서, 그런 것들을 학생들에게 가르쳐 주었다. 이런 식으로 영화를 만들면, 이렇게 영화가 나온다든지 하는 것들을.

그런 것들을 배우며 난 살면서 동경해왔던 문학 영화 연극 미술 시 그런 분야들에 대한 창작 욕구가 내게 존재한다, 라는 것을 깨달았다. 〈꽃섬〉은 〈깃〉에 반해 대중들이 알기 쉽게 병치해 놓은 내러티브는 아니었다. 솔직히 우리나라에서 시를 음미하거나 그림을 보며 감흥을 느끼는 사람이 많지는 않다고 본다. 혹은 문학을 정말 삶의 여유로서 즐기는 사람이 천만 명이 될 것이라고 생각하진 않는다. 영화는 수동적인 매체다. 7000원가량만 내면 두 시간 동안 즐겁게 해준다. 하지만 난 생각을 하게 하고 정서적 감흥이 있는 그런 영화가 반드시 있어야 된다고 본다. 영화는 분명 오락이면서 문화의 형태이기 때문에 창작자의 입장과 예술 작품을 보는 사람들도 중요한 거다. 난 그런 영화를 만들었던 거다. 두 시간 동안 즐겁게 보고 잊어버릴 만한 영화가 아니라 소수일지라도 내 영화를 본 사람들과 긴 대화를 나누고 능동적으로 그 영화에 대해 생각하게 만들고, 살다 보면 나중에 떠오르게 만드는…그런 영화를 만들고 싶었던 것이다.

〈거미숲〉도 장르의 틀을 가지고 있지만 분명 내가 하고 싶은 얘기를 담았다. 오랜 동안 쓴 시나리오기 때문에 내가 말하고 싶은 것이 다 들어가 있다. 내가 하고 싶은 대로 편집도 했고. 결국 마지막에 8분정도 잘리기는 했지만, 그래도 내가 만들고 싶은 영화에 접근했다고 생각한다. 한계도 많이 느꼈다. 기획된 것에 내 작품을 맞춘 게 아니고 오리지널리티를 충분히 보호하면서도 자본과 싸워가며 만든 영화였으니까. 그러나 앞으로는 조금 달라져야겠다는 생각이 든다. 내 영화를 좋아하고 즐거워 할 수 있는 관객이 소수 있다 치

더라도 그 소수가 너무 작아, 지금 한국영화 산업 구조 자체에서는 그 소수마저 내 영화를 극장에서 볼 기회조차 갖지 못할 수 있기 때문이다. 〈거미숲〉은 전국에서 60개 정도의 극장을 잡았다. 서울에서는 정규 상영을 하는 극장도 별로 없었다. 마케팅이라는 거대 시스템 속에서, 홍보가 제대로 되지 않으면 관객이 알아서 찾아오는 수치가 줄고 있다. 하지만 분명히 〈거미숲〉을 보고 즐거워할만한 관객이 있었다고 본다. 비디오 출시 이후 오히려 많은 사람들이 이야기를 해주고 인터넷 상에서 많은 글들이 올라오는 등 반응들이 있었다. 그런 것들을 보면 영화가 다소 어려웠지만, 충분히 즐길 수 있는 관객이 있었다. 그것은 곧 "좋다", "나쁘다"를 떠나 영화를 극장에서 볼 수 있는 기회를 충분히 가지지 못했다는 것을 뜻한다. 한국에서는 스코어와 액수라는 산업적 논리에 따라 배급이 너무 사람들의 볼 권리를 빼앗아 간다. 예를 들어 파리에서는 한주에 200편에 달하는 영화가 개봉을 한다. 한국 극장은 기껏해야 10~15편? 그 중 서, 너 편밖에 못 고른다. 뭔가 다른 영화들이 상영될 여지가 없다. 프랑스 극장주들과 한국 극장주들과는 생각이 다르다. 내 생각엔 돈을 가진 자들의 생각이 문제인 거 같다. 그런 영화를 보고 싶어 하는 관객들이 있고, 조금 더 쉽게 그들이 볼 수 있어야 하는데…

(가능한 송감독이 말한 그대로 옮기겠다는 판단에서 그냥 옮겼지만, 과연 "파리에서는 한주에 200편에 달하는 영화가 개봉을" 하는 지는 확신하진 못하겠다. 시네마테크 등에서 선보이는 영화들까지 감안하면 그럴 수 있겠으나, '개봉'이란 모름지기 '신작'을 함축한다는 사실을 염두에 둘 때 주 당 200편이란 건 물리적으로 불가능한 수치로 다가서기 때문이다. 그렇게 계산 할 경우 월 800편 이상 연

4000 편 이상이 개봉된다는 건데, 그게 과연 가능할까, 의문인 것이다. 아무리 프랑스 파리라 할지라도 말이다. 그런데 한국에서 개봉된 편수가 2004 기준으로 한국 영화 74편 외국 영화 194편(영화진흥위원회 '2004년 한국영화산업 결산' 참조)이었다는 사실을 고려하면 4000편 이상이 전혀 불가능한 수치도 아닐 성 싶기도 하다. 그래도 우리나라에서 주 당 개봉되는 신작 편수를 10~15편으로 잡은 것은 지나치게 높게 잡지 않나, 싶다. 상기 개봉 편수를 대략 총 300편으로 잡으면 평균 대, 여섯 편이고 10편에 이르는 경우는 어쩌다 있을 테니까…)

전 : 한국 영화와 연관해 가장 큰 구조적인 문제를 지적했다. 그 문제는 지금 〈깃〉에도 고스란히 해당된다. 내 주변 사람들도 〈깃〉처럼 반응이 좋은, 작은 영화를 보려면 찾아가 봐야 하는데, 그것이 너무 어렵다고 말한다. 그와 같은 구조적 문제를 해결하기엔 난망한 게 사실이다. 위에서 프랑스 예를 들면서 업자들의 마인드 차이를 이야기 했지만, 영리추구가 목적인 업자들에게 문화적 마인드를 가져달라고 요구 내지 소망하는 것도 나이브한 요구요 소망이다. 프랑스와 한국은 문화, 특히 영화를 대하는 마인드에 큰 차이를 보이는데, 그에 대해 업자들의 변화를 바라는 것 외에는 다른 방안은 없을까?

송 : 정부에서 법적으로 보호를 해줘야 한다고 본다. 지금의 한국영

화가 있기까지는 좋은 감독들은 말할 것 없고, 좋은 프로듀서들과 투자자들이 있었기에 가능했다. 그렇지만 그 영화들이 배급될 때 자본주의 시스템이 맞물리면서 초심들이 조금씩 변할 수밖에 없는 상황들이 되는 거 같다. 프랑스를 예로 들어보자. 프랑스에서는 법적으로 보호를 해준다. 가령, 극장에서 상영 된 후 1년 뒤에 유료 케이블에서 볼 수 있고, 그 1년 뒤에 비디오가 나오고, 그 다음에 1년 뒤에 DVD가 나온다. 영화 한편이 나오면 극장에서 볼 수 있도록 해, 극장문화를 보호해 주는 것이다. '키노'라는, 영화적 공간을 보호해 주는 것이다.

우리나라에서도 할 수 있는 것이 많다고 생각한다. 한 영화가 극장에서 좀 더 오래 상영될 수 있도록 해야 한다. 지금처럼 극장 상영 후 바로 비디오로 출시해서는 안 된다. 좀 더 시간적 간격을 둬야 한다. 관객들이 극장에 찾아가 보고 싶은 영화를 볼 수 있는 시간적 여유를 줘야 한다.

지금 〈깃〉은 시네코아에서 오전 1, 2 회에 걸리는데, 극장이 꽉 차도 수지가 맞지 않는다. 상영하지 말라는 이야기와 같다. 물론 극장입장에서는 그럴 수 있을 거다. 〈깃〉과 같이 상영되는 영화가 〈하울의 움직이는 성〉인데, 〈깃〉을 오전 1, 2회에 틀고 그 일본 애니메이션을 오후에 튼다.

하지만 그건 영화를 버리는 거라고 생각한다. 다른 극장도 마찬가지다. 그렇다고 관객들이 그 시간에 딱 맞춰 찾아와 볼 수 있는 것도 아니고. 그러므로 영진위에서도 지원을 구체적으로 하면 좋겠다. 그렇게 해야 된다. 프랑스 인들이 예술영화를 보호하는 것처럼. 물론 프랑스라고 해서 다 좋은 건 아니다. 지금 우리 상황이 워낙 좋

지 않기에 프랑스를 예로 들었을 따름이다.

기획, 제작자들이 영화로 돈을 벌겠다기보다는 하나의 작가를 키우고, 한편의 영화를 만들고, 사람들이 그 영화를 보면서 즐거워하고…난 그런 게 참 좋다. 돈을 버는 것도 중요하지만, 돈 이전에 영화는 문화니까…

전 : 한편의 영화가 상영되고 나서 수입을 창출하는 윈도우들은 여러 개 있다. 과거에는 홀드 백 기간이 일정기간 지켜졌는데 어느 순간 무너졌다. 법이 없어서 그렇게 된 건지, 아니면 업자들이 수익을 위해서 법률을 무시하는 건지는 잘 모르겠지만. 그렇게라도 해서 업자들이 단 한 푼이라도 빨리 돈을 벌어들여야 만이 손실을 덜 보고, 그렇게 해 또 다시 제작을 하고… 이런 시스템은 업자들이 만들어 낸 측면이 없지 않다. 한편으로는 관객들도 조금만 더 버티면 비디오나 케이블로 볼 수 있을 텐데, 하는 생각으로 극장을 찾지 않는 마음도 있을 것이다. 그나마 홀드백 기간이 지켜지는 건 공중파뿐이다. 그렇다면 송감독은 업자들의 손해가 좀 더 커지더라도 법적으로 홀드백 기간을 엄격히 지키도록 해야 한다는 건가?

송 : 그렇다. 작가영화나 예술영화들이 지속적으로 양산될 수 있는 상황들이 사라지면서, 극장에 가는 즐거움을 빼앗아 가는 경우가 되기 때문이다. 홀드백이 왜 존재해야 하고, 프랑스에서는 왜 법적으로 규제하면서까지 유지하려 하겠는가. 영화산업 자체를 보호하려는 거 아닌가. 사람들이 극장에 가게하고, 그것을 통해 영화 만드는 사람들이 계속 영화를 만들게 해주자는 거 아닌가. 그래야지만, 자국의 인재들이 좋은 영화를 계속 만들 수 있는 거다. 한번 흥행이 안

됐다고 다음에 영화를 만들 기회를 아주 없애버리면, 발전이란 있을 수 없다. 공평한 경쟁을 하게 해야 한다. 100억 중에 50억 손해 나는 것과, 1억 중 1억 손해나는 것은 다르다. 단순히 물량으로 따지면 게임이 안 된다. 현 한국 영화산업은 독과점이고 공평한 경쟁이 아니기 때문에 문제가 있다. 영화도 산업인데, 다른 산업이 공정거래법에 걸리는 것처럼 영화산업도….

전 : 한국 영화산업이 산업화 된지 얼마 안됐기 때문에 국가에서 방치하는 면이 없지 않다. 그렇다면 결국 어떤 기회의 균등, 분의 배분 문제가 중요하므로 일정 정도 규제를 강화시키면서라도 지금의 독과점 형태를 방지할 필요가 있다고 보는 것인가?

송 : 그렇긴 한데, 쉽게 바뀌지는 않을 거다.

전 : 한국 영화산업은 과도기에 있다. 여론화의 문제다. 영화계 오피니언 리더들이 그런 의견들을 꾸준히 매체에 개제하면서 여론화시키면 그 시기를 조금은 당길 수 있을 거다. 나 역시 그 문제를 제기해 왔다. 문화 마인드를 가지고 영화에 접근하는 자세가 일정 정도 필요하다고. 어떤 현상에 직면할 때, 그 현상을 속수무책으로 받아들이느냐 저항하면서 받아들이느냐는 다르다. 관객 문제로 넘어가 보자. 본인이 만든 영화들이 관객과 소통하는데 실패했다고 보는 것인지…

송 : 소통의 실패라고 생각하지는 않는다. 소수의 관객이겠지만 내 영화를 보고 즐거워하는 사람들이 있었기 때문에, 그건 아니라고 생각한다. 내 영화가 기존의 내러티브를 따라가지 않았다는 생각은 든

다. 내 영화를 즐겁게 본 사람들이 있고, 짜증을 내며 본 사람들도 있다. 모든 것이 소통의 한 형태라고 본다. 많은 관객과의 소통이 아닐 뿐이지…실험영화조차도 어느 정도는 소통하고 있다고 생각한다. 서로 이야기하고 감정을 주고받고 있다고 본다.

여태까지는 사실, 한 사람의 예술작품처럼 영화를 만들어왔다. 지금 시대에 페데리코 펠리니의 시나리오를 가지고 영화를 만들 때, 한국 관객들이 얼마나 많이 올 수 있을까를 생각해보면, 그 당시만큼 많이 오지는 않을 거라고 본다. 시대가 다르고, 영상 문법들이 다르고, 꿈꾸는 세상 자체가 다르기 때문이다. 〈거미숲〉이 해외 6, 7개국에 팔렸는데, 일본에서는 4월에 개봉을 한다. 그 쪽에서 흥행이 더 되면, 그건 소통이 잘된 것이라고 볼 수 있을지 모르겠다. 결과는 시기나 사람의 취향에 따라서 달라질 수 있다. 그런 점에서 난 열려있다고 생각한다.

(〈거미숲〉이 송감독의 말처럼 일본에서 4월에 개봉되었는지 여부는 확실치 않다. 그런 소식을 접한 적은 없다. 혹시 해 인터넷에서 검색해 봐도 그런 소식은 눈에 띄지 않는다. 그렇다면 인터뷰 때만 해도 그런 논의가 진행 중이었으나 결국엔 성사되지 못한 거 아닐까.)

　나한테 중요한 것은 한국 대중들이다. 이제 막 〈깃〉을 찍었고 〈마법사들〉라는 단편을 준비하고 있지만, 그 다음에는 많은 사람들이 볼 수 있는 영화를 만들려고 한다. 내가 생각하는 바를 쉽고, 좋은 내러티브로 이야기를 풀어서 전달하고 싶고, 그것을 많은 사람들이 즐겁게 보길 원한다. 기획영화까지는 아니더라도 대중 관객들과 만나고 싶은 것이다.

전 : 전주영화제에서 디지털 삼인삼색 중 한 편으로 선보일 단편 *〈마법사들〉-태국 아핏차퐁 위라세타쿤 감독의 〈세세의 욕망〉, 일본 츠카모토 신야 감독의 〈혼몽〉과 함께 전주 영화제 개막작으로 첫선을 보였다*가 끝나고 영화사 봄과 작업할 영화는 좀 더 많은 관객과 함께 만날 수 있는 대중영화로 나가겠다는 건데, 그럼 본인이 지향하는 영화를 시적, 회화적 영화라고 규정했을 때, 그 노선을 포기하더라도 많은 대중이 볼 수 있는 영화를 만들겠다는 것인가, 아니면 기존의 방식을 좀 더 대중적인 화법으로 풀겠다는 것인가?

송 : 지금은 줄거리만 나온 상태라 영화가 어떤 구조, 어떤 표현 양식들을 띠게 될 지 정확히 말하긴 어렵지만, 시적 표현들을 많이 숨기면서 보다 대중적 내러티브 구조로 가려고 한다. 그 둘을 동시에 추구하는 작업을 〈거미숲〉에서 했었는데 굉장히 어려웠다. 〈깃〉이 좋은 예일 거다. 내가 지향하는 것들을 포기 안하면서 굉장히 단순한 내러티브를 썼다. 만약 〈깃〉을 더 유명한 배우를 써서 더 많은 에피소드들을 넣어 만들었다면, 더 많은 관객이 들 거라고 생각한다. 이야기를 쉽게 전달했고, 멜로라는 장르가 누구나 공감할 수 있는 장르니까…

전 : 스타일보다는 내러티브 쪽으로 무게중심을 두겠다는 의미인 듯. 이쯤 단편영화로 들어가 보자. 〈광대들의 꿈〉과 〈간과 감자〉, 〈소풍〉에 이르는 세 단편영화에 한정해 보면, 어떤 노선의 변화가 보인다. 〈광대들의 꿈〉은 대사가 거의 없이 초창기 영화를 보는 것 같은, 그림 중심의, 분위기 중심의, 마치 서커스를 보는 것과 같은 그런 느낌이었다. 〈간과 감자〉에선 스타일이 부각되면서 카인과 아

벨 이야기가 병존했다. 〈소풍〉에선 전작들에 보였던 스타일이 많이 숨어들어가면서 자살에 이르는 내러티브가 강화된다. 결국 관객들에게 점점 더 다가가고자 하는 감독으로서 노선 변화가 보였다.

그 다음에 나온 장편 〈꽃섬〉에서는, 내러티브가 없는 건 아니지만, 다시 스타일이 강조되며 원점으로 돌아간다. 그리고 〈거미숲〉을 거쳐 〈깃〉에 이르면서, 단편에서의 변화 노선이 장편에서도 반복된다. 그렇다면, 단편 영화를 만들 때도 장편 영화에서 드러나는 마인드의 변화를 겪었는지 궁금하다.

송 : 단편 때는 그럴 이유가 없었다. 흥행에 대한 부담도 없었고. 30대 중반이지만 감독치고는 난 어린 나이다. 완성된 감독이 아니므로 많은 것들을 열어두고 다양한 영화를 만들고 싶다. 이제 겨우 단편 몇 편과 장편 몇 편 밖에 만든 게 없는 사람인데… 끊임 없이 나 자신을 찾고 있고 과정 중에 있다고 생각한다. 나도 어디로 갈지 모른다. 험한 길인지 사막인지 아스팔트인지 태풍이 올지, 아무것도 모르지만 그 여정을 즐기고 있다. 흥행을 꼭 해야 한다는 당위성은 모르겠다. 돈? 명예? 둘 다 욕심이 없다. 나한테 가장 중요한 것은 좋은 영화를 만들고 싶다는 것과 영화를 하면서 좋은 사람들을 많이 만나는 것이다. 그러기 위해서 하나의 방편으로 대중적인 영화를 만들고 나면, 영화를 만들기 쉬울 거다. 쉽다는 것은, 가령 〈깃〉이나 〈꽃섬〉같은 영화를 일 년에 한두 편씩 꾸준히 만들 수 있으리라는 거다. 〈거미숲〉을 만들면서 느낀 거지만 내 명분 때문에 스텝들이 굉장히 많이 희생할 수밖에 없었다. 30억은 들어야 할 영화를 14억에 만들자니 스텝들의 개런티부터 깎을 수밖에 없었고 포기해야 하거나 훼손시켜야 하는 장면들이 생겼다. 그럴 바에는 차라리 저예산

이지만 디지털 영화를 만들어서 스텝들에게 확실한 명분을 주는 것이 낫다고 생각했다.

〈거미숲〉은 명분도 보수도 애매했다. 그런 건 스텝들에게 정체성을 잃게 하고 갈등하게 만든다. 그런 걸 보면서, 다음 영화는 시적이거나 상징적인 표현들을 다소 포기하더라도 내러티브가 친절하고 영화적으로 재미있으면 관객이 볼 것이라고 생각했다. 물론 그런 영화를 만드는 게 쉬운 건 아니지만.

단편에서 노선이라는 건 없었다. 장편 역시도 마찬가지다. 젊기 때문에 1990년부터 2005년까지 만든 영화들 사이엔 스타일적으로 많은 차이가 있을 거다. 단편을 만들 기회가 있으면 계속 만들 것이다. 연극도 할 계획도 있다. 소설도 쓰고 싶고. 재능이 있다면 내가 표현할 수 있는 것들은 다 하고 싶다.

전 : 송일곤 감독이 말하는 좋은 영화란?

송 : 『어린 왕자』라는 소설은 내겐 너무 좋고 아름다운 소설이다. 생텍쥐페리한테 선물을 받았다는 생각이 든다. 이런 이야기도 있구나…어린 왕자가 내게 들려줬던 수많은 이야기들을 품고 산다. 우연치 않게 누가 나를 찾아서 이런 이야기를 들려주고 갔는데 그 이야기가 오랫동안 가슴 속에 남아서 그 이야기를 품고 산다고 할까. 좋은 영화란 그런 것이다. 내가 만든 영화가 누군가에게 선물이 될 수 있다면, 그게 바로 좋은 영화다. 대의명분보다는 좋은 이야기를 들려 줄 수 있는 재주가 있다면, 누군가가 내 이야기를 듣고 감동을 받는다면 행복 할 거 같다. 그게 제일 중요한 거 같다. 누군가에게는 '어린 왕자'일 수 있고, 누군가에게는 『체 게바라 평전』일 수도

있고, 누군가에게는 『타짜』라는 만화일 수도 있을 거다.

전 : 〈깃〉이 내 마음 속에 머무르고 있는데, 그럼 〈깃〉이 내겐 좋은
영화겠다…

송 : 내겐 그게 기쁜 일이다. 만든 사람으로서 최대의 행복을 느끼
게 된다.

전 : 최근 본, 기억나는 몇 편의 좋은 영화가 있다면?

송 : 최근에는 연극을 더 많이 봤다. 난 오드리 햅번을 정말 좋아한
다. 얼마 전 DVD를 몇 개 사 봤다. 〈로마의 휴일〉, 〈사브리나〉 등.
역시 좋았다. 채플린의 영화들도 정말 좋아한다. 또 펠리니의 모든
영화, 베리만의 모든 영화를 좋아한다. 한 감독이 죽을 때까지 이런
영화를 이렇게 만들었구나, 하는 과정들이 내겐 중요하다. 키에슬로
프키의 모든 영화들도 사랑한다. 최근 본 〈일 포스티노〉라는 영화도
많이 떠오른다. 작고 따뜻한 영화, 그러면서 끝에 예술의 힘이 무엇
인가를 강렬하게 보여주는 영화…

전 : 이제 영화 속으로 들어가 보자. 감독들 마다 영화 세계를 보면
스타일적인 특징, 내러티브적인 특징들이 들어 있기 마련이다. 우리
나라의 다른 감독들과 비교했을 때, 송감독 영화를 보면서 그 감독
들보다 더 눈길을 끌고 "송일곤답다"라고 여겨지는 건 연기연출에
서다. 디지털 매체라는 특징 때문이기도 하겠지만, 〈꽃섬〉도 그렇고
〈깃〉도 그렇고 배우의 연기와, 배우의 실제 퍼스널리티, 그 배우가
연기하는 캐릭터 사이의 경계가 허물어진다는 게 다른 감독들 영화
와 결정적으로 다른 점이다. 그래 더욱 송감독의 연기연출에 주목해

왔는데, 의도한 것인가? 하다 보니 그렇게 된 건가?

송 : 폴란드('우쯔 국립영화학교')에서 가장 많이 배운 게 다큐멘터리와, 배우와 작업하는 방식 두 가지였다. 영화에서 배우가 가장 중요하다는 것을 거기서 알았다. 프리프로덕션 단계에서 캐스팅이 얼마나 중요한 것인지, 그것이 영화 전체를 바꿀 수도 있다고 생각하게 됐다. 기본적 감성은 같다. 폴란드 인이 아니라 언어를 모르기 때문에, 그래서 오히려 더 보편적 감성에 대해 많이 생각하게 되었다. 〈깃〉에서는 구체적인 한국식 리얼리즘 계열의 유머가 아니라, 영화를 보면서 폴란드 사람이나 한국 사람들이나 다 재미있어 할, 보편성을 띨 수 있는 그런 감성 체계들에 대해 고민했다. 〈꽃섬〉도 〈칼〉이라는 영화를 준비하다가 벼랑 끝에 몰려 진검승부를 하는 마음으로 찍게 되었는데, '모두'-감독은 이렇게 말했지만, 뒤에 언급되듯 옥남 역의 서주희나 게이 밴드 멤버 중 한명을 연기한 손병호 등을 아마추어라고 할 수는 없는 노릇이다. 아니, 그들은 연극 무대에서 잔뼈가 굵은 진짜 프로페셔널 배우들이라 할 수 있다-아마추어 배우였다.

나는 배우 캐스팅 시, 그 배우가 가지고 있는 고유한 성격들이 중요하다고 여긴다. 배우를 캐릭터에 맞추기보다는 그 배우가 가지고 있는 여러 감성 체계 중 불필요한 것들을 많이 걸러내고 그 배우의 고유한 것들을 영화 속에 담아내기 바란다. 그렇기 때

문에 배우들과 이야기를 많이 나눌 수밖에 없다. 홍상수 감독처럼. 배우들과 촬영 현장에서 많은 시간을 보낼 수밖에 없다. 그들이 슬픔에 관해서 10가지를 보여준다면 그 중 캐릭터에 맞는 게 한, 두 가지 정도는 걸러지게 된다. 가장 기본적으로는 물론 배우가 가진 장점들이 현장에 나오고 캐릭터에 맞기를 바라지만.

〈꽃섬〉의 경우는 배우들과 거의 두 달 동안 같이 살았다. 같이 여행도 다니고, 대화를 통해 이미 나온 시나리오를 바꿨다. 그 정도로 배우 위주로 갔다. 굉장히 많은 소스들을 나열해 놓고, 배우들의 에피소드들을 들었다. 농담에서부터 진지한 이야기까지. 실제 촬영 때는 그들이 내게 들려줬던 무서운 이야기도 들은 그대로 쓰기도 했다. 주술 거는 그 장면은 일반 고등학교에서 떠도는 허접한 이야기였는데, 혜나(김혜나 분)가 내게 해준 그 이야기가 무서워 그걸 넣고 싶었다. 혜나가 이야기 할 때의 표정이나 주변 반응들을 중요하게 관찰해, 긴 신인데도 영화에서 주요 내러티브로 쓸 수 있다고 판단해 넣었다. 사소한 에피소드도 있었고, 중요한 삶의 철학도 있었으나 대화를 통해 시나리오를 재구성한 거다. 배우를 통해 재편집되기 때문에 배우들이 잘할 수 있을 거라 믿었다. 현장에서 굉장히 많은 촬영 분량을 가지고 있었기에 그 가운데 가장 정점에 있는 것들만 뽑아 쓰면 되는 거다.

연출 방식에 대해 말하면, 내가 뭐 배우들에게 특별하게 강제하거나 하진 않는다. 배우들이 내가 생각하는 캐릭터에 근접해야 하는 것이고, 구체적인 것들은 배우들이 해 내야 되는 것이다. 난 특별한 강조점만을 요구한다. 〈깃〉의 장현성 이소연씨도 마찬가지다. 장현성씨가 워낙 훈련이 잘 된 베테랑이기 때문에 잘했다. 상대방 배우

가 피치가 떨어진다 하면 올려주고, 배우 포즈도 잘 읽을 수 있는 능력을 가지고 있다. 이소연씨 같은 경우는 신인인데도 막 피어난 꽃 같은, 잡기 어려운 물고기 같은 생기발랄함이 있었다. 그게 정말 마음에 들었다. 원래는 오디션 일정이 길었는데 소연씨가 첫 번째 오디션을 본 배우였고, 그래 바로 캐스팅했다. 분명히 잘 해낼 수 있을 거라는 확신이 들었다.

실제로 모닥불 신을 보면, 신 전체를 단번에 연기해야 했다. 10분 동안 진행되는 평범한 대사 신인데, 허접한 농담을 주고받는 신이지만, 난 그 장면에서의 포즈가 굉장히 마음에 들었다. 그건 제어되지 않은 그런 포즈인데, 사전 시나리오 리딩이나 리허설을 통해 대사를 완전히 숙지하고 있었고 감성들만 조금씩 조율했다. 실제로 그 환경, 제주도의 아름다운 풍경, 밤, 모닥불, 극소수의 스텝들…스텝들도 멀리서, 이건 중요한 건데, 카메라가 멀리 있었기 때문에 배우가 자기만의 스페이스를 독점했다. 그러면 연기를 하면서 동화가 되고 경계까지 허물어진다. 촬영에서 10분이란 시간은 굉장히 긴 시간이다. 1분 정도가 지나면 배우들은 스스로 자기 템포로, 어떤 대사를 해야 하는지 다 알고 있으므로 애드리브가 아니라 그 대사들을 자연스럽게 말하게 된다. 주거니 받거니 하면서 감성들이 올라가고, 올라갔다 내려갔다…그게 보인다. 장현성이 리드해가고 이소연은 생기발랄한 자신의 그대로를 보여준다. 딸꾹질 하던 그 장면 생각나는지? 장현성이 내가 뭐 하나 맞춰볼까, 라고 하면 소연이 뭘요, 라고 반문하는 장면. 35mm로 촬영하면 절대로 그렇게 안 나온다. 자기도 모르게 깜짝 놀라서 뭘요, 라고 대꾸하는…"그런 표정 있잖아, 그런 표정 지어봐" 라고 하면 절대 안 나오는데, 10분이라는 긴 호흡 속

에서, 아름다운 자연 속에서 자기 둘만 있으면서 빠져들면, 그런 살아있는 표정들이 나온다.

전 : 얘기를 듣다 보면, 저예산 여부를 떠나 작업 방식 자체가 스타하고는 하기 힘든 스타일인 듯싶다. 스타들을 데려다 놓고 그렇게 긴 시간을 이야기 하면서 여유 있게 작업한다는 게 불가능할 테니까…

송 : 지금 한국 배우들 매우 뛰어나고, 왕성한 시기인 것 같다. 젊은 배우부터 나이 있는 배우들에 이르기까지. 그런 배우들이 왜 스타가 되었느냐면 좋은 배우이기 때문에 좋은 자질을 가지고 있기 때문이라고 생각한다. 장현성과 이소연도 좋은 자질들을 가지고 있기 때문에 곧 스타가 될 거라고 생각한다.

전 : 일반적으로 잘나가는 스타들은 일정과 시간이 빡빡해서 감독 본인이 생각하는 연기를 끌어낼 때까지 시간을 같이 못할 수도 있을 거 아닌가?

송 : 그렇게 생각하진 않는다. 송강호 선배나 최민식 선배 같은 경우는 오히려 더 많은 시간을 가질 거라고 본다. 〈올드보이〉 촬영 때 현장에 가보면, 최선배는 항상 나와 있었다. 자기 촬영 분이 없어도. 그 정도로 현장을 좋아한다.

전 : 그렇다면 다음 영화는 스타를 기용할 것인가?

송 : 기용할 거다. 물량과 시간이 있으면 영화 찍기가 더 쉽다. 가령 배우가 고액의 개런티를 받으면 그만큼 중요한 역이기 때문에, 큰 영화기 때문에 소홀히 할 수 없을 거다. 일정이 빡빡한 스타랑 작업하는 것은 쉽지 않겠지만, 한국에는 좋은 배우가 많으니까…

전 : 송감독 영화에서 두드러진 또 하나의 특징은, 기본적 현실을 기반으로 본인이 현실에서 발견하고 느끼는 문제의식에서 출발하되, 전체적으로 보면 리얼리즘 형식이 강하면서도 정통 리얼리즘에서 볼 수 없는 초현실적인 순간들이 어김없이 등장을 한다는 것이다. '송일곤식 판타지'라는 규정이 가능할 정도로 현실과 환상이 자유롭게 묶이는데 그것은 본인이 지향하는 영화적 결과인지?

송 : 판타지라는 것 자체가 우리나라 게 아니라고는 생각하지 않는다. 우리나라 고시를 보면, 그런 관념에 대한 세계를 노래했다. 〈거미숲〉의 모티브가 되었던 이미지가 있다. 거미줄에 빨간 꽃잎이 하나 걸렸는데 거미가 그것을 먹이인줄 알고 칭칭 감고 있다. 그 이미지는 강렬한데, 영화적으로 보면 아름다운 이미지다. 인간의 우둔함을 말할 수도 있고… 비유와 상징이다. 관객의 입을 통해 관념적이라는 표현을 들어본 적은 없다. 리얼리즘과 관념의 정의가 뭔지 도대체 모르겠다. 우리에겐 리얼리즘에 대한 강박이 있는 것 같다. 국산 무협 소설이 센 것도 아니고, 다른 장르나 판타지에 관한 것은 굉장히 억압당했다는 생각이 든다. 그건 6·25로부터 나오지 않았나 싶다. 우리는 왜 리얼리즘에 노예처럼 얽매이는 걸까. 꿈꿀 자유를 왜 금기시해야 하는지, 이해가 안 된다. 반발이 아니라 짜증이 난다. 내가 관념적이라고? 그게 어떻다는 건가. 판타지를 사용하면 현실과는 거리가 먼 세계에 대해 표현을 한다고 하는데, 그게 안 되는 이유가 뭔지 되묻고 싶다. 슬픔이란 누구나 다 가지고 있는 것이다. 〈거미숲〉의 외로운 사람들은 이 세상에 널려 있고, 〈깃〉의 첫사랑도 누구나 다 가지고 있잖은가. 추리물이라든지 공포물이라든지, 난 그런 거에 더 큰 흥미를 느낀다. 고루한 이야기 같긴 하지만, 내 나

이가 삼십대 말이 되고 사십대가 되면 소소한 일상들에 관심이 더 많이 쏠릴 거 같긴 하다. 하지만 지금은 내가 꿈꾸는 것을 다 하고 싶다.

전 : 한국 영화계에 드러나는 리얼리즘에 대한 강박관념…한국영화와 연관해 개인적으로 가장 아쉬워하는 것 중 하나다. 국내 영화 전문가들의 평가를 보더라도, 현실에 뿌리 깊이 박고 있고 사상성이 결합된 영화들을 선호하는 편이다. 역대 최고 한국영화를 뽑는 설문조사에서, 가령 유현목 감독의 〈오발탄〉이 으레 김기영 감독의 〈하녀〉를 누르고 1위 자리를 차지하는 것이 그 좋은 예다. 그러다 보니 리얼리즘을 벗어나는 작품들에 대한 막연한 거부감이 존재하는 것 같다. 사실 나는 영화 속 판타지에 관대한 편이다. 그래, 김기덕 감독 영화의 '반추상'에 별다른 반감이 없다. 반면 적잖은 이들이 도대체 반추상이 뭐냐며, 지나치게 많은 생략이 이뤄진 게 아니냐고, 크고 작은 비판 내지 비난을 하곤 한다.

송 : 그건 옳다, 그르다, 의 문제는 아닌 거 같다. 우리나라 아이들을 보면 학교 가기 전 그림을 잘 그리던 애들이, 학교에 가면서 점점 더 그림이 안 된다. 어떤 강요된 틀에 의해, 표현 영역들이 자꾸 좁아지기 때문이라 생각한다. 기본적 표현의 자유 자체가 어떤 이론들에 의해 억제되어서는 안 된다. 추상이면 어떻고 반추상이면 어떻고 또 '안추상'이면 어떤가? 김기덕 감독이 큰일을 한 것이다.

전 : 영화를 찍거나 편집할 때 '호흡'이라는 것이 무엇보다 중요한데 본인이 선호, 지향하는 호흡이 있는지?

송 : 전체와 연관이 있는 것 같다. 이야기의 톤, 가령 말을 빠르게 하느냐 경상도 사투리를 쓰느냐 전라도 사투리를 쓰느냐에 따라, 어떤 것들은 빨리 컷해야 하기도 하고, 어떨 때는 컷을 나눠야 하기도 한다. 전체를 생각하며 가야하는 것이다. 폴란드에 다녀와서 편집 속도가 빨라진 것 같다. 그렇다고 다른 한국영화에 비해서 숏 수가 많은 건 아니다. 보통 영화가 800~1000개 숏이라면 〈거미숲〉은 900개 정도, 〈깃〉이 대략 500개 정도 된다.

(정말, 두 영화가 그렇게 숏 수가 많은 걸까? 그렇다고 그 영화들을 다시 보며 셀 수도 없고, 감독이 그렇게 말했으니, 믿을 수밖에…)

전 : 그렇다면 호흡이 결코 느리지 않은 건데…〈깃〉을 보며 이런 생각을 했다. 〈꽃섬〉과 〈거미숲〉에 비해 한결 자유로워졌으며 가벼워졌다고 할까. 어떤 면으로는 전작들의 무게감을 떨쳐낸 듯한 느낌이 들었다. 덕분에 부담 없이 볼 수 있어 좋았다. 그런 평가에 대해 어떻게 생각하는지…

송 : 그런 소릴 들으니, 굉장히 즐겁다. 〈깃〉이 장편이 될 거라곤 생각도 못했다. 〈거미숲〉을 끝내고 쉬는 기분으로 무작정 제주도로 갔다. 이유는 없었다. 서울을 떠나서 찍어보자, 놀러 가는 셈치고 갔다. 기획부터 편집까지 72일 만에 끝났으니, 굉장히 빨리 끝난 영화다. 놀며 쉬며 찍었다. 그래 관객들도 편하게 본 것 같다. 많이 배웠다.

전 : 〈깃〉에 대한 주변의 평가가 퍽 호의적이다.

송 : 이야기 방식 때문일 거다. 가볍고 재미있게 만든 영화니까. 〈깃〉에 미덕이 있다는 게, 무척 낯간지러울 수는 있지만, 누구나 한 번쯤은 꿈꿀 만한 그런 이야기를 다뤘기 때문일 거다. 30대 초중반 사람들은 그런 생각을 하번 쯤 할 수 있지 않을까.

전 : 〈깃〉의 라스트 때문에 많은 고민을 한 걸로 안다. 두 사람을 만나게 할 것인지 말 것인지를 놓고. 결국 만나게 하지만…

송 : 잘한 거 같다. 나도 끝까지 고민이 됐었다. 내가 만든 영화라는 것이 믿기지 않을 정도로, 굳이 만나는 것까지 보여주는데, 선물로 치자면 사족이었다. 난 여운을 주는 것을 좋아하는 편이다. 하지만 모니터한 대다수 관객들이 이 결말을 더 좋아했다. 관객들에게 선물한다는 것이 중요했기 때문에, 내 원칙을 깬 셈이다.

전 : 〈깃〉이 뭐 제일 완성도가 높다거나 그런 건 아니지만, 가슴을 움직이게 하는 영화였다. 두 전작이 머리를 움직이는 영화였다면 말이다. 가장 적은 제작비에 가장 짧은 제작 기간이 들었지만, 전작들에 부재했던 감성 덕에 가장 좋은 평가를 받고 있다. 평론가로서 어

떻게 해석해야 할 지 고민 중이다. 전작들에서는 전체적으로 영화를 봤지 세부적 이미지의 강렬함은 느끼지 못했는데 〈깃〉은 이미지로 남아 있는 것들이 제법 있다. 집 떠난 처가 집에 돌아왔을 때 삼촌의 모습이라든지, 인상적 숏들이 많다.

송 : 어쩌면 신파일 수도 있다. 애틋함에 대한 동경이랄까. 영화과에 들어간 게 벌써 15년여가 됐다. 정말 시간이 빠르게 흐른 듯싶다. 과거로 회귀하고픈 마음을 가진 사람들이라면 영화가 쉽게 받아들여지지 않을까 하는 생각을 했다. 첫사랑을 통한 마음의 여정 같은 거랄까. 사실 소연이라는 존재는 현실적이지 않을 수 있다. 그런 아름다운 여인이라면 남성의 판타지일 수 있다. 하지만 최초의 순결함을 통해 오늘날을 돌아보는 영화라면 어떨까, 하는 생각을 했다.

전 : 음악도 전작들에 비해서 중심 멜로디가 반복되면서도 효과적이다. 심리 상태를 기막히게 표현했다. 최고다.

송 : 음악이 잘 나왔다. 윤민화씨가 담당했는데, 〈거미숲〉 때도 함께 작업했다.

전 : 그래서일까, 〈깃〉은 1억이 안 들었는데, 솔직히 이런 정도의 완성도를 갖춘 영화가 나왔다는 것이 믿어지지 않는다.

송 : 시나리오만 좋으면, 작은 조그마한 프로덕션을 차려 3~4억이면 가능하다. 시나리오가 좀 얇아야 되겠지만. 디지털인데다 팀이 하도 조촐해 짧은 기간에 영화를 완성해낼 수 있었다. 〈깃〉은 촬영 횟수도 15회 차 정도에 지나지 않는다. 그래도 7000만원은 노동력 착취여서 안 된다. 최대 5억은 잡아야 한다.

(인터뷰 정리를 하며, 이 대목에서 한참을 헤맸다. 녹취가 제대로 되어 있지 않은 탓이었다. 그래, 편의 상 빼고 넘어가면 되겠지만 그러고 싶진 않았다. 아마도 우린 독립영화 전반의 제작, 배급, 상영에 대한 문제를 논한 듯 싶었다.)

송 : … 물론 지명도가 조금 있어야 하지만, TV 비디오 판권으로 4억은 나올 수 있다. 그것만 잘 해결이 되면 독립영화들이 살 수 있다. 아쉽다. 좋은 영화들이 많이 만들어져야 한다. 그것이 문화의 힘이다. 100억짜리 영화 다섯 편보다 10억짜리 영화 50편이 더 필요하다. 김기덕 감독 영화들, 흥행이 안 된다지만 관객동원 수로 보면 천만이 넘을 거다. (물론 이건 비디오 등 광의의 관객을 염두에 두고 한 말일 것이다.) 감독이 어떤 결정을 내리고 어떤 길을 선택하느냐 하는 문제인데, 나는 딱히 "이런 사람이다"라고 말하긴 아직 젊다. 〈마법사들〉도 재미있을 것 같다. 끊임없이 창작할 기회가 주어진다면, 계속하는 것이 중요하다. 창작자가 존재 증명을 하는 것은 작품뿐이 없잖은가.

전 : 이제 〈거미숲〉 이야기로 넘어가보자. 주제적으로 봤을 때 〈꽃섬〉에서 〈깃〉에 이르기까지 공통적으로 어떤 상처, 그것을 치유해나가는 여정 등이 중요한 것 같은데, 그것은 자전적인 동기에서 비롯된 것인가, 아니면 더 큰 동기가 있는 것인가?

송 : 일찍이 단편 작업을 할 때부터 폭력은, 희생은 어디서 오는가, 왜 그런 일들이 일어날까 등에 대한 고민을 많이 했었다. 물론 개인적인 이유도 있었다. 중학교 때였다. 그때 개인적으로 어떤 사건을 겪으면서, 왜 무고한 사람이 무자비한 폭력에 희생을 당해야 하는지,

고통스러웠다. 하지만 그런 일은 매일매일 일어난다. 크게 보면 전쟁
두 마찬가지다. 그게 내 영화들의 큰 소재이고 모티브였다. 그러다보
니 자연스럽게 내 주변과 자신에 관심을 기울이게 되었다. 사람은
누구나 상처를 받는다. 상처라는 것은 과거의 어떤 일 때문에 받기
마련인데, 과거지사에 얽매여 있는 주인공들이 반복적으로 등장하고
그것이 치유되기를 바랐다. 내 주변인들이 내 영화를 보며 위로를
받고, 조금은 힘을 내기를 바라는 마음이 컸다. 그런 마음으로 작업
을 계속해 왔다. 〈거미숲〉까지 오면서 고통스러운 주제를 다루다 보
니 개인적으로 거기에 빠질 수밖에 없어 심적으로는 많이 부담이 되
었다. 〈거미숲〉 이후에는 밝아지고 싶다는 생각이 들더라. 이젠 됐다
는 생각이 들더라. 〈깃〉이 밝아져서 개인적으로 기쁘고, 지금은 행복
하다. 밝은 이야기를 다뤄 웃음을 주는 영화도 필요한 것이다. 하지
만 사람 중에는 어떤 사건이 있을 때 툭툭 털고 일어나는 사람이 있
는가 하는 반면 왜 그럴까 하고 심각하게 고민하는 사람도 있을 것
이다. 나는 후자 쪽이다. 모든 사람이 그렇게 툭툭 털고 일어설 수는
없는 노릇 아닌가. 〈거미숲〉은 그런 사람들을 위한 영화인 셈이다.

전 : 크고 작은 차이는 있지만, 완전한 치유는 아니더라도 영화를
보면서 성숙도 하고 어느 정도 상처가 치유되기도 한다. 영화적 내
적 논리로도 가능하지만, 감독 자신이 반영될 수밖에 없으니까 감독
의 욕망이나 그런 것이 반영되어 치유되기를 바란다고 할 수 있다.
〈거미숲〉은 어떤 소망의 결과로써 큰 의미의 해피엔딩을 노린 것인
가? 고통을 겪은 뒤에 오는 보람 내지 성취랄까?

송 : 소망일 수 있다. 물의 입자가 사랑이라는 말을 하면 고와지는
것처럼, 내 스스로가 소망한다. 내 영화를 본 사람들이 그렇게 되길

바란다. 〈거미숲〉의 가장 큰 모티브는 '죄와 벌'이었다. 완전범죄를 했다가 회개하는 과정을 그리는데, 내겐 참회를 하는 그 과정이 중요했다. 성장이라고 표현할 수 있겠으나, 마음의 고통스런 여정을 통해서 하나의 터널을 빠져나오려면 자기 자신의 내면의 고통을 봐야지만 치유되기 때문에, 고통스러운 길을 밟게 해야겠다는 생각이 들었다. 『죄와 벌』의 주인공처럼…

전 : 뜬금없는 질문일 수도 있겠지만, 그럼, 영화 작업을 통해 자연인 감독으로서 중학교 때의 상처가 치유가 되었는지?

송 : 글쎄…그렇다. 많이 치유가 된 거 같다. 지금은 매우 밝게 지낸다. 〈거미숲〉 이후 〈깃〉은 즐겁게 찍을 수 있어서 좋았다. 30대에 접어든 이후, 그 어느 때 보다 지금이 편안한 시기인 것 같다. 올해 스노보드도 배우고 스키장도 다니고 맛있는 것도 먹고 영화도 보고 열심히 찍고, 돈 버는 영화도 찍고…좋은 것 같다.

전 : 혼재되어 있기 마련이지만 어느 한쪽에 방점을 찍는다고 했을 때, 송감독의 영화는 개인적 층위가 강한지 사회적 층위가 강한지…

송 : 개인적 층위가 중요하다고 본다. 〈마법사들〉도 개인적인 층위에 머물 것이다. 개인을 통해 사회를 바라보는 것이다. 개개인들에 대한 관심이 많다. 그렇다고 역사에도 관심이 없을 순 없다. 그 시대를 살아가기 때문이다. 은연 중 영화에 많은 것들이 들어가긴 하는데 전면적으로 들어나진 않았다. 〈마법사들〉 다음 영화는 그러나 역사가 중시되는 이야기다. 개인에 대한 고민들을 작품에 세편에서 했으니까,

이젠 조금씩 그런 이야기들을 하고 싶다. 해도 될 것 같다…

전 : 그건 곧 개인적 층위에서 좀 더 사회적 층위가 강한 쪽으로 무게중심이 이동하다는 의미인가?

송 : 경향이 조금 바뀔 거다. 역사를 다룬 영화는 아니지만, 역사가 중요한 배경이 되는 쪽으로.

전 : 〈거미숲〉에서 강민(감우성 분)의 죄의식에 대해 조금 더 구체적으로 설명을 해 달라. 『죄와 벌』에서 모티브를 빌려왔다고 했는데, 강민이 무의식에서 느끼는 죄의식의 실체랄까.
그 양상이 영화 속에서 보다 친절하게 묘사되었더라면, 관객이 영화에 다가가기가 조금은 더 수월했지 않았을까, 싶다. 전문가인 내가 보기에도 영화가 전체적으로, 아주 어렵다기보다는 다소 부담스럽게 비친 게 사실이다. 서, 너 번을 보면서 보이게 되는 〈장화, 홍련〉같은 공포물은 아니잖은가. 그런 점에서 〈거미숲〉이 일반 관객보다 여러 발 앞서 나갔다는 느낌이 드는데… 평론가지만 솔직히 〈거미숲〉을 과연 얼마나 제대로 봤는지 자신이 없다.

송 : 〈거미숲〉은 여러 가지 다른 관점에서 해석이 가능한 영화다. 처음엔 강민의 연대기를 쭉 썼다. 그것을 장르로 바꾸는 작업이 필요했고, 장르를 퍼즐로 만드는 과정이 필요했다. 그렇게 해 배치를 다르게 한 것이다. 완벽하게 맞춰지는 퍼즐을 만들 것이 아니라, 관객들로 하여금 일부는 퍼즐 대신 거울조각을 넣도록, 그 거울에 자기의 얼굴이 비칠 수 있도록, 퍼즐을 다 맞추면 또 엎어야 되는데, 그러지 말고 거울조각들을 통해 자기 얼굴을 볼 수 있도록…그렇기

에 이 영화는 끝까지 맞추어지지 않는 퍼즐일 수도 있다.

강민의 죄의식은 아내와 사별한 후에, 자신의 애인과 국장을 죽인 치정살인으로 인해 발생한다. 그 사건이 기본적인 골자다. 그의 과거는…어머니가 바람이 나서 도망갔고, 아버지에 의해 키워졌으며, 아내 될 여자를 만나 결혼을 했으나, 아내가 비행기 사고로 죽는다. 그 후 새 여자를 만난다. 그것이 강민의 연대기다. 영화를 퍼즐로 재배치하면, 살인 사건이 일어나고 살인을 저지른 후 강민이 교통사고를 당한다. 그것은 생과 사의 찰나의 순간일수도 있고, 심장이 멎는 그 순간일 수도 있다. 생각하기에 따라 100분일 수도 있고, 순간일 수도 있고…시간을 확장시키거나 축소시키는 작업을 했다. 강민은 찰나의 순간 동안 과거를 기억하는데, 그가 기억하는 것은 자신의 욕망이 조작한 기억인 것이다. 사실은 나는 이러 이러한 사람이다, 라며… 민수인이라는 인물을 풀면 이 영화는 다 풀린다. 민수인은 죽은 아내의 얼굴과 첫사랑의 이름을 가지고 있다. 사진관에서 일한다는 것은 자신의 허구이고 분신이며, 결핍된 어머니이기도 하다. 네 가지 인물이 복합되어있는, 자신이 만들어 낸 허구. 그것은 강민의 욕망의 투영이다. 자신은 살인을 하지 않았고, 알리바이를 스스로 조작해서 만드는 거다. 하지만 할리우드 영화처럼, 플래시백으로 오가며 그런 것들을 형사가 되짚으면서 아귀가 딱 맞아 떨어지는 것을 바라진 않았다.

 범인이 강민이라는 것은 영화 중반 이후면 누구나 알 수 있다. 중요한 것은 왜 그가 살인을 했으며 왜 기억들을 조작했을까 하는 거다. 범인이 누군지 찾게 되면 관객들의 궁금증이 점점 사라지기 때문에, 계속 궁금하게 만들고 싶었다. 내가 만들어 놓은 퍼즐 속 거

울을 관객들이 보기 위해서는 퍼즐이 맞춰지면 안 되었던 것이다. 일반 관객들은 그런 것 때문에 불쾌해하거나 짜증낼 수 있다. 그런 사람들이 많이 있었다. 반면 어떤 사람들은, 그런 것들을 즐기는 사람들은, 거울에 뭐가 비칠까 궁금해 할 사람들은 오랜 동안 영화를 기억하고 계속 떠올릴 거라 생각했다.

전 : 그 점에서 영화는 다분히 〈장화, 홍련〉과 비교할 수 있을 텐데, 관객들은 허구 속 인물이라도 자꾸 나오면 실제 등장인물로 받아들이고 싶어 하는 경향이 있다. 그 인물이 상상 속 인물이라고 감독들이 힌트를 통해 알려줬음에도 일부러 안보거나 못 보면서 실제 인물로 받아들임으로써 영화보기를 부담스러워 한다. 거기서 한국 관객들이 영화 속 판타지라든지 상상에 의한 창조된 인물에 대해 인색하다는 것이 드러난다. 그런 영화를 보면서 어려워하는 건 그 때문일 거다.

　개인적으로는 〈거미숲〉을 보면서 놀랐던 것은 섹스 묘사의 강도가 생각보다 강해서였다. 캐릭터 자체가 강렬하기에 그럴 수 있지만, 관객들이 송감독 영화에서 기대했던 것 이상의 강한 섹스 묘사에 거부감을 느낄 수도 있겠다, 라는 생각을 했다. 혹시 요즘 한국 영화에서 증가하고 있는, 강한 섹스 묘사에 편승한 게 아닐까, 하는 우려도 있을 수 있고. 나도 그랬다. 섹스 묘사의 수위를 놓고 꽤 고민했을 거 같은데…

송 : 근데 요즘 우리 영화에 강한 섹스가 있나? 가장 충격적으로 본 영화는 레오스 카락스의 〈폴라X〉였다. 무삭제로 보면 남매끼리 섹스를 하는 장면이 있는데, 성기나 오럴 장면을 클로즈업해서 자극

적으로 보여줬다. 충격이었다. 일반적 포르노와 달리 아름답게 찍어서 더 충격이었고. 〈거미숲〉의 경우, 섹스 묘사가 그렇게 세다고 생각하진 않는다. 단지 최국장의 변태적 행위가 강민의 살인 동기가 되어야 하기 때문에 일반적인 섹스면 안 된다고 생각은 했다. 실제로 그의 이중적 측면들을 부각시켜야 했었고. 독재자의 모습과, 옳은 말만 하는 신사 같지만 내면의 추악한 모습 말이다.

섹스 신이 세 번 나오는데, 첫 번째는 예쁘게 찍었다. 국장과 사과를 먹는 장면은 어디선가 들은 이야기였다. 일본 관광객이 변태적인 섹스를 하더라나. 대사도 군대 용어다. 사실 군대 용어나 사과가 풍기는 맛이, 그리고 국장이 행동하는 게 자극적이지 노출 자체가 자극적이지는 않았을 거다. 세 번째 아이가 훔쳐보는 장면. 그건 딱 한 컷인가 나오는데 아이가 보았을 때 정상적이질 않아야 했다. 아이들이 성인의 성관계 장면을 보는 것을 '초경'이라고 한단다. 어린 강민이 어머니의 정사를 목격을 하는 건데, 정신병리학에서 보면 그건 아이의 욕망에 자극적 영향을 미친다고 한다. 비정상적인 관계로 보이기 위해 공격적이고 무서워야 했다. 그런 게 필요했었다. 나는 〈거미숲〉의 섹스 묘사가 그렇게 자극적이라고 생각하진 않았다.

전 : 내가 〈거미숲〉의 섹스 묘사에서 강한 임팩트를 받은 이유는, 감독들 저마다 자신만의 묘사 수위가 있는데, 송감독에겐 별다른 기대를 하지 않았기 때문일 거다…

이제 마지막으로 장편 데뷔작 〈꽃섬〉 속으로 들어가 보기로 하자. 내가 〈꽃섬〉을 보며 강한 인상을 받은 건, 많지 않은 국산 디지털 영화 중 디지털 매체의 미학적 속성을 잘 살렸다고 판단되어서였다. 디지털 영화는 필름 영화에는 부재하는 어떤 직접성과 생동감이 있

어야 한다고 보는데, 그 점에서 〈꽃섬〉은 그 속성을 최대한 활용한 최상의 사례라고 본다. 어떤가? 〈깃〉은 환경적 측면이 강했지만, 〈꽃섬〉에선 명백하게 미학적으로 소화되었다고 보는데 디지털이란 측면에 맞춰서 〈꽃섬〉에 대해 말해 달라.

송 : 당시엔 디지털 카메라가 없어서이기도 했지만, 난 단편 작업을 35mm로 하고 중편을 16mm로 두 편을 만들었다. 디지털 카메라가 첫 선을 보였을 때 굉장히 기뻤다. 필름과는 달리, 디지털의 가능성을 보면서 새로운 무기를 얻었단 생각이 들었다. 폴란드에서 다큐멘터리를 많이 찍었는데, 그 다큐멘터리 작업들은 디지털에 더욱 큰 관심을 갖게 했고 대상을 면밀히 관찰하게 했다. 하지만 난 그저 대상을 관찰하는 데서 그치는 게 아니라 어떻게 하면 시적인 영역으로 확장시킬 수 있을 거냐는 고민을 많이 했다. 단순히 예쁜 그림으로 멋지게 잡아내는 것이 아니라, 편집과 사운드, 배우의 연기를 통해 어떻게 시적인 영화를 만들어낼 수 있을까를. 사실 배우가 지니고 있는 감성들을 통해 영화가 가지고 있는 시적 아우라가 나온다고 생각한다. 〈꽃섬〉을 통해 그런 시적 영화, 디지털의 그런 가능성을 실현시키려 한 것이다. 내러티브는 중요하지 않다고 생각했기 때문에 시적으로 과감하게 찍고 싶었다. 더욱이 리얼리즘 계열 영화를 찍고 싶은 마음은 추호도 없었다. 혜나 - 유진(임유진) - 옥남(서주희), 세 명의 여자들이 꿈꾸는 이상향들을, 시적 다큐멘터리 형식으로 형상화하고 싶었다. 기존의 다큐멘터리는 너무 밋밋하고 새로운 게 아니었기 때문에, 실험영화 수준은 아니더라도 과감하게 상상들을 덧붙이고 싶었다. 일상적인 것들을 딱 떼어서 다큐멘터리로 찍는 것은 내게는 무의미했다. 시간과 연관해서도, 영화적 시간을 늘리고

조작을 하고 싶었다.

그 작업엔 디지털 카메라가 적합했다. 카메라가 가볍고 주관적이고 개인적이기 때문에 가까이서 표정을 잡고 채집할 수가 있었다. 김혜나라는 배우와 〈플러시〉라는 1분짜리 전광판 프로젝트를 찍기 위해 8시간 동안 화장실에 머무르며 순간순간의 표정을 잡은 적이 있었는데, 무척 놀랐다. 35mm 필름으로는 절대 그런 표정이 안 나온다. 게다가 35mm를 8시간 동안 돌릴 수는 없잖은가…

전 : "디지털이 무기"라는 건 적합한 표현인 거 같다. 〈꽃섬〉 이전까지의 작업에서는 거리감을 띤 채, 일종의 관조 내지 응시를 했다면, 〈꽃섬〉에 이르러서는 그 거리감이 줄어들면서 디지털 매체의 특성을 직접적으로 느끼게 해줬다. 개인적으로 그 점에 상당히 인상적이었다. 다시금 강조컨대, 디지털 매체의 특성을 일찌감치 잘 파악하고 쓰고 있다는 생각을 한 것이다.

송 : 〈플러시〉 작업은 내게도 놀라운 경험이었다. 영화감독으로서 대단한 훈련이었고. 배우에게 막연히 기대했던 것이 너무나도 놀라운 표정으로 다가왔을 때…그런 경험을 하고 나니까, 이렇게 갈 수 있겠다, 내러티브가 기존의 영화와 같으면 안 되겠다, 싶었다. 배우가 아마추어든 프로든 철저하게 살아있는 표정을 채집하면 되겠구나, 내가 표현할 수 있는 영화의 시적인 부분들을 좀 더 자유롭게 표현할 수 있겠구나…등의 생각을 하면서 〈꽃섬〉을 찍은 거다. 〈꽃섬〉 시나리오 초고가 3일 만에 나왔는데, 그 에피소드들을 배우들과 같이 여행을 하면서 찍어 보자 이렇게 생각을 한 거다.

전 : 주인공들이 여정에서 만나는 캐릭터들이 상당히 인상적이다. 그 다양한 캐릭터군은 퍽 상징적이고 목적적인 거 같다. 이 시대를 대변하는 듯한, 무척 전형적이며 상징적인 캐릭터들로 배치한 거 같다.

송 : 그 역시도 내가 살면서 느낀 인물들이다. 이 사회에 대한 반영, 내가 느끼는 한국 사회에 대한 느낌 같은 것. 아기 유기하는 것하며, 매춘, 자살에 남편의 성기를 자르는 것들은 실존 인물들의 이야기다. 내가 직접 겪지는 않았지만 실제 있는 이야기고 신문에 나오는 얘기들이다. 떠돌이 밴드들하며, 그런 사람들 모두 다…
난 실제로 꽃섬에 두 달 동안 살았었다. 내가 어린왕자를 좋아하는 건, 아직 젊어서 그런지 모든 길들에 대한 호기심 궁금증이 들고, 로드 무비에, 앞으로 만나야할 사람들, 그런 것들에 흥미를 느끼기 때문이다. 어린왕자가 사람들을 만나는 것처럼, 〈꽃섬〉도 한편의 우화이기를 바랬다.

전 : 영화 속 인물들을 연기한 사람들이 연기를 한 경우도 있지만, 연기가 아니라 실제로 자기 자신을 표현한 경우도 있던데…

송 : 프로 배우들에겐 기존의 연기법보다는 훨씬 느슨하게 자연스러운 분위기를 만들어 주는 게 중요했고, 아마추어들에겐 어색함을 제거하고 현실에서의 톤을 맞추는 게 중요했다. 혜나 어머니의 과거 얘기를 들려주는 인물은 내 삼촌이다. 실제로 그 분은 농부였다. 내가 개인적으로 삼촌 얘기를 듣는 것을 좋아한다. 평생 농사를 지셨고 굉장히 진솔하다. 그런 분이 그냥 등장을 하는 것도 즐겁겠다 싶어 출연시켰는데, 삼촌이 대사를 다 외워오셨다.

전 : 그렇게 되면 배우들 사이에 톤의 균열이 일어나 맞추기가 쉽지 않았을 텐데, 〈꽃섬〉에서는 상당히 톤 조절이 잘 되어 프로 연기자들과 비프로 연기자들 사이에 차이가 별로 보이질 않는다. 잘못하면 프로 연기자들이 연기를 못했다고 할 수도 있겠지만, 정말 연기를 잘해서 실제와 구분이 안 된다고 할까. 그런 면에서 상당히 인상적이었다.

송 : 톤 조절이 어려웠다. 서주희씨 같은 경우에는 테크닉이 절정에 다다른 연극배우다. 워낙 훈련이 잘된 배우. 혜나 같은 경우엔 정말 심했다. 임유진은 뮤지컬을 했었다. 그처럼 다들 배경이 달라서 톤을 맞추기가 쉽지는 않았다. 배우 각자가 에피소드가 있기 때문에 서울에서 각자 이야기를 찍었다. 조금씩조금씩 서서히 매체에 익숙해졌고, 같이 여행을 떠날 때쯤에는 익숙해진 상태에서 촬영을 할 수 있었다.

전 : 다른 성질의 질문을 던져보겠다. 영화 작업이라는 게 다 힘들지만 단편과 장편은 다른 미학과 다른 논리를 가지고 있는데 그런 걸 크게 느끼는지 궁금하다. 아니면 장편을 그저 단편의 연장선으로 생각하는지? 그 차이나 유사성에 대해 말해 달라.

송 : 나는 단편과 장편은 확연히 다르다고 생각한다. 숏이 있고 신이 있고…표현 방식은 비슷하지만 말이다. 단편은 시리고 생각힌다. 100여 개의 단어로 이야기를 한다고 생각하기 때문이다. 거기에선 내러티브가 중요한 게 아니다. 물론 내러티브가 있는 시도 있긴 하지만. 단편 영화는 50개에서 150개 사이의 숏으로 이루어진 시라고 생각한다. 반면, 장편 영화는 서사다. 물론 그리스의 테오 앙겔로풀로스처럼 장편을 완벽하게 시처럼 완성한 영화들도 있긴 하다. 그러나 2005년 이 시점에 영화를 그렇게 만들기는 쉽지 않은 것 같다. 시적이라기보다는 연극적 요소들을 많이 불어넣어서 시적인 영화로 영역을 넓히는 감독도 있긴 하지만, 오늘날 대부분의 영화들은 서사 중심이다. 이야기는 수천 년 전부터 있었고, 이야기를 하는 방식은 연극도 있고 문학도 있고 영화도 있다. 코미디에서도 이야기를 한다. 뭔가를 이야기한다는 건 다 똑같다고 생각한다.

전 : '시적 영화'라는 이야기가 계속 나오는데 그럼 본인이 궁극적으로 지향하는 영화는 시적 영화라고 말할 수 있는 건가?

송 : 아직은 그런 영화는 없다. 나는 많은 것들을 해보고 싶다. 〈아라비아의 로렌스〉처럼 대작 영화도 욕심 있고, 〈매트릭스〉같은 SF 판타지 액션 영화에도 관심이 간다. 사실 궁극적으로 내가 원하는 게 뭔지는 나도 모르겠다. 영화 찍기가 내게는 큰 즐거움이지만, 궁극적으로 원하는 바가 무엇이라고 말하기는 어렵다. 어쩌면 영화가 아닐 지도 모르겠다.

전 : 〈꽃섬〉에서는 '여성성'이 중요했다라고 말한 걸로 알고 있다.

마지막으로 〈꽃섬〉에서 보이는 '어머니성'(motherhood)이라든지 '여성성'에 대해서 특별히 하고 싶은 말이 있다면…

송 : 그건 내가 한 말이 아니라 괴테가 한말이다. 괴테는 죽기 전에 "여성성이야 말로 인간을 구원할 수 있다"라고 말했다.

전 : 그렇다면 영화를 찍을 때나 평상시에 그런 생각을 지니고 있는지?

송 : 많이 한다. 한국은 남성성이 너무 만연해 있어서 늘 폭력성이 잠재해 있다고 본다. 유교사상의 좋은 점도 많지만 악덕의 잔재들도 그 못지않게 많다. 이렇게 까지 우리사회가 폭력에 무감해진 건 그와 무관하지 않을 거다. 우리사회뿐만이 아니라 미국을 비롯한 세계 전체가 어머니가 주는 가장 순결하고 아름다운 사랑이 결핍되어 그토록 폭력적인 건 아닌가, 하는 의문이 들기도 한다. 그래, 난 단순히 여성과 남성을 구분하는 게 아니라 어머니성을 역설하는 것이다. 어머니성이야 말로 성을 초월한다고 생각하기 때문이다.

전 : 그렇다면 '비폭력성'에서 '어머니성'을 지향한다는 것으로 송감독의 영화 세계를 축약해도 되는 것인가?

송 : 그렇지는 않다. 여성성이나 어머니성이 내 영화의 궁극적 주제는 아니다. 〈꽃섬〉이라는 영화에서 여성성이 중요한 모티브가 된 것이지, 여성성이 구원한다는 주제는 아니었다. 사람은 어떤 식으로 치유될 수 있을까 등의 문제를 고민하다보니, 자연스럽게 여성 캐릭터의 여성성이 조금 더 부각이 된 것 뿐이다…
(이제 1년 여 전에 이뤄진 인터뷰의 재구성을 마치련다. 이 지면을

빌어 바쁜 와중에 인터뷰에 응해준데 그치지 않고 성실한 답변을
해준 송일곤 감독에게 다시한번 감사의 마음을 전한다. 결코 쉽지
않았을 녹취를 풀어준 제자 정아에게도, 사진을 찍어준 정아 동생,
명아에게도…)

P.S. 인터뷰와 더불어 송일곤 감독의 간단한 약력을 소개해야 하지 않
을까, 싶었다. 그러다 아주 우연히, 아직은 장편 데뷔를 하기 전인 1999
년인가 써 어느 매체엔가 발표한 일종의 작은 감독론 원고가 눈에 띄
었다. 읽어보니 여러 모로 약력 소개로써 손색없다는 판단이 들었다.
약력치곤 지나치게 긴 감이 없지 않지만 말이다. 원고는 게다가 단편에
대한 내 감상 내지 리뷰가 담겨 있어 마침 인터뷰를 보완하는데 안성
맞춤이었다. 아래 글이 그것이다.

송일곤은 미래의 감독이다. 이제서야 막 장편 데뷔를 준비 중인
풋내기다. 당연히 일반대중에게는 거의 알려지지 않은 미지의 인물
이다. 그렇기에 그가 진지한 감독론의 대상으로 선정된 건 다소 이
른 감이 없지 않다. 그러나 단편이 장편과는 다른 특유의 미학과 특
성을 지니며 동시에 그것이 보다 본격적인 의미의 영화 세계로 나
아가는 주요한 밑거름이 될 수 있다는 사실에 생각이 미치면, 촉망
받는 단편 감독의 작품 세계를 조망하고 그로써 그의 앞날을 예측
하는 건 생각보단 훨씬 의미 있는 작업일 것이다. 단편 시절의 성공
이 꼭 장편으로까지 이어지는 건 물론 아니지만.
　송일곤. 그는 몇 안 되는 우리 단편 영화계의 '스타'다. 작품 수나
그간 누려온 국내외적 인정 및 평가를 고려하면, 최대 스타라고 해
도 큰 과장은 아니다. 따라서 그를 논하는 건 한국 단편 영화의 어

떤 경향에 다가가는 것이다. 굳이 말하라면 유럽적(혹은 서구적?) 감수성을 지닌 유학파들의 영화 세계랄까. 그는 서울예술(전문)대학 재학 중에 일찌감치 주목을 끌었다. 〈벽〉(16mm, 1993)으로 서울예 전 "예술의 빛"을 수상했고, 독립영화협회로부터는 "93년의 10편의 독립영화"로 뽑혔다. 다음 해엔〈오필리언 오디션〉(16mm)으로 제1 회 서울단편영화제에 초청, 상영되었다. 대부분의 경우처럼 단발성 으로 그치지 않고 주목의 범위를 넓히는데 성공한 것.

그에게 예전에 비할 수 없는 커다란 명성을 안겨준 작품은, 세계 굴지의 폴란드 우쯔 국립영화학교 재학 중 연출한 〈광대들의 꿈〉 (35mm, 96). 제3회 서울단편영화제에서 우수상을 안은 영화는 제2 회 부산국제영화제 와이드 앵글에 정식 초청되었고, 40회 샌프란시 스코 국제영화제에서는 단편 다큐멘터리 부문 '골드 게이트' 3등상 을 거머쥐었다. 필자가 그를 처음 접한 건 서울단편영화제에서 이 8 분여짜리 작품을 보면서였다. 사실 특별히 끌린 건 아니었지만, 재 치 넘치는 꽤 괜찮은 소품이라는 호감을 가졌던 기억이 생생하다.

폴란드국립서커스학교 학생들에 관한 일종의 다큐멘터리인 영화에 호감을 가진 건, 그 무엇보다도 기존의 한국 단편과는 아주 다른 독 특한 '분위기' 때문. 우리 사회의 전통적 비민주성 내지 독재성 탓일 게다. 일반적으로 국내 단편들은 단편으로 소화해내기 힘들 뿐 아니 라 만든 이들 스스로 감당 못할 거대 메시지나 내러티브를 향한 강 한 강박관념 내지 집착을 보이는 경향이 농후하다. 그 결과 형식과 내용이 불일치되거나 천편일률적 스타일을 구사하는 경우가 허다하 다. 소화불량이나 어설픔, 부담스러움 등이 간혹 국산 단편을 볼 때 마다 찾아드는 주된 느낌들이나. 반면 유럽을 미롯한 서구 단편들은

순간적 임펙트를 전달하거나 장편이 도저히 흉내 낼 수 없는 단편만의 찬신하고 기발한 상상력과 발상의 구현에 치중하는 편. 필자는 후자 쪽이 단편 영화의 고유 영역이고 기능이라고 여기는 부류다.

〈광대들의 꿈〉은 어느 모로 보나 유럽적 성향이 두드러지는 작품. 그 남다름이 한눈에 들어온다. 서커스는, 비록 지금은 아닐지라도, 한때 우리를 흥분의 도가니로 몰아가곤 했던 황홀한 오락 아니었던가. 서커스 광대들의 환희와 열정을 통해 삶의 희망을 설파하는 영화의 유쾌함과 경쾌함이 인상적이었다. 다시 보건대 광대들 몸짓과 표정을 담은 기하학적이고 추상적 구도는 초창기 무성 영화의 미덕들을 떠올리게 한다. 혹 감독은 광대들의 삶에서 영화의 순수한 출발을 감지한 건 아니었을까. 색채, 대사, 내러티브 등 그토록 많은 영화의 '부재'들로써 영화의 원초 상태로 회기하고 싶었던 것은 아닐까.

당시 영화를 처음 대했을 때, 솔직히 회의 또한 작지 않았다. 과연 그 속에서 감독 송일곤이 담당했던 역할의 비중은 얼마나 될까. 혹 그 작품의 탄생은 거의 전적으로 세계적 명성의 우쯔의 시스템 덕은 아닐까. 이처럼 송일곤을 바라보는 필자의 시선은 다분히 삐딱했다. 제4회 서울단편영화제에서 정윤철의 〈기념촬영〉과 영예의 최우수 작품상을 공동수상하며 관객상까지 차지한 결정적 출세작(?) 〈간과 감자〉(35mm)를 보았을 때, 유난히도 조은령의 〈스케이트〉에 매료된 필자의 심사는 더욱 뒤틀렸다. 〈간과 감자〉 역시 전작과 마찬가지로 우쯔의 산물로 비쳤던 것. 어지간한 한국 장편도 따라가지 못할 그 탁월한 기술적 완성도가 오히려 거슬렸다. 그 강렬한 타르코프스키적 내음도 못마땅했다. 몇 해 전, 송일곤의 우쯔 선배 문승욱의 〈어머니〉를 볼 때 느꼈던 불만들이었다.

돌이켜보건대 그러나 그건 필자의 지나친 예민 반응이었다. 트집을 잡기 위한 트집이었다. 필자의 논리대로라면 훌륭한 시스템 내에선 누구나 뛰어난 작품을 만든다는, 난센스적 결론이 도출되는 셈. 결국 우쯔를 적절히 활용한 것 자체가 송일곤의 재능이었다. 더욱이 필자는 아주 중요한 점을 놓치고 있었다. 그는 겨우 1년 새에 전작에 비해 놀라우리만치 성숙해졌다는 것 등등.

성서의 카인과 아벨 우화를 재구성, 희생과 폭력에 관한 성찰을 담아낸 〈간과 감자〉는 여로 모로 감독의 작가적 사유가 돋보이는 수작. 의사의 제안에 따라 죽어가는 동생 아벨의 간을 내주고 얻은 한 병의 술과 한 자루의 감자로 전쟁 통에 굶주리던 가족과 만찬을 벌이는 카인의 모습에서 인간의 보편적 이미지를 읽어내는 건 그다지 어려운 일은 아니다. 어쩌면 그런 게 인간조건일지도 모른다. 만찬 석상에 아벨이 나타나 도저히 잊을 수 없는 짙은 여운을 안겨주며 환하게 웃을 때, 희생의 모티브는 더할 나위 없이 적절하게 형상화되어 나타난다. 우리는 예외 없이 누구나 희생의 터전 위에서 생존하고 삶을 영위하는 건 아닐까.

묵시록적 세상을 구현한 듯한 미장센, 거리감의 대비가 선명한 입체적인 인물 및 사물의 구도, 빛의 조율에 의한 캐릭터의 내면 묘사 등은 여느 단편들에선 보기 힘든 영화의 탁월한 덕목들. 하지만 여덟 개의 장으로 구분된 플롯에서 내러티브를 엮는 건 쉬운 일은 아니다. 관객은 끊임없이 머리를 동원하지 않으면 안 된다. 감독은 우리에게 주류 오락영화를 감상할 때의 수동적 자세가 아니라 능동적 태도를 요구한다. 바로 이 지점에 송일곤 영화 세계의 핵심이 자리하고 있다. 그는 만든 이의 의도를 수용자가 맹목적으로 받아들이지

말고 관객들이 적극 개입해 작품을 완성시킬 것을 요청한다. 자기가 일부러 비워놓은 여백을 관객들이 메워주긴 원하는 것이다. 그럼으로써 쌍방적(interactive) 소통을 지향하는 것이다. 대사의 자제를 비롯, 무성영화를 연상시키는 미니멀리즘적 스타일은 한결같이 그 목표를 향하고 있다. 그의 작품에서 다분히 유럽적 지성의 향내가 풍기는 까닭은 그러한 스타일과 무관하지 않다.

지난 해 칸 영화제 단편경쟁 부문에 출품되어 2등상에 해당하는 심사위원상을 받은 〈소풍〉 역시 앞의 두 작품의 연장선상에 놓인 작품. 폴란드가 아닌 이곳에서 만들어진, 따라서 엄밀한 의미에서 진짜 송일곤 표 영화다. 그것은 전작들의 완성도가 우쯔 덕이라고 확신하던 필자의 주장이 근거 없음을 새삼 확인시켜주었다. 그만큼 뛰어난 완성도를 갖추고 있는 것. 영화는 한국적 상황에 비추어 언뜻 IMF에 시달리다 못해 죽음의 길을 택하는 한 가족의 이야기로 읽힌다. '엄마가 섬 그늘에'를 배경 음악으로 펼쳐지는 그 마지막 길을 '소풍'이라고 명명한 역설이 신선하면서도 참 지독하다. 영화가 더욱 풍요롭게 다가서는 건 그러나 그처럼 구체적 의미 부여를 일시적으로 유보시키고, 보다 보편적으로 우리 사회의 우울한 초상화로서 영화를 해독할 때다. 그 외에 모성의 위대함이나 생명의 끈질김 따위의 주제를 끄집어내어도 마찬가지.

그러나 〈소풍〉에 필자가 각별히 주목한 이유는 일련의 작품을 거치며 서서히 이루어진, 내러티브상의 변화 때문이다. 내러티브가 부재했던 〈광대들의 꿈〉에서 출발해 신화적 내러티브를 선보인 〈간과 감자〉를 거쳐 지극히 일상적 세상사로 나아가는 감독의 행보. 그는 점차 접근이 용이한 이야기 세계로 나아가고 있는 것이다. 필자의

눈에 그것은 참으로 바람직한 변화이자 성숙이다. 그건 그의 두드러진 특징이자 으뜸 결점이기도 한 유럽적 향취를 조금씩 떨쳐내면서 그 틈을 한국적 향기로 메워가는 과정이기 때문.

영화는 무엇보다 내러티브 매체라고 주장하려는 건 아니다. 스타일을 포기하고 내러티브로 나아가야 한다는 것도 아니다. 주류 상업 영화적 내러티브를 구사해야 한다는 건 더더욱 아니다. 다만 장·단편, 국적을 불문하고 스타일의 과잉은 언제나 치명적 문제점이란 점을 강조하고 싶은 거다. 송일곤의 영화들은 그간 그런 혐의로부터 자유롭지 못했다. 따라서 감독으로서 그의 지상과제는 스타일과 내러티브를 적절히 조화시키는 일이다.

내러티브가 스타일을 압도하는 것은 고사하고, 앞으로도 그는 스타일이 우위를 차지하는 영화를 계속 선보일 게 틀림없다. 그는, 영화라면 모름지기 이미지 중심이어야 한다고 믿는 감독 군에 속하기 때문. 하지만, 특히 대중 영화의 경우엔, 스타일 못지않게 내러티브가 탄탄해야 한다는 건 주지의 사실이다. 〈소풍〉이 반가운 건 송일곤의 내러티브 구축 능력이 결코 빈약한 것이 아니란 점을 발견해서이기도 하다.

곧 장편 데뷔작을 내놓을 그의 다음 행보가 벌써부터 궁금하다. 필자는 우리 이야기를 우리 스타일로 구현한 영화가 그립다. 장·단편을 불문하고 그와 같은 성과를 올리는 감독들이 좀 더 많아졌으면 좋겠다. 정말이지 그렇고 그런 식상한 아류작들은 그만 보고 싶다. 송일곤은 필자의 기대를 저버리지 않은 흔치 않은, 괜찮은 감독으로 머물 거라고 믿고 싶다.

사회의 진보와 예술적 새로움을 지향하는 영화

일시 : 2006년 2월 1일

장소 : 사당동의 한 카페

대담 : 문학산(영화평론가)

문학산 : 〈생산적 활동〉 이후 독립영화 진영에서 감독님의 작품을 아직 만난 기억이 없는 것 같습니다. 최근 장편 영화를 마무리하신 것으로 알고 있습니다. 영상원 졸업 이후 감독님의 알려지지 않은 영화 작업에 대해 궁금합니다.

오점균 : 커리지 필름에 들어가서 1년 정도 준비했는데 캐스팅이 안되었다. 독립영화하다가 상업영화하려니 기다리는 것이 힘들었다. 독립영화의 〈생산적 활동〉과 〈단풍잎〉의 중간정도의 시나리오로 다른 영화사(아이비 픽처스)에서 장편영화 준비하고 있다. 타 영화사에서도 제의가 있으니 올해 안에 들어갈 계획을 갖고 있다.

문 : 준비하는 영화가 지향하는 장르는?

오 : 사랑이야기, 멜로이다. 발칙한 멜로라고 할까요.

문 : 〈생산적 활동〉은 디지털 장편입니다. 그동안 지속적으로 단편 작업을 해오셨는데요 간단하게 필모그라피를 말씀해주세요.

오 : 첫작품은 1995년에 〈육질〉(16mm, 21분)이다. 도시 변두리에 사는 두 청년이야기이다. 초식동물 같은 청년과 육식동물 같은 청년이 친한 친구인데 세상 살아가면서 갈등하는 이야기이다. 여기도 똥싸는 장면이 나온다. 두 번째 작품은 〈미안해〉(16mm, 20분, 1996)이다. 어린 두 남매가 생존 경쟁하는 이야기이다. 다큐멘터리 요소가 강하다. 세 번째 작품은 〈초촌면 신암리〉(16mm, 21분, 1997)이며 유기농 농사짓는 할아버지 이야기이다. 실제 유기농하시는 할아버지 부여군 초촌면 신암리에서 촬영하였다. 네 번째는 〈단풍잎〉이다. 노년의 사랑을 다루었다. 다섯 번째 〈만수야 그동안 잘 있었느냐?〉이다. 남한에서 결혼해서 살고있는 탈북자가 북한에 두고 온 자기 자식이 생각나서 갈등하다가 화해하는 이야기다. 남한에서 낳은 자식을 보면서 점점 더 북한의 아이가 생각나는 탈북자의 심정이 드러났다. 여섯 번째는 〈비가 내린다〉(35mm, 21분, 2001)이며 대안학교 학생들이 등장한다. 대산문화재단에서 환경 부분의 지원받은 작품이다. 전북 덕유산 자락에 있는 푸른 꿈 고등학교에서 찍었다. 실제 재학생들이 출연하였다. 일곱 번째 〈큰 나무〉(35mm, 8분, 2002)이다. 할아버지가 묘를 조성하지 말라는 주장으로 자식과 갈등하는 이야기이다. 큰나무 밑에 거름으로 써달라는 유언을 남긴다. 한 살림운동가 천규석 선생님의 책을 보고 영감을 얻었다. 책 제목은 〈돌아갈 때가 되면 돌아가는 것이 '진보'다〉인 것 같다. 여덟 번째 작품은 〈생산적 활동〉(35mm, 21분, 2003)이다. 이 작품은 돈과 시간이 없는 두 남녀가 섹스를 하고 싶어서 섹스 할 장소를 찾아다니는 이야기다.

문 : 이 작품들이 사랑과 환경문제, 탈북 문제로 갈래를 지어볼 수
있는데요, 일종의 한국사회에 대한 영화적 대응이나 발언같다는 생
각이 듭니다.

오 : 영화가 사회와 독립되어있다고 보지 않고 사회와 긴밀하게 연
관되었다고 생각된다. 사회의 진보와 예술적인 새로움이 맞닿는 지
점이 있지 않을까 생각한다. 이 두 가지를 충족시켜서 대박 나는 영
화를 만드는 것이다. 우리나라는 에너지가 많은 나라라서 가능할 것
같다. 계몽영화를 더 발전시킨 영화이다.

문 : 감독님의 지향점은 아주 중요한 두 가지를 겨냥하고 있습니다.
사회의 진보는 리얼리즘영화가 지향하는 지점이고 예술적 새로움은
모더니즘, 혹은 아방가르드 영화가 지향하는 지점입니다. 이 두 가
지 통합 혹은 화해를 꿈꾸는 것은 서로 다른 방향을 지향하는 이론
적 입장을 통합하려는 예술적 노력으로 볼 수 있습니다. 이건 흥미
로운 시도나 지향점으로 볼 수 있을 것 같습니다. 이런 노력들이 어
떤 성과를 낼 수 있을지 미래의 영화가 주목하는 지점입니다.

오 : 이즘은 이론가들이 나눈 구분일 뿐이다. 내가 생각할 때는 모
더니즘, 리얼리즘 형식같은 것 보다 모더니티, 리얼리티가 중요하다
고 생각한다. 모더니티와 리얼리티는 합해 질 수 있다고 생각한다.
현대의 대중과 교류하고 예술지상주의는 지나간 옛 시절의 이야기.
모더니티와 리얼리티는 서로 보완관계라고 생각한다. 사회를 진보시
키는 새로운 요소는 모더니티만으로도 리얼리티만으로도 안 된다.
두 가지를 1+1로 단순하게 합한 것이 아니라 새로운 영화가 나올
수 있다고 생각한다.

문 : 이 자리에서 이념에 대한 논의를 길게 끌고 가는 것 보다 작품
에 집중해야할 것 같습니다. 〈생산적 활동〉은 어떻게 시작하셨나요.

오 : 작년에 촬영 직전에 펀딩이 안되어 미루어졌다. 여름용 영화라
시간이 남아서 〈생산적 활동〉을 영화사에서 제의가 와서 올 1월까
지 제작가능하다는 말에 응하게 되었다.

문 : 충무로의 감독 중 다수가 비연극영화학과 출신들입니다. 물론
한국영화아카데미와 한국예술종합학교 영상원을 위시한 국립영화학
교를 포함한다면 정규 영화교육을 받은 다수의 감독군들이 활동하
고 있다고 볼 수도 있을 것 같습니다. 감독님의 경우 독립영화를 하
시다 국립영화학교에서 작업을 지속하셨습니다. 독립영화작업을 시
작하게 된 계기에 대해 가능하면 소상하게 말씀해주셨으면 합니다.

오 : 원래 아방가르드적 미술을 했었다. 설치 미술을 하였다. 미술
이 가장 신비화되어있는 분야다. 미술의 신비화를 벗기고 일상성을
많이 도입한 작업을 많이 하였다. 전시장의 성스러움을 깨뜨리고,
1980 -1990년 사회가 급격하게 변하는 것을 담는 미술활동을 하였
다. 사회적 이슈를 건드리는 작업을 하였다. 그런 작업을 아무리 해
야 전시장 미술에 불과하였다. 보다 더 대중적인 예술을 모색하고
있었다. 장이모의 〈붉을 수수밭〉을 보고 나서 영화 속에 내가 하려
고 하는 것이 모두 있구나라는 생각이 들어서 영화를 하게 되었다.

문 : 미술 작업에서 대중들과 공유할 수 있는 한계, 사회에 대한 폭
넓은 참여와 소통의 의 한계를 인식하고 영화를 선택하셨다고 했는
데요. 영화를 하는 일이 감독, 스텝, 시나리오 등 다양한 분야가 존

재합니다. 그중 감독을 선택하게 되었고 구체적으로 영화일이 시작하는 분야는?

오 : 독립영화 협의회 워크샵에서 영화를 배웠다. 수료 후 동기들과 작업하다가 시나리오 교육원에 다시 들어갔다. 1년 정도 시나리오를 배웠다. 충무로 현장을 알아보려고 〈헐리우드키드의 생애〉갔다가 〈해적〉 준비하는 대표를 만나서 연출부 활동하게 되었다.

문 : 〈생산적 활동〉는 〈단풍잎〉, 〈생산적 활동(단편-대담자주)〉과 주제적으로 접맥되고 있는 부분이 주목됩니다. 세 작품 간의 연관성과 차이를 들 수 있다면……

오 : 사회적으로 인정받지 못하는 관계를 맺고 있는 인간들의 욕망을 다루었다. 그 욕망을 예쁘게 다루었다는 점이 공통점이라면 공통점이다. 〈생산적 활동〉은 장편영화라는 점.(웃음)

문 : 〈생산적 활동〉과 〈생산적 활동〉은 동일한 제목입니다. 〈생산적 활동〉의 제목은 어떻게 지으셨는지요?

오 : 제목 자체가 계몽적이다. 영화관을 반영하고 있는 것 같은데, 그냥 탁 떠올랐어요.

문 : 저는 〈생산적 활동〉을 시사하면서 두 가지 점에서 다소 충격을 받았으며 긴장하였습니다. 하나는 기존의 한국 멜로 영화에서 여성의 가출은 아주 조심스러운 부분이었습니다. 1950년대 〈자유부인〉은 일시적인 감정적 방황에서 귀가하는 형식을 취합니다. 그 후 세

월이 흐른 다음 이재용의 〈정사〉에서 비로소 가정있는 여성의 가출 사건이 발생합니다. 귀가에서 가출로의 이동은 한국사회의 달라진 가치관을 반영하고 있는 지점에서 의미있는 행위로 여겨집니다. 〈바이 바이 로맨스〉는 억압적인 남편과 매혹적인 남자친구라는 관계가 명분을 제공하였지만, 당당하게 가출을 선언하고 집을 나서는 여성이 등장합니다.

다른 하나는 가출한 여성의 사랑이 아름답게 유지될 수 있는가라는 아주 현실적인 질문에 대한 영화적 응답을 목격한 점입니다. 여성 캐릭터의 행위에 대한 감독님의 입장을 듣고 싶습니다.

오 : 여성의 욕망을 다룬 것인데, 그것을 통해서 우리 사회를 다루었다. 약간 고정된 것에서 릴리스해지기를 바라면서. 사회가 권위적이고 억압적인 관계들이 성적인 권력관계에 많이 드러나 있다. 그런 것을 약간의 틈을 벌여서 내가 원하는 방향으로 보게 만들었다. 결혼제도는 안정되고 좋은 제도라고 생각하지만 너무 고정되어있다고 생각한다. 이혼도 보다 자연스러웠으면 좋겠고 1부 1처제가 자연의 질서에 어긋난다고 생각한다. 우리의 자연스러운 사고는 훨씬 에너지가 넘치는데. 사회의 유지를 위해 억압된다. 다른 부류의 사람과 성의 차이가 존재하는 사람들끼리도 더 평등해지지 않을까 생각한다.

문 : 결혼제도나 공식화된 관계의 경직성에 대한 성찰 혹은 영화적인 틈벌이기를 통해 우리사회의 욕망을 건드린 것 같다. 드러내는 방식에 따라서 어떻게 여주인공의 사랑을 설득하느냐 못하느냐에 따라 관객들의 지지나 외면을 받을 수 있다. 이 점에서 영화적으로 설득하려는 문제는 어떻게 처리하였나요?

오 : 많은 사람에게 보여주기 위해 쉽게 드라마로 만들었다. 실험적이기나 작기주의적으로 만들지 않았디. 볼기리를 고려히면서 풀어니갔다. 장르영화 정통저인 영화방시들을 중요하게 생가한다. 할리우드 장르영화는 세계문화유산에 들어가야 된다고 생각한다.

문 : 아주 흥미로운 주장입니다. 저도 장르영화의 중요성에 대해서는 동의합니다. 여자 주인공은 남자의 감정변화에 대해 감정적인 반응을 보입니다. 남자의 외박이 견디기 힘들며 아침 식사에서 보여준 권태스러운 태도가 위협적입니다. 자신의 감정을 위해 당당하게 가정을 버린 여성인 주인공이 새로운 남자에 대한 태도는 다소 보수적인 1부 1처제의 가족이데올로기에 가깝게 반응합니다. 여자주인공이 지향하는 이상적인 남녀관계는 어떻게 그려보일 수 있을까요.

오 : 진지하게 하는 사랑은 어떤 상황에서 했든지 자신을 성숙시킨다. 여주인공도 이 사랑과정을 통해서 성숙해진다. 욕망에 충실한 사랑하면 집착하지만 성숙하게 되면 상대방을 존중하면서 사랑하게 될 것 같다. 이 여자가 동등하게 사랑할 수 있도록 성숙해지는 일종의 성장영화다.

문 : 일종의 애정의 성장영화라고 할 수 있겠습니다. 모든 책과 영화에서 보여준 관계는 성숙한 사랑, 성숙한 관계에 대한 권유나 성찰의 기회부여로 귀결되는 것 같습니다. 이 영화도 그 과정을 보여주고 한 매듭을 넘어가는 느낌이 듭니다.

오 : 네 그렇지요. 미풍양속을 저해해야 예술이지요, 미풍양속의 폭을 더 넓혀가는 것이 예술이죠.

문 : 두 남녀가 화해하고 감정적 응어리를 해소합니다. 바닷가에서 배가 아프다고 말하면서 서로 소변과 대변을 배설합니다. 이 장면은 말 그대로 시원한 카타르시스를 주는 상쾌한 장면이었습니다. 이 장면은 시나리오 단계에서 계획된 장면인가요 아니면 주인공의 내면을 따라가다 연출자의 선택에 의해 만들어낸 것인지 궁금합니다.

오 : 수정단계에서 시나리오에 집어넣었다.

문 : 이 마지막 장면을 통해 보여주고 싶은 목소리나 메시지는?

오 : 맨 처음에는 〈러브 앤 덩〉으로 제목을 생각했다. 사랑은 너무 신비화되어있고 똥은 너무 더럽게 생각하고 그 중간 지점에 우리 영화가 있다. 똥도 몸속에 있는데 더럽다고 생각한다. 배설 장면을 통해 관객들이 으악 하고 놀람과 영화화면속에서 똥누는 장면을 보면서 처음 보는 자의충격을 통해 이제까지 지닌 고정관념에 대한 파문이랄까 차가운 물방울을 던져서 신선한 느낌을 받았으면 했다. 화면에 뭘 담느냐가 사상을 담는다고 생각한다. 많은 일반 거리 풍경이나 인물을 안담고 똥을 담았을 때 사람들이 다른 생각을 했으면 좋겠다는 생각이 들었다. 이 다른 것을 보면서 사고도 바뀔 수 있었으면 하는 기대를 했다. 뭘 담느냐, 이 문제는 영화의 근간이 되는 사고와 관련되어있다고 생각한다. 자연을 전원풍경이나 시냇물이나 농촌의 들녘이나 사과나 이것을 담는 거랑 똥을 담는 다는 것은 애벌레 ,지렁이를 담는 다는 것은 서로 다르다. 사람들이 피하는 것 속에 이기심이나 미적 협소함이 존재한다. 이것을 넓게 확장시키는 것이다. 똥은 인간중심적 사고, 이기적인 사고에서 벗어나게 한다.

문 : 〈비가 내린다〉, 〈초촌면 신암리〉, 〈큰 나무〉 같은 단편 작업에서 보여주신 생태주의적 태도가 이 작품에서 똥으로 집약되어 드러나고 있는 점이 주목할 대목 같습니다.

오 : 여자의 행로를 비난하는 자들에 대한 일종의 반격이다. 긍정적으로 보는 자들은 똥이 시원했을 거다.

문 : 한국 독립장편영화의 활성화에 가장 큰 걸림돌은 배급과 상영의 어려움에 있다고 들었습니다. 아울러 독립장편영화가 산업적 토대를 구축하지 못한 것은 제작비 회수조차 어려운 현실의 벽이 존재하기 때문으로 여겨집니다. 대중적인 소재를 표현이 조금 어색하지만 독립영화적인 방식으로 풀어나간 이 작품의 산업적 성공여부가 향후 한국독립장편영화계에 일정한 영향을 미칠 수도 있을 것으로 여겨집니다. 배급과 상영에 대한 계획은 어떻게 세우셨는지요?

오 : 편집본 이후에 결과가 구체화될 것 같다. 전주국제영화제 같은 영화제 상영이 중요하다고 생각한다. 5월말 개봉으로 일정을 잡아가고 있는 것 같다.

문 : 감독님의 단편영화에 대한 질문으로 넘어가도록 하겠습니다. 저로서는 가장 관심있는 부분이기도 합니다. 우선 자연에 대한 경외심과 욕망에 대한 해학적 재현으로 감독님의 작품세계를 대별해 볼 수 있을 것 같습니다. 자연을 바라보는 카메라는 자연의 소리와 모습을 기다리고 지켜보는 듯합니다. 욕망을 드러내는 카메라는 여백을 만들어내면서 그 공간에 관객의 감정을 기입하게 한 듯합니다. 사물을 바라보는 카메라의 시선에 대해 길게 듣고 싶습니다.

오 : 가능하면 내가 의도하는 것은 아니지만. 너무 짜맞추는 것 보다는, 관객들이 생각하면서 주체적으로 보았으면 하는 면이 있다. 화면도 쏟아내는 것 보다, 메시지가 강하지만 강요하는 영화는 아니였으면 좋겠다. 같이 생각해보자는 정도면 좋을 것 같다.

문 : 프랑스의 사진작가인 앙리 카르티에 브레송은 "사진가는 자신을 완전히 지워 버리고 사물들의 존재만 남겨두어야한다"라고 주장했습니다. 그리고 세계적으로 유명한 '대상의 본질이 가장 잘 드러난 결정적 순간'을 포착할 것을 권유하였습니다. 감독님의 프레임은 비운 공간에 돌연하게 남겨진 대상들이 말없음으로 발언하고 있는 듯합니다. 〈단풍잎〉에서 친구와 매춘관광을 온 할아버지가 바카스 아주머니에 몰입해있는 친구 분을 등지고 풀을 만집니다. 그리고 전경의 구석에 위치하여 텅 빈 프레임 안에 말없이 앉아 있습니다. 이 프레임은 비워져있지만 서서히 할아버지의 발언하지 않은 감정들로 채워져 감을 목격하게 합니다. 이와 같은 프레임을 자주 사용하시는 연출 의도를 듣고 싶습니다.

오 : 손장난을 잘 친다. 손이 말하는 것만큼이나 많이 표현한다고 생각한다. 할아버지의 쓸쓸함을 표현하려고 잔디를 만지고 있다.

문 : 야쿠르트 아줌마의 성매매는 실제 한국사회에 존재하는 매춘 방식인가요 아니면 영화적 재미를 위해 영화적으로 만들어낸 사건입니까 사족처럼 묻고 싶었습니다.

오 : 자료 수집해 보니 신문에 비슷한 기사가 난 적이 있다.

문 : 〈단풍잎〉은 제목입니다. 그리고 단풍구경 가는 것은 두 분의 관계에서 결정적인 사건입니다. 단풍은 또한 가을의 절정에서 가장 붉게 타오르다 낙엽이 되어 사라집니다. 붉음은 흔히 욕망의 색깔으로 불리웁니다. 단풍잎은 여러 가지의 층위에서 의미를 생산하고 있습니다. 〈단풍잎〉을 제목으로 붙이신 이유에 대해 알고 싶습니다.

오 : 단풍구경과 소멸되어가는 할머니의 설레임. 말년의 아름다움을 보여주는 것이 뭘까 생각해보니 단풍잎이었다. 생각해보니 노인들도 그렇지 않을까 생각했다.

문 : 할머니가 단풍구경에 합류하는 것은 중요한 결단으로 여겨집니다. 할머니 세대의 모랄 감각은 결혼이라는 제도적으로 보장받지 않은 남녀관계는 불륜이거나 남들의 시선에 떳떳하지 못한 일로 치부되었을 것입니다. 할머니는 여행 약속 이후 옷을 입어보고 거울 앞에 서 있는 소풍을 앞둔 10대의 설레임을 보여줍니다. 〈생산적 활동〉과 함께 스스로 욕망에 솔직한 캐릭터라는 공통점을 보여줍니다. 여성의 성 혹은 여성의 욕망에 대한 감독님의 입장을 듣고 싶습니다.

오 : 이성에 대한 끌림이나 신선한 느낌은 인간이 느끼는 가장 행복한 순간 중의 하나다. 그것을 젊은 사람의 사랑이야기로 초점이 맞추어져있다. 약간 고정되고 제도화되어 있는 것 같다. 여러 계층, 세대의 사람이 모두 사랑하고 이것을 이쁘게 봐주는 사회가 좋은 사회다. 설레이는 할머니는 순수해진다.

문 : 저녁에 혼자 옷입어보는 것은 할아버지에게는 여자로 보여지기를 희망하는 할머니의 심리가 드러납니다. 하지만 손녀의 시선은 할머니에게 불편합니다. 노년의 연애는 우리사회에서 타자화된 연애일 것입니다. 노년의 연애에 대한 사회의 시선은 손녀의 시선을 통해 드러난 듯합니다. 손녀가 팬티에 쓴 자랑스러운 할머니는 이들의 연애를 지지하는 감독님의 의도가 드러난 듯 합니다. 이 장면에 대한 기능과 이 장면을 인서트로 집어넣으신 연출의도를 듣고 싶습니다.

오 : 이 장면은 자주 오해를 불러일으킨다. 영화에 넣었을 때, 조롱의 의미로 넣었다. 할머니 여행가려다 그걸 펴보고 울고 철회하였다. 오해하는 관객이 많다.

문 : 저는 지지로 이해했습니다.

오 : 좀 더 강한 문구를 넣었어야했는데….

문 : 노년의 성은 〈죽어도 좋아〉에서 관음적으로 드러나기도 합니다. 하지만 〈단풍잎〉에서는 감추기와 드러내기의 리듬감이 보입니다. 이렇게 노년의 성을 드러내는 스타일을 택하신 이유는?

오 : 일단 이야기가 쉬웠으면 좋겠다. 장면들이 할머니 할아버지 자신이 연출했으면 좋겠다는 생각을 했다. 할머니 할아버지 마음이 잘 담겼으면 좋겠다고 생각하고 만들었다.

문 : 〈생산적 활동〉은 여성의 적극적인 섹스의 요구가 두드러집니다. 혼진 섹스는 이제 두 사람의 신택의 문제이지 순결이데올로기라

는 제도적 억압으로부터 자유로워졌다는 생각이 듭니다. 오히려 남성이 상대적으로 덜 적극적으로 보입니다. 이와 같은 캐릭터를 설정하게된 배경은?

오 : 만들 때 하나의 아이디어를 준 것은 여성학자 오숙희의 글이었다. 남녀의 성적 평등이 오려면 남자가 하고 싶을 때 거부할 수 있는 권리를 갖는 것 보다 여자가 하고 싶을 때 스스럼없이 하자고 할 수 있을 분위기를 갖는 것이 훨씬 평등한 남녀관계이다. 여자가 주도하는 영화를 만들었으면 좋겠다고 생각했다.

문 : 돈이 없는 두 남녀가 우여곡절 끝에 장소를 섭외하여 섹스한다는 서사입니다. 장소는 계단에서 화장실 그리고 빈 집으로 이어집니다. 화장실 장면은 여고생들의 등장이 희극적이었습니다. 분명 여고생들도 두 사람이 동일한 곳에서 나온 것으로 보아 담배를 피웠거나 뭔가 다른 행위를 했을 것으로 추측됩니다. 서로 멋쩍은 두 상대가 부딪치는 상황은 희극적입니다. 이 장면은 시나리오 단계에서 계획된 것인지요 아니면 현장에서 즉흥적으로 여고생을 등장 시킨 것인지 궁금합니다.

오 : 막판 시나리오 정리하면서 넣은 장면이다.

문 : 두 남녀가 빈 집에 들어갑니다. 그리고 주인 아주머니는 사과를 사옵니다. 여기서 시선의 이동이 일어납니다. 처음에는 그들이 주인 아주머니에게 들키지 말아야한다는 입장에서 두 남녀가 중심이 됩니다. 그러나 아주머니가 집에 도착하고 거실에 들어오면서 아주머니가 들키지 않아야 한다고 생각하게 됩니다. 동일한 시퀀스에

서 관객의 관심 이동은 흥미로운 부분입니다. 이 장면에 대한 연출 상황을 자세히 듣고 싶습니다.

오 : 누구나 욕망을 가진 거다. 처음에는 장소에 대한 주도권을 가졌었지만 이제는 장소보다도 욕망이 우월한 지위에 있는 감정이다. 욕망을 행하고 있을 때에는 누구도, 어떤 권력과 직위도, 욕망보다 우위를 점할 수 없다고 생각한다.

문 : 저는 〈생산적 활동〉이 여타의 단편영화와 차이가 나는 점은 바로 사과장면, 혹은 사과의 존재로 가능하다고 생각합니다. 저는 아주머니의 사과 봉지에서 사과가 굴러서 거실로 들어가고 사과가 전경에 위치하고 후경에 섹스하는 두 남녀의 장면을 잡은 것, 그리고 두 남녀가 집을 떠나고 나서 붉은 사과를 깨무는 장면에서 전율을 느꼈습니다. 서사를 벗어난 곳에 사과가 존재하고 이 사과는 우리가 먹는 사과에서 〈생산적 활동〉이라는 텍스트에 열린 사과로 여겨집니다. 사적인 고백을 하자면 이 장면과 〈단풍잎〉의 비워내는 장면을 체험하고 나서 저는 오점균이라는 감독에 대해 주목하고 관심을 쏟기 시작하였습니다. 이 장면에 대해 충분하게 말씀을 해주세요?

오 : 시나리오 후반부에 집어넣었다. 어떻게 하다 떠올랐다.

문 : 오점균 감독을 바라보는 시선 중에는 '자연에의 경도라는 일관된 주제'와 '계몽성이 도구화되어 사유의 단순화'를 초래한다는 조심스러운 비판도 있습니다. 감독님이 지향하시는 자연과 계몽성에 대해 알고 싶습니다.

오 : 나는 뻔하고 단순한 걸 하고 싶다. 복잡하고 다르게 할 이유가 없는데 다르게 하는 것 관심없다. 이건 자기를 드러내려는 인간의 이기심과 관련있다고 생각한다. 나는 단순하게 사는 것이 삶이 원칙 중의 하나다. 가장 중요한 것을 사람들이 알기 쉽게, 단순하게 만드는 게 특기이다. 나는 그렇게 살려고 한다. 사유의 단순화가 대개 중요하다고 생각한다.

문 : 감독님이 생각하시는 영화에 대한 시각과 앞으로 영화 작업 계획에 대해 말씀해 주시면…

오 : 계몽영화를 더 발전시켜서 사회의 진보에 기영하는 영화이다. 나중에는 사회운동도 하고 싶다. 그러면서 대박을 터트리는 영화를 하고 싶다.

문 : 독립영화와 충무로 영화가 지향하는 두 가지로 귀결되는군요 (웃음). 보충촬영과 후반작업으로 바쁘심에도 불구하고 길게 답변해 주셔서 감사합니다.

노동사와 노동영화에 대한 다섯 가지 단상

이재광(중앙일보
이코노미스트 전문기자)*

■

노동이 화두가 된 지 오래다. 공급과잉에 빠진 세계경제가 목숨을
건 치열한 경쟁 상황으로 내달린 게 80년대 중반이었으니 어느새
20년이 후딱 지났다. 리엔지니어링, 리컨스트럭팅, 다운사이징, 팀제,
슬림화, 명예퇴직…. 노동자들을 덮친 살벌한 구조조정 뒤에 남은
것은 심각한 비정규직과 양극화, 실업과 빈곤의 문제다.

많은 사람들이 이렇게 생각한다. 도대체 노동자들에게 무슨 일이
일어난 것일까? 왜 이런 일이 일어나야 했던 것일까? 영화에 관심
이 있는 사람이라면 이런 의문도 들 것이다. 영화는 노동 문제를 어
떻게 다뤘을까? 영화를 보면 노동문제를 알 수 있을까? 노동문제를
정면으로 다룬 대중영화도 있었을까? 있다면 왜 그런 영화가 만들
어졌을까? 자본의 논리가 지배하는 영화계인데 말이다. 돈을 벌려
고? 그렇다면 흥행에는 성공했을까?

---

* 고려대 사회학과 졸업, 고려대 사회학과 박사(역사사회학). 『영화로 쓰는
  세계경제사』『영화로 쓰는 20세기 세계경제사』 저자.

답은 복잡하고 어렵다. 역사는 바뀌고, 영화는 이 변화하는 역사에 큰 영향을 받기 때문이다. 게다가 편견이 있다. '친(親)노동'이나 또는 '반(反)노동'이냐 등에 대한 편견은 좀처럼 변하기 어렵다.

개인 뿐 아니다. 나라·지역별로도 이 같은 편견이 있다. 이 경우 '편견'은 '문화'라는 말로도 쓰인다. 어떤 나라나 지역의 문화는 노동자들에 우호적이지만 어떤 나라나 지역은 그렇지 않다. 노동자들에 우호적인 문화를 가진 나라·지역의 노동영화는, 당연하겠지만, 노동자를 긍정적으로 그린다. 물론 그 반대의 문화를 가진 나라는 반대의 영화가 나온다.

역사와 문화, 이들은 서로에게 깊은 영향을 주며 함께 간다. 영화, 특히 노동영화는 역사화 문화에 따라 어떻게 드러날까? 나라·지역별로도 차이가 있을까? 대중영화는 노동을 어떻게 그리고 있을까? 이들 의문과 관련된 5개 단상(斷想)을 얘기해 본다.

■ 첫 번째 단상

노조와 마피아는 하나?
: 노동자를 부정적으로 그린 영화들

미국의 노동영화를 볼 때면 기묘한 느낌을 갖기 쉽다. 유럽과는 달리 노조의 부정적 측면을 강조한 영화들이 많다. 내용도 충격적이다. 노조 지도부의 공금 유용이나 치부(致富) 정도는 애교로 봐야 한다. 마피아와 손을 잡고 버젓이 살인과 방화와 폭력을 일삼는다. 거의 갱 수준이다. 자본가와 기업의 뻔뻔스러운 노동자 착취와 그에

대한 노동자들의 격렬한 반발을 담고 있는 유럽 노동영화들과는 딴 판이다.

더욱이 노조에 대한 인식이 우리와 전혀 달라 곤혹스럽다. 우리에 게 노동계는 그래도 긍정적인 측면이 많다. 1970~80년대 독재 정권 아래에서는 민주화운동의 선봉이었다. 동시에 온갖 탄압을 이겨내고 결국은 민주화를 이끌었던 '양심' 세력으로 인정받고 있다.

1990년대 들어 오랜 시간 동안 노조를 괴롭혔던 부정적인 시각, 이를테면 '노조＝빨갱이'라는 등식도 사라졌다. '노동의 유연성'이 강 조되는 지금은 오히려 '정규직 노조＝귀족'이라는 식으로 부정적 이 미지도 탈바꿈했지만 말이다. 그럼에도 1970~80년대 활화산처럼 타 오르던 노동운동은 여전히 '신화'로 남아 있다.

〈워터프론트〉가 원조

그래서 노조의 부패상을 주로 그리는 미국 대중영화에 '기묘함'을 느끼는 것이다. 세계 영화계가 '명화'로 인정하는 엘리아 카잔 감독 의 1954년 작 〈워터프론트〉가 시조 격이다. 갱단과 사채업자와 노조 가 뒤얽힌 이 영화는 분명 노조를 하나의 범죄 집단으로 인식하게 만드는 중요한 단초를 제공했다.

이 영화에는 범죄 집단인 노조, 그리고 그 위협에도 굴복하지 않 고 정의를 찾는 노동자 테리가 등장한다. 관객들은 '정의를 찾아 고 뇌하는 미남 노동자' 말론 브란도의 힘있는 연기로 그가 찾으려는 '정의'에 훨씬 큰 공감대를 갖게 된다.

이 영화의 모티브를 제공했던 원작의 제목도 꽤나 자극적이다.

‘워터프론트의 범죄’. 지금은 없어졌지만 1940~50년대만 해도 잘나가던 일간지 ‘뉴욕 선’이 연재했던 기사다. 말콘 존슨 기자는 워터프론트, 즉 부두 노조의 부패와 타락상을 그린 이 24회분의 기사로 퓰리처상을 수상하기도 했다.

1970년대 들어 또 하나의 작품이 눈에 띈다. 노만 쥬이슨 감독의 1978년 작 〈피스트〉다. 〈지붕위의 바이올린〉(1971)이나 〈지저스 크라이스트 수퍼스타〉(1973)로 뮤지컬에 재능을 입증한 쥬이슨 감독이 격렬한 이미지의 노동영화에 야심적으로 매달려 봤다. 하지만 실패였다. 잘못된 캐스팅이 실패의 원인이었다는 것이 중론이다.

〈로키〉의 이미지를 벗어던진 실베스터 스탤론은 성미 급한 20대의 단순 노동자에서 노련한 정치가의 모습을 보여주는 60대의 노인까지 열연했다. 그러나 평론가들은 좋은 점수를 주지 않았다. 그가 보여준 1차원적 연기는, 강렬한 카리스마를 갖고 있는 한 노동운동가를 재현하기에 부족했다는 평이다.

미국 노동사 전공자라면 〈피스트〉가 각색한 대상을 한 눈에 알아차릴 수 있을 것이다. 한 때 미국 최대 규모를 자랑하던 운수노조 팀스터즈(IBT, International Brotherhood of Teamsters)와 팀스터즈의 전설적 노동운동가 제임스 호파다. 팀스터즈는 1903년 트럭노조가 주축이 되어 설립됐다. 1930년대까지만 해도 기껏 10만 명 규모의 ‘작은’ 노조에 불과했다.

호파는 이후 20년 동안 이 노조를 230만 명으로 늘리며 미국 ‘노동계의 대통령’으로 군림했던 인물이다. 강렬한 카리스마를 갖고 있었던 그는 노조원 모두에게 근접하기 어려운 인물로 비춰졌다. 명문 케네디 가와 정면충돌했던 것은 그의 카리스마를 알려주는 유명한

일화다. 그는 1970년대 초 복역했다가 1975년 출소된 후 행방불명됨으로써 더욱 화제가 됐다. 대부분의 사람들은 그의 피살을 의심치 않는다. 스탤론이 그리려 했던 인물은 분명 호파였다. 물론 실패했지만.

지난 1992년에는 팀스터즈와 관련된 두 편의 영화가 한꺼번에 선을 보였다. 대니 드 비토 감독의 〈호파〉와 알라스테얼 레이드 감독의 〈팀스터 보스〉다. 두 편 모두 팀스터즈 위원장의 일대기를 다뤘고 마피아나 정치가와 '더럽게' 얽힌 부패한 모습을 보여주고 있다.

〈호파〉는 제목 그대로 앞서 말한 제임스 호파의 파란만장한 삶을 담고 있다. 어떻게 일개 노조원에서 위원장의 위치로 '등극'했는지, 어떻게 미국 '최대'로 노조를 키웠는지를 알게 해준다. 영화는 이 과정에서 방화, 살인, 공금유용을 적나라하게 들춰낸다.

호파 이후의 팀스터즈, 그러니까 주로 1980년대를 집중적으로 다룬 〈팀스터 보스〉는 한 발 더 나간다. 주요 인물은 팀스터의 위원장 재키 프레서다. 레이드 감독은 마피아와 FBI 사이를 오락가락하며 출세한 그를, 그저 그런 폭력에도 굴복하고 마는 '졸장부'로 그리고 있다.

하지만 이들 역시 결론적으로는 실패했다. 〈호파〉에서 호파 역을 맡았던 잭 니콜슨의 연기는 정말 출중했다. 스탤론을 한 방에 3류 배우로 만들고 만다. 그럼에도 노동자 권익 보호라는 '선'의 목적을 달성하기 위해 마피아라는 '악마'를 끌어들인 제임스 호파의 이중적 모습을 그리지는 못했다.

열연한 것으로 따지면 '팀스터 보스'의 브라이언 데니히도 뒤지지 않는다. 140kg의 프레서 역을 맡기 위해 몸무게를 무려 60kg이나 늘

렸다. 하지만 그 역시 이 복잡한 인물을 그리는데 실패했다. 나쁜 짓만 골라 하다 간암으로 죽기 직전 자신의 비리를 모두 털어놓았던 사람이 바로 프레서였다. 누구에게도 쉽지 않은 배역이었을 것이다.

그러나 평론가들 대부분은 두 배우를 탓하지 않는다. 오히려 좋은 점수를 줬다. 그렇다면 실패의 원인은 어디서 찾고 있을까? 주로 감독과 시나리오를 지적했다. 한 마디로 완결성이 떨어졌다는 것이다. 바로 이 부분이 〈피스트〉와 다른 점이기도 하다.

노조 전성기 1930년대

이들 영화를 보면 몇 가지 의문이 생긴다. 우선 부패 노조가 역사적 사실성을 갖느냐는 것이다. 이 의문에 대한 답은 일단 '그렇다'로 결론지어진다.

미국 노동운동의 태동기는 1930년대 대공황기였다. 루즈벨트는 대공황의 원인 중 하나를 부의 편중에서 찾았다. 부가 한쪽으로 치우치니 헐벗고 굶주린 다수의 노동자들이 나왔고 이들이 물건을 사지 못하니 소비가 이뤄지지 못하고, 그래서 생산이 중단됐다는 것이다. 이른바 '과소소비 공황론'을 택한 것이었다. 그래서 루즈벨트는 노동자 우위의 정책을 펼쳐 나갔다.

노동자의 권익 보호가 '뉴딜'의 핵심 중 하나였던 것은 이 때문이었다. 대중의 소비력을 키워야 한다는 정부 정책 아래서 노동세력이 힘을 얻은 것은 당연했다. 임금인상, 작업환경 개선, 각종 수당의 현실화, 산재 대책…. 그동안 억눌렸던 노동자들의 요구가 폭발했다.

하지만 기업은 그들의 요구 조건을 호락호락 받아들일 여건이 되

지 못했다. 가뜩이나 장사가 안 되는 대공황기가 아니었던가. 기업은 온갖 수단을 동원해 태업과 파업을 막았다. 구사대와 파업파괴자를 동원하기도 했다. 그래서 1930년대는 노사 충돌이 가장 격렬했던 10년으로 기록되고 있다.

'힘에는 힘'이다. 당시 국가의 배려를 얻어 낸 노조는 기업 측의 힘을 힘으로 되받아쳤다. 마피아를 끌어들인 것이다. 당시 마피아는 금주법이 사라지면서 큰 돈벌이를 잃은 상태였다. 노조는 그 공백을 메워주는 좋은 '먹잇감'으로 떠올랐다. 기업의 반대를 총과 폭력으로 막아주고 대신 노조원들이 내놓은 회비에 눈독을 들였다. 한때 팀스터즈가 운용했던 연금만 2억 달러를 넘어섰을 만큼 거액이었다. 마피아는 기업의 방해를 막아준 대가로 돈을 요구했고 노조는 무담보·저리로 돈을 대출해 줬다.

팀스터즈가 이중 대표격임을 부정할 수는 없다. 기업 측에 지지 않겠다며 마피아를 끌어들인 호파의 전통은 1980년대까지 계속됐다. 프레서는 그중에서도 최악의 인물이었다. 마피아의 협박을 이기지 못하고 거액의 노조 자금을 대출해 준 것은 물론 지도부 회의 한 끼 저녁 식대로 6000 달러를 썼다 해서 구설수에 오르기도 했다. 이날 그가 보인 행태는 '엽기적'이었다. 로마 집정관의 의상을 입었고, 한 간부는 나치처럼 그를 향해 '하일 시저'를 외쳤다는 소문이 돌았다. 일반인에게 혐오감을 주기에 충분했다.

그런 그가 죽음을 앞두고 고해성사를 했다. 1980년대 말 세상을 떠나면서 자신의 비리와 비리연루자를 털어 놓았던 것이다. 그와 관련된 인사들이 줄줄이 철창신세를 진 것은 물론이다. 팀스터즈 위원장으로 유력했던 론 캐리 역시 선거에 탈락하고 만다. 호파가 만들

어낸 유산은 부정적이었고 컸다.

이제 두 번째 의문이 든다. 미국의 모든 혹은 대부분의 노조가 그랬냐는 것이다. 그 답은 '아니다' 쪽으로 기울어진다.

대부분의 노조는 순수한 의미에서 노동운동을 펼쳤다. 가난한 노동자들이 단지 인간답게 살자는 취지에서 만들어졌고 또 그것을 위해 투쟁했다. 마피아나 다른 갱단과의 연계는 상상조차 하기 어려운 일이었다. 지도부의 청렴이 강력한 리더십의 원천이었음은 말할 필요조차 없을 것이다. 피복 노조의 시드니 힐먼, 광산 노조의 존 루이스, 자동차 노조의 월터 로이터 등 미국 노동계를 이끌어 왔던 힘은 전혀 다른 곳에 위치해 있는 것이다.

그래서 마지막 세 번째 의문이 인다. 누가, 왜 대중영화에서 그같은 부패 노조를 부각시켰느냐는 것이다. 이 질문에 답하기란 쉽지가 않다. 복잡하게 얽혀 있고 지극히 추상적인 논의를 요구한다. 하지만 카잔 감독과 그의 영화 '워터프론트'에서 일단의 답을 낼 수 있을 것 같다.

냉전기의 생존수단?

1950년대 중반은 메카시 상원의원의 '빨갱이 사냥'으로 유명한 때다. "국회 내부에도 빨갱이가 있다"고 주장하며 그는 미국 전역에서 공산주의자를 색출하고자 했다. '전국'이라는 말 안에는 '영화계'도 포함되어 있었다. 할리우드의 제작진과 배우들이 예외가 될 수 없었다. 처음에는 묵비권을 행사했지만 국가의 압력을 받은 대중매체들이 직접적인 위해를 가하자 일부가 몸을 사렸다. 블랙 리스트를 만

들고 일을 안주니 영화인들에게는 사느냐 죽느냐의 문제로 비화됐던 것이다.

〈워터프론트〉의 주요 멤버였던 카잔 감독과 시나리오 작가 슐버그도 의심을 샀다. 이들 모두 1930년대 공산당원으로 가입했던 전력이 있었기 때문이다. 이들은 살아남길 바랐고 그래서 다른 영화인들을 밀고하기 시작했다. 심지어 카잔 감독은 반공산주의자들의 견해를 대변하는 단체에 가입하기도 했다.

역사가들은, 〈워터프론트〉를 감독 및 시나리오 작가가 자신들의 입장을 정당화시키는 방편으로 활용한 것으로 추정한다. 또 이 영화가 여전히 남아 있을 당국의 의심을 없애는 방편으로 사용됐을 가능성도 배제하지 않는다. '노조＝공산당'이라는 이미지가 살아 있던 시절의 영화였던 셈이다. 노조를 '빨갱이'로 몰아가지는 못했지만 대신 갱단의 이미지를 부각시킨 것이었다면 지나친 생각일까?

그런데 1990년대 들어서도 여전히 제2, 제3의 '워터프론트'가 나오고 있다. 1998년 토니 스코트 감독이 만든 〈에너미 오브 스테이트〉를 보자. 여전히 노조와 마피아의 관계가 배경으로 깔리고 있다. 이들은 제목 그대로 '나라의 적'으로까지 여겨진다. 이건 뭘까? 매카시 선풍은 이미 50년 전에, 냉전도 15년 전에 끝나 버린 것인데 왜 여전히 '워터프론트'식 노동영화가 반복되는 것일까?

그 이유는 최소 세 가지로 해석된다.

첫째가 〈워터프론트〉가 남긴 유산이다. 〈워터프론트〉 이후 관객들은 노조와 마피아의 관계 설정에 익숙해졌다. '익숙하다'는 것은 곧 '상식'이 됐음을 의미한다. 자본가의 착취와 그에 대항하는 경건하고 정의로운 노조는 어딘가 상식에 어긋나 보인다. 헐리우드는 관객의

기호를 저버리지 않는다.

드라마적 이유도 들 수 있다. 마피아는 대공황기 이후로 헐리웃에서 즐겨찾는 소재다. 폭력, 섹스, 살인, 서스펜스 등 관객을 자극할 만한 요소를 두루 갖추고 있다. 실제 마피아 영화로 대박을 터뜨린 것도 많다. 전통적인 마피아 주제에 노조라는 새로운 요소를 추가한 이 전통적인 '메뉴'는 돈을 투자한 투자자들이나 이들에게 수익을 안겨줘야 하는 제작진들에게 일단은 '안정적'으로 보일 것이다. 그러나 이 두 가지 요인 모두가 역사와 문화의 결과로 봐야 한다. 미국은 건국 자체가 프로테스탄트 윤리에 기초했다. 개인주의 문화가 팽배해 있고 개인의 삶은 전적으로 개인의 잘잘못이라는 생각이 있다. 부자인 자본가도 개인의 노력 때문이고 못사는 노동자도 개인의 무지와 게으름 때문이라는 인식이다. 이런 역사와 문화가 있으니 '노조=악'이라는 과거의 '자본가 이데올로기'가 쉽게 전파되고 자리를 잡을 있었을 것이다.

■ 두 번째 단상

프롤레타리아 혁명을 보는 두 개의 눈
 : 〈10월〉과 〈레즈〉

이 같은 시각은 세계 최초의 프롤레타리아 혁명을 그린 영화에서도 드러난다. '세계를 뒤흔든 10일'. 미국 공산주의 운동의 신화적 존재 존 리드는 자신의 러시아혁명 관찰기에 이 같은 제목을 달았다. 1917년의 러시아혁명은 '10일 만에' 전격적으로 치러진 혁명으로,

러시아 뿐 아니라 '세계를 뒤흔들었다'는 의미다.

혁명의 주역 레닌은 이 책을 극찬했다. "혁명의 과정을 너무나 충실하게 서구에 전달했다"는 것이었다. 이후 이 제목은 그대로 러시아혁명을 지칭하는 말이 됐다. 책의 제목이었다는 사실을 모르는 독자들도 최소한 이 용어가 러시아혁명을 뜻한다는 것쯤은 알 수 있을 것이다.

인류 최초의 프롤레타리아 혁명, '빼앗긴 자들이여 빼앗은 자들의 것을 빼앗아라'라는 격렬한 구호, 하나로 뭉쳐 광장과 거리를 메운 노동자·농민의 행렬, 레닌과 트로츠키 등 목숨을 건 혁명가들…. 숱한 역사적 대사건들을 영화로 만든 대중영화계지만 이 정도로 좋은 역사적 '소재'를 찾기도 쉽지 않았을 것이다. 그러니 관련 영화도 많을 것으로 짐작할 수 있다. 하지만 실제는 그렇지 않다. 러시아혁명을 정면으로 다룬 것은 많지 않다. 그나마 세인에 알려진 것들은 기껏 서너 편에 불과하다. 냉전의 결과라는 말도 크게 틀리지는 않을 것이다.

미 보수주의와 타협한 〈레즈〉

1981년 12월 〈레즈〉가 개봉될 때 미국 영화계가 잔뜩 긴장했던 것도 이런 상황 탓이었을 것이다. 당시 미국과 소련의 냉전은 차가워질 대로 차가워진 상태였다. 두 해 전 소련이 아프가니스탄을 무단 침공한 결과였다.

이로써 냉전은 극으로 치닫고 만다. 1980년 모스크바 올림픽을 반쪽 대회로 치러졌고 4년 후 소련 역시 L.A. 올림픽에 참가를 거부함으로

써 보기 좋게 복수했다. 1981년이 어떤 때인지는 대충 알만 하다. 자칫 적국을 홍보할 내용이 들어 있을지도 몰랐지만 그렇다고 해서 사전 검열을 통해 가위질을 할 수도 없었다. 그저 지켜볼 수밖에 없었다.

그러나 막상 뚜껑을 여니 영화계 우려와 불안은 그저 기우(杞憂)였음이 드러났다. 선동과 충돌, 끓어오르는 혁명정신은 어디서고 찾아보기 어려웠다. 그 대신 유명인사들의 사랑과 삼각관계가 자리를 채웠다. 대중의 관심을 끌만 했다. 물론 혁명의 주역 레닌과 트로츠키가 등장한다. 하지만 그저 단역에 불과했다. 혁명가들이 있어야 할 자리를 리드와 브라이언트, 그리고 유진 오닐이 차지하고 있는 것이다.

〈레즈〉는 혁명의 열정도 다룬다. 미국을 대표하는 공산주의자 존 리드 역시 프롤레타리아 혁명을 꿈꾸며 짧은 생을 마감한 인물이다. 사회주의 혁명, 그리고 그에 대한 순수한 열정이 없다면 영화는 존재할 수 없었을 것이다.

그러나 그의 열정은 레닌이나 트로츠키의 그것과는 달랐다. 사상으로 무장된 이론, 철두철미한 계산과 냉정한 이성으로 수립된 실천계획, 정적을 제거하려는 권력욕…. 비티가 그린 리드의 '열정'에는 이런 것들이 없다. 혁명을 꿈꿨지만 혁명을 달성할 수 있는 혁명가의 자질을 그리지는 않았던 것이다.

이를 이해하려면 존 리드라는 개인의 특수성을 알 필요가 있다. 사실 그에게는 차가운 이성보다 뜨거운 감정이 더 중요했다. 그리고 그 감정은 '평등'보다는 '자유'를 더 갈망했다. 역사가들은 미국식의 극단적인 자유주의, 그러니까 미국식 보헤미어니즘이 그의 행위를 이끌었던 가장 중요한 동인이었던 것으로 해석한다.

미국의 역사학자 울프는 리드를 가리켜 "아메리칸 파이나 스토어

치즈만큼 미국적" 인물이라고 설명한다. 자유와 사랑만이 목숨을 걸 대상일 뿐 혁명은 그 대상이 될 수 없었던 것으로 생각될 수 있는 이유도 여기에 있다. 그가 서른 세 살이라는 젊은 나이로 요절하지 않았다면 분명 평등과 자유 중 하나를 택해야 했을 테고, 그럴 경우 그는 분명 '자유'를 선택하고 '한때의' 사회주의자로 남아 있었을 것이다. 비티가 주목한 것도 바로 이것이었다.

그러나 비티는 여기서 끝나지 않았다. 미국식 보헤미언주의를 넘어 미국식 보수주의와 타협하고 만다. 그리고 이곳에서 바로 '역사 왜곡'이 일어난다.

리드의 아내이자 혁명 동지 브라이언트는 자의식과 성취욕구가 누구 못지 않게 컸던 여인이었다. 남편의 성을 따라가기 싫어해 늘 '미스'로 불리기를 원했던 그였다. 그녀가 리드를 찾아 러시아로 떠난 이유 중에는 리드의 힘을 빌어 '큰 일'을 저지르고 싶었던 것도 있었다. 자서전에는 그렇게 써 있다.

그녀는 실제로 병상의 리드를 간호하면서도 틈틈이 취재에 열을 올렸고 결국 레닌을 인터뷰함으로써 다시 한번 유명인이 됐다. 이 같은 여인을 비티는 사랑에 눈이 멀고 사랑에 목숨을 건 한 '여인네'로 묘사하고 만다. 러시아 혁명을 보는 시각, 그를 위한 역사 왜곡이 이럴 수도 있구나 하는 생각이 든다.

영화에도 적용된 유물론적 변증법

〈레즈〉는 러시아 혁명을 그린 또 한 편의 영화 〈10월〉과 비교하면 그 특성이 두드러진다. 세르게이 에이젠슈타인의 1928년 작인

〈10월〉은 〈레즈〉와 공통점이 있기는 하다. 존 리드의 책 '세계를 뒤흔든 10일'이 주요 모티브를 이루고 있다는 점이다. '10월'은 상당 부분 이 책의 내용에 기초해 만들어졌으며 〈레즈〉는 아예 저자 존 리드를 주연으로 내세웠다. 직접적으로 혁명과는 아무 상관도 없는 존 리드라는 한 미국 언론인이 러시아혁명을 다룬 두 편의 영화의 중심축에 서 있는 셈이다. 하지만 시각은 딴판이다.

〈10월〉은 혁명의 과정을 있는 그대로 재현했다. 페트로그라드의 혼란스러운 거리, 혁명군에게 점령되기 직전의 텅 빈 겨울 궁전, 볼셰비키와 멘셰비키의 투쟁 등 모든 것을 10년 전 그때 그 모습으로 바꾸어 놓고 촬영에 들어갔다. 혁명이 있은 후 10년 가까이 지났다는 사실에 비춰보면 당의 철저한 지원이 있었음을 알게 해 주는 대목이다.

영화는 혁명의 인과연쇄도 잘 풀어나갔다. 2월 혁명과 그로 인한 임시정부-소비에트의 갈등, 레닌의 귀국, 볼셰비키와 멘셰비키의 갈등, 볼셰비키의 승리, 혁명의 성공. 2월 혁명 이후 8개월간의 상황이 숨 가쁘게 전개되고 있다.

사실, 에이젠슈타인의 영화세계는 혁명을 빼고는 거의 남는 것이 없다. 그가 몽타주 이론을 본격적으로 영화에 적용시킨 것은 1923년이었다. 다음 해 그는 자신의 이론을 실전에서 응용해 만든 '파업'을 내놓았고 이어 〈전함 포템킨〉(1926)과 〈10월〉〈낡은 것과 새로운 것〉(1929) 등 러시아혁명과 관련된 영화를 잇달아 만들어 냈다. 이들은 대부분 혁명 후 10여 년 사이 만들어 진 것들이다. 에이젠슈타인이 혁명의 옹호자요 동시에 혁명의 정당성을 세계만방에 알리는 전도사였다는 사실을 추정한다는 것은 그리 어려운 일이 아니다.

여기서 알 수 있는 또 한 가지 사실. 마르크스주의를 모르고서는 결코 에이젠슈타인을 이해할 수 없다는 것이다. 그러나 마르크스주의란 것이 또한 워낙 폭넓은 것이어서 에이젠슈타인을 알려면 마르크스를 알아야 한다는 말이 와 닿지 않는다.

그렇다면 광범위한 마르크스 사상 중 무엇을 먼저 알아야 하는가? 바로 변증법이다. 마르크스의 변증법의 핵심은 다음 다섯 가지다.

① 모든 실재는 전체 그리고 다른 실재와 능동적으로 상호 작용한다.
② 살아 있는 모든 것은 생성 중에 있다. 살아 있는 모든 것은 끝없이 변한다.
③ 물질의 운동과 생성은 새로움의 창시자이며, 미세한 양적 변화가 혁명적인 질적 변화를 일으킬 수 있다.
④ 실재는 내재적 모순을 포함한다.
⑤ 해결 불가능한 이율배반도 없고 움직일 수 없는 결정적 진리도 없다.

에이젠슈타인은 이 같은 변증법적 논리를 영화에 적용했다. 하나의 쇼트는 다른 쇼트들, 그리고 영화 전체의 맥락에서 봐야 하며 쇼트들은 서로 격렬하게 충돌한다. 그렇게 해서 쇼트들, 또는 하나의 시퀀스는 모순으로 가득 차 있는 듯 보이고 또 끊임없는 변화가 창출된다.

〈10월〉은 리얼리즘과 몽타쥬라는 사회주의 미학 이론이 그대로 반영된 영화로 평가받는다. 당시 영화인들은 이론에만 국한됐던 마

르크스의 예술이론을 이처럼 실제 영화 제작에 반영시킬 수 있다는 사실에 놀라워했다. 노동자·농민을 위한 영화는 노동자·농민을 위한 이론에 기초해야 한다는 주장이 현실로 드러난 것이었다. 하나의 사건을 그린 두 영화가 이렇게 다를 수도 있다.

■ 세 번째 단상

아동노동은 기피 대상 1호
: 〈올리버 트위스트〉 vs 〈댄스〉

노동영화를 보는 시각은 이처럼 다르다. 대충 유럽 대륙과 영미권을 나누면 될 것이다. '대충'이라는 말을 쓰는 이유는 '늘' 그렇지는 않다는 의미다. 일찌감치 사회주의가 발흥해 득세했던 유럽 대륙, 특히 북부지역이 노동에 친화적이라면 자유주의 세력이 득권한 영미권은 그다지 노동에 친화적이지가 않다. 물론 이런 식으로 구분할 수 없는 영화나 인물이 있음을 다시 한 번 강조해야겠지만….

애기가 나왔으니 노동에 대한 유럽 대륙과 영미문화권의 시각을 알려주는 또 하나의 사례를 보자. 사실 자본주의에 대한 비난은 주로 그것이 갖는 비인간성에 초점이 맞춰진다. 자본주의는 인간을 하나의 부품으로 만드는 분업, 인간을 극한적인 계산기로 만들어 버리는 합리성, 이윤 추구를 위해서라면 물불을 가리지 않는 야만성을 갖고 있다는 사실을 부인하기 어렵다.

유럽인들의 황금 사냥에 희생된 아메리카 원주민들, 사탕수수·담배·면화생산에 목숨을 걸어야 했던 아프리카 흑인 노예들, 유럽의

산업혁명으로 면직물 최대 생산국에서 최대 소비지로 전락해야 했던 인도, 국민건강을 보호한답시고 아편 밀수애 반발했다가 100년 이상 전쟁을 치러야 했던 중국…. 자본주의 발전을 위해 희생된 나라들, 희생된 사람들의 수는 헤아리기 어려울 정도다.

"공장노동은 아이들이 '최고'"

그러나 학자들은 뭐니뭐니 해도 초기 자본주의의 비인간성을 대표하는 사례로 아동노동을 꼽는데 주저하지 않는다. 아메리카 원주민이나 아프리카 흑인들, 그리고 아시아의 황인종들에 대해서는 그래도 할 말이 있다. 인류 역사상 이민족간의 싸움과 투쟁은 잠시도 쉰 적이 없었다며 나름대로 합리화시킬 수 있을 것이다. 하지만 본국의, 또 자기 민족의 아이들에게 했던 끔찍한 짓거리들은 아무리 생각해도 변명이 되지 않는다. 초기 자본주의를 제외하고는 인류 역사적으로도 유래를 찾아보기 어렵다.

산업혁명은 즉각 아이들을 공장으로 끌어들였다. 강자 중심의 사회, 약육강식의 사회였으니 가장 힘없고 약했던 빈곤층 아이들이 희생양이었다. 부모로부터 버림받은 아이들은 하루 8시간, 심지어는 하루 13시간씩 중노동에 시달려야 했다.

이들 연령층은 어림잡아 7~14세였지만 심한 경우 5살짜리도 공장에 나와 온갖 궂은일을 했다. 여기서 끝나면 그나마 다행이다. 온갖 체형에 물고문까지 가세해 목숨을 잃는 경우도 비일비재했다. 여자아이들이 성적 학대를 받았던 것은 물론이다. 가임기에 들어서자마자 임신 상태에서 버려진 아이들은 수를 셀 수 없을 정도였다.

인간은 고통스러운 역사를 돌이켜 보려 하지 않는 경향이 있다. 영화도 여기서 멀지 않다. '꿈의 공장'이라고 했던가. 영화는 관객에게 비현실과 꿈을 팔았다. 관객에게 즐거움과 기쁨과 감동을 준다는 명분도 좋았고 관객 역시 그것을 원했다. 숱한 역사영화가 있지만 산업혁명기 아동노동을 다룬 영화는 정말 드문 이유도 여기에 있을 것이다.

이런 점에서 아주 예외적인 영화가 있다. 영국의 대문호 찰스 디킨즈의 소설 『올리버 트위스트』를 화면으로 옮긴 영화 〈올리버 트위스트〉다. 여기에는 '들'이라는 복수형을 써야할 것이다. 1920년대 이후 10여 차례나 영화로 만들어졌으니 그 자체만으로도 분석 대상이다. 1922년 프랭크 로이드 감독이 만든 〈올리버 트위스트〉가 원조지만 데이비드 린 감독의 1948년 작 〈올리버 트위스트〉와 캐롤 리드 감독의 1968년 작 〈올리버!〉가 명작의 반열에 올라서 있다.

린 감독과 리드 감독의 영화를 비교해 보면 재미난 점을 발견하게 된다. 가장 먼저 떠오르는 것이 형식이다. 린 감독이 사실주의적 기법을 바탕으로 19세기 중반 산업혁명기의 더럽고 추악한 런던 뒷골목을 묘사하고 있는 반면 리드 감독은 뮤지컬로 포장해 당시 아동들이 겪었던 고통을 즐거움과 기쁨으로 표현하고 있다. 또 원작과의 관련성도 차이가 있다. 린 감독은 원작에 충실함으로써 오히려 "원작을 능가한다"는 평가를 받았던 반면 리드 감독은 "적절하게 각색함으로써 아쉬움을 남겼다"는 평가를 받았다.

그러나 원작을 포함해 이 두 작품에는 더 중요한 공통점이 있다. 당시 성행했던 아동 노동의 실상을 '폭로'하거나 '고발'하지는 않고 있다는 점이다. 실제로 영화에서 아동노동은 초반부에 잠깐 등장할

뿐이다. 영화의 배경에 불과하다는 얘기다.

영화 도입부에는 '고아 및 극빈 아동 보호소'라는 그럴듯한 간판을 단 아동 수용소가 등장한다. 이 안에는 제대로 먹지도 쉬지도 못하는 아이들이 있다. 하지만 이들이 초기 자본주의의 고통스러운 실상을 알려주기에는 미흡하다. 특히 리드 감독의 '올리버!'는 이 고통을 아예 노래와 춤으로 표현해 더욱 공감대를 형성하기 어렵다.

아동노동영화의 진수 〈단스〉

이 같은 영화계 분위기에서 벨기에의 스팅그 코닝스 감독이 1992년에 내놓은 영화 〈단스〉는 파격적이다. 이전에 제작됐던 〈올리버 트위스트〉들이 어느 정도 허구적인가를 바로 알 수가 있다. 국내에서는 개봉도 되지 않은 데에다, 그 흔한 국제영화제에서 큰 상 한 번 받아본 적이 없으니 대중은 고사하고 전문가들의 관심마저 끌지 못했던 영화다. 하지만 노동영화에 익숙하지 못한 관객들에게 그 진수를 맛보게 해준다. 국내 비디오로 출시됐으니 기회가 닿는 대로 꼭 한 번 보기를 권한다.

첫 장면부터가 충격적이다. 기껏 열 두세 살이나 됐을까. 아이를 가져 배가 불룩한 상태에서 멍하니 직조기 앞에 서있는 이 여자 아이 앞에 감독이 들이닥친다. 일을 하지 않는다는 죄목으로 벌금을 부과하고 그래도 아이가 움직일 기미를 보이지 않자 아예 공장에서 쫓아내고 만다. 넋을 잃고 아이는 하염없이 걷고 마침내 얼어 시체로 단스 신부 앞에 나타나고 만다. 영화에서 죽어 가는 어린아이들의 시체는 계속 늘어만 간다 19세기 후반 벨기에에서 있었던 '사실'

에 기초했다는 멘트가 더욱 충격을 줄 것이다.

어떤 위협에두 굳건하게 세계 최강의 자리를 지켜왔던 자본주이의 등장에는 이들 아동노동자들의 희생이 컸다. '비인간적'이라고 말하기는 했지만 객관적, 혹은 분석적 시각에서만 본다면 '필연'이라는 말이 나올 수도 있다. 숙련공을 정점으로 비숙련공들에 의해 종적으로 짜여진 수공업 체계를 자본주의는 단숨에 대공장 체계로 바꾸었기 때문이다.

초기 공장에서 면사와 면직물을 만드는 일은 너무나 단순했다. 숙련공이 필요 없었을 정도가 아니었다. 노동은 아예 10세 미만의 어린아이들도 할 수 있는, 단순한 것이 되고 말았다. 초기 면직물 공장을 둘러 본 엥겔스는 "민첩한 손놀림이 강한 힘보다 중요하고 성인 노동자는 필요하지 않을 뿐 아니라 실제로 부적절하다"고 평가했다.

성인 노동자들도 공장 노동을 거부했다. 수십 년 간 쌓아 올린 숙련도를 완전히 무시하고 인정해 주지 않으니 일할 맛이 나지 않았다. 임금도 비숙련공과 거의 차이가 없었다. 수공업은 이제 사라졌으니 당연히 이들에게는 할 일이 주어지지 않았다.

이들에게 남은 것은 술과 세상 한탄뿐이었다. 그러니 아동 노동은 아주 요긴하게 쓸 수 있었던 것이다. 또 자본주의 감독 체제에 익숙해진 이들은 이후 성인이 된 후 체제에 맞는 적합한 성인 노동자가 되어 체제를 이끌었다.

아동노동은 지나치게 비인간적이라는 비난과 함께 1920~30년대부터 줄기 시작했다. 이제 아주 없어진 것처럼 묘사된다. 하지만 아직 세계경제의 변방에는 아동노동이 살아 있다. UN은 그 수가 무려

400만에 이른다고 추산한다.

　NGO의 비판과 따가운 세계 여론에 기업들도 손을 들었다. 사회 책임경영을 하겠다는 기업들이 늘고 있다. 비록 후진국 노동자이지만 노동환경을 개선해 기업 이미지를 높여야 하는 상황이 된 것이다. 나이키는 아시아·아프리카 아이들에게 더 이상 일을 시키지 않겠다고 선언했다. 한편으로 자본주의는 점점 좋아지고 있는 것이다.

■ 네 번째 단상

유럽영화, 독립영화
: 네 편의 '광산영화'

　유럽 대륙에서 노동계에 대한 인식은 긍정적이다. 노동영화에 대한 인식도 마찬가지다. 미국은 그렇지 않다는 점은 앞서 지적한대로다. 하지만 그게 다가 아니다. 미국에도 엄연히 독립영화가 존재하기 때문이다. '영화'를 '산업'이라기보다는 진실을 파헤치는 '도구'로 보는 이들 독립영화인들은, 따라서 노동에 친화적이다. 이제 네 편의 광산영화를 통해 역사와 문화, 그리고 영화가 갖는 상호작용을 보자.

　언제나 그랬듯 육체 노동자들의 삶은 척박하다. 자본주의 초기 그것은 더 심했다. 늘 먹고 살 걱정을 해야 하니 생존 자체가 위태롭다. 불결하고 위험한 작업장, 언제 다가올지 모르는 해고의 칼, 다닥다닥 붙어 있는 토끼장 같은 집, 숨쉬기도 어려운 비좁은 방, 용돈을 더 달라고 떼쓰는 아이들, 생활비가 적다고 바가지를 긁는 마누라…. '육체 노동자'가 주는 이미지는 대충 이렇다.

광산… 노동의 상징?

그러나 광산 노동자에게 이 정도는 약과다. 이미지도 실생활도 거의 최악이다. 좁을 땅굴을 파고 지하 수 km까지 기어 들어가 희미한 불빛에 의존해 쉴 새 없이 땅을 파야 한다. 탄가루는 코와 입을 타고 폐 속에 축적된다. 진폐증. 얼굴이 석탄처럼 까맣게 타들어가고 호흡곤란으로 죽어가는 병이다.

그나마 이 병으로 죽는 것은 행복한 편에 속한다. 갱도가 무너지면 바로 생매장이다. 화재나 열차 사고도 언제 일어날 지 알 수 없다. 그래도 아들딸까지 이 '죽음의 동굴'로 들어가야 겨우 밥벌이가 된다. 언제 생명을 잃을지도 모른다는 불안감은 말 그대로 '악'과 '깡'으로 남는다.

노동영화들이 광산과 광부에 집착하는 이유도 여기에 있다. 한번 들고 일어나면 목숨을 건다. 한 번 불이 붙으면 좀체 꺼질 줄 모르는 활화산이 된다. 광부들의 파업이 두려운 것도 이 때문이다. 사회에 대한 증오와 회사에 대한 분노는 순식간에, 그리고 한꺼번에 폭발할 가능성을 갖고 있는 것이다. 삽과 곡괭이, 갱목은 곧장 무기로 돌변하고 탄광은 불꽃에 휩싸인다. 쌓여 있는 탄가루는 '흑설(黑雪)'이 되어 흩뿌린다. 힘과 힘이 충돌하고 기와 기가 부닥친다. 잘만 하면 노동영화로서는 백미의 화면을 만들 수 있다.

〈제르미널〉(1993, 끌로드 베리 감독)과 〈하얀 외침 검은 태양〉(1990, 에릭 바르비에 감독)은 여기에 가장 잘 맞는 영화다. 우직한 마외(제라르 드 빠르디유 분)와 지적이고 신경질적인 랑티에르(르노 분) 등 전혀 어울릴 것 같지 않은 두 명의 탄광 노동자들

은 '자본가'라는 공동 적에 대응해 힘을 터뜨린다. 남편과 자식들을 잃고도 살기 위해 젖먹이를 놓고 탄광으로 향한다.

〈하얀 외침…〉에서 이 힘은 상징적인 영상으로 전환된다. 왜곡되게 클로즈업된 피스톤은 광부들의 석탄 덩이와 어우러지는 땀방울과 어우러지고 분노가 더해질 때마다 피스톤의 움직임은 더욱 커진다. 붉은색 화면은 살기를 느끼게 해 준다. 〈제르미널〉의 다음 대사 한 토막은 노동자들의 끓는 피를 느끼게 해준다.

"임금인상은 꿈에 불과해. 노동자에게 가진 것이라고는 마른 빵과 애 낳을 권리뿐이지. 굶주림과 빈곤의 감옥에서 종신형을 받은 셈이야. 모두 없애버려야 해, 정말이지 모두 없애버려야 해!"

-〈제르미널〉

반면 존 세일즈 감독의 1987년 작 〈메이트원〉은 다르다. 차분하고 냉철한 시각으로 웨스트 버지니아의 한 광산촌의 비극을 조망한다. 왜곡된 영상도 특이한 화면구성도 없다. 그런데도 힘이 넘친다. 〈제르미널〉이나 〈하얀 외침…〉과는 전혀 다른, '리얼리티'의 힘, 그것이다.

〈메이투원〉은 말 그대로 독립영화다. 미국 영화계 주류에 편승하지도 않고 대중에게 어필하려고 하지도 않는다. 그러니 자금도 여력이 없다. 350만 달러라는 돈으로 이 정도 영화를 만들었다는 사실에 미국 독립영화계는 지금도 '신화'로 떠받들고 있다.

영화는 노사(勞使)·노정(勞政)·인종이라는 현대 사회의 근본적이고 복잡한 갈등을 충실하게 표현하고 있다. 역사가들은 철학과 역사관이 있는 영화를 늘 '역대 역사영화 베스트 5'로 꼽는데 주저하지 않는다. 다음 대사에서 노동의 철학과 이론을 읽을 수 있다.

"인간대접을 받고 싶은가? 정당한 대우를 받고 싶은가? 회사는 당신들을 인간이 아닌 도구로 여기고 있다. 그들은 당신들이 지쳐 쓰러질 때까지 이용하고 그 다음에는 새로운 노동자들로 대체할 것이다."

—〈메이트원〉

〈메이트원〉은 노동자들이 총을 쏘며 저항하다 희생당하는 것으로 끝을 맺는다. 역사가들은 이 마지막 장면을 가리켜 "미국의 비극을 그대로 재현했다"고 말한다. 그럼에도? 그래서? 어쨌거나 이 장면은 미국에서조차 비디오 출시 때 삭제되고 말았다.

노동영화의 최고봉 '세상의 소금'

그러나 '리얼리티'에 의한 '힘'이라면 이 영화 역시 허버트 비버만 감독의 1954년 작 〈세상의 소금〉을 넘지 못한다. 1940년대 이탈리안 네오-리얼리즘의 영향을 강하게 받은 것으로 노동영화로서는 거의 '정점'에 서 있다고 해도 큰 무리가 없을 것이다.

이 역시 1950년대 뉴멕시코주의 광산 도시 실버시티가 배경이다. 외국인도 내국인도 아닌 멕시코인들의 비인간적인 삶과 인간답게 살기 위한 투쟁이 주제다. 〈제르미널〉이나 〈하얀 외침……〉에서는 항의하는 노동자들에 대해 광산주들은 "정 그러면 폴란드 노동자를 부르겠다"고 위협한다. 이곳에서는 '폴란드 노동자' 대신 '미국인'이 등장한다. 멕시코인들을 미국인으로 간주하지 않는다는 내용이다.

회사에서 만든 '컴퍼니 타운'은 엉망이다. 온수가 나오지 않는 것은 물론이고 상하수도 시설도 제대로 작동하지 않는다. 광부들은 인종차별 금지와 임금인상, 작업장 개선을 위해 투쟁하지만 주부들은

그게 아니다. 그보다 상하수도 시설이 우선이다.

바로 이 대목에서 〈세상의 소금〉은 페미니즘과 만난다. 광부들의 파업이 법적 제재를 받자 대신 시위를 벌이는 주부들의 모습이 끔찍하다. 할 일이 없어진 남편들은 집안에서 일하며 주부들의 고통을 새삼 알게 되고…. 페미니스트라면 꼭 한 번 봐야 할 영화로 40여 년이 지난 지금도 전혀 옛날 얘기 같지 않다.

한 마디 더. 영화의 제작진에 눈을 돌릴 필요가 있다. 비버만 감독은 물론이요, 각색자 마이클 윌슨, 제작자 폴 제리코 등은 1950년대 할리우드의 내로라 하는 '반골'들이다. 1950년을 전후해 미국 영화계를 강타했던 매카시 선풍에 반발한 사람들로 너무나 잘 알려져 있다. 사실, 1950년대 미국은 '빨갱이 때려잡기'에 혈안이 되어 있었다.

특히 한국전쟁으로 반공(反共) 이데올로기가 더욱 필요해지자 할리우드는 주요 타깃이 됐다. 영화는 이데올로기 전파의 메신저 기능을 담당하고 있었기 때문이다. 의회반미활동위원회(HUAC)가 가장 주목했던 사람 중 하나가 시나리오 작가이자 할리우드 조합 및 조직 협회의 지도자 존 하워드 로슨이었다. 하지만 그와 함께 소환됐던 9명의 참고인들은 모두 답변을 거부했다.

영화사가들은 이들을 가리켜 '할리우드의 10인'이라고 부른다. '할리우드를 지킨 양심적인 영화인 10인' 정도로 해석하면 될 것이다. 이들이 만든 영화가 〈세상의 소금〉이다. 미국판 비디오 재킷에는 그래서 '미국 영화사에 유일하게 블랙리스트에 올랐던 영화'라는 표어가 훈장처럼 달려 있다.

주류의 '광산영화' … "가족이 최고"

아주 색다른 광산영화 한 편도 우리의 눈길을 끈다. 존 포드 감독의 1941년 작 〈나의 계곡은 얼마나 푸르렀나〉이다. 그해 아카데미상 10개 부문에 노미네이트됐고 5개 부문을 석권해 아직도 '명품'의 반열에 놓여 있다. 특히 세트 분야에서는 교과서에 빠지지 않는 단골 손님이다.

한 해 전 〈분노의 포도〉로 감독상을 수상했던 존 포드 감독은 이 영화로도 감독상을 수상함으로써 2년 연속 수상자로 이름을 날렸다. "완벽한 영화적 내러티브를 달성했다"며 개봉 당시 극찬을 받기도 했다. 특히 관객의 심금을 울리는 마지막 대사는 세간의 화제에 오르기까지 했다.

> "나의 아버지 같은 사람들은 죽을 수가 없다. 그들은 아직 나와 함께 있다. 내 기억 속에는 그들의 육신마저 실제로 존재한다. 영원히 사랑하고 사랑 받는 존재로서…. 아, 그 시절 나의 계곡은 얼마나 푸르렀던가."
> ─〈나의 계곡은 얼마나 푸르렀나〉

당시 많은 평론가들은 영국 웨일즈의 한 광산촌의 가족 비극사를 다룬 이 영화를 보고 절망을 견뎌내는 힘과 좌절을 극복하는 용기가 곳곳에 숨어 있다며 높은 점수를 줬다. 제작 책임자였던 20세기 폭스사 자눅 사장 역시 고난과 슬픔에 접한 광부들이 가족 서로에 대한 신뢰를 바탕으로 함께 뭉치고 꿋꿋이 다시 일어나는 이야기에 감동 받았다고 말했다. '가부장을 중심으로 용기를 잃지 않는 가족'에 카메라 앵글이 맞춰졌음을 시사한다.

"영화가 이데올로기로 착색됐다"는 의심을 산 것은 바로 이 대목이다. 시나리오 작가를 갈아 치웠다는 것이 특히 문제였다. 최초의 작가 어네스트 파스칼은 이 영화를 노사갈등을 중심으로 한 노동문제를 집중적으로 파헤치려 했던 것으로 알려져 있다.

그러나 자눅 사장은 파스칼과 그에게 호의적이었던 감독 윌리엄 웰만까지 해고시켰다. 그리고 난 휘 그가 찾았던 사람이 바로 존 포드였다. 한 해 전 아카데미 감독상을 수상했으니 능력이야 더할 나위가 없었고 여기에 사회문제를 가족문제로 탈바꿈시킬 수 있는 탁월한 능력의 소유자로 여겨졌다. 비록 진보성향의 평론가들에게 보수주의자에 대중주의자라는 비판에 직면하기는 했지만….

이 같은 비판에는 나름대로 상황논리가 있다. 1941년이면 미국이 아직 대공황기를 벗어나지 못했던 때다. 전쟁에 빠진 유럽이 한 시대를 끝낸 것도 2년이 지났지만 미국은 1929년부터 시작된 대공황의 늪을 빠져 나오지 못하고 있었다. 무려 12년 동안 계속된 경제난이었다. '뉴딜이 성공했다'는 것은 그저 신화였다. 사회 지도층들은 경제정책에 실패한 대신 계속적으로 "용기를 잃지 말자"고 강조했고 그들은 이 말이 대중에게 먹혀 들어가기를 기대했다.

〈나의 계곡은 얼마나 푸르렀나〉는 "가족을 중심으로 굳게 일어서자"는 빛 바랜 슬로건을 충족시키는 것으로 보였다. 사회 리더들의 취향이었다. 그해 〈시민 케인〉이 이 영화의 뒷전에 밀렸다는 점도 오해를 불러일으키는 또 다른 요소로 작용했다는 사실도 참고할 만 하다.

■ 다섯 번 째 단상

"사회주의에서도 노동은 왜곡된다"
: 폴란드의 비극과 함께 살았던 안제이 바이다

자본주의는 노동계의 힘을 애써 외면한다. 왜? 체제에 대항하는 것으로 여겨지기 때문이다. 자본이 힘을 발휘하는 영화계도 마찬가지다. 애써 노동 문제를 외면한다. 인간적인 측면을 강조하거나 부패상을 부각시키거나 아니면 아예 다루지를 않으려 한다. 사회주의 색채가 있는 유럽 대륙이나 독립영화 계열은 물론 예외다.

그렇다면 사회주의 국가에서는 어떨까? 노동자·농민을 최우선으로 생각하는, 프롤레타리아를 위한 나라들이니 노동은 왜곡되지 않고 실체를 드러낼까? 답은 '그렇지 않다'이다. 노동을 사회주의 체제 수호에 쓰기 위해 왜곡하는 것이다. 체제를 전복시키려는 의도가 있다면 철저하게 노동을 탄압한다. 자본주의든 사회주의든 국가는 체제를 지키기 위해 전력을 다 하는 것이다.

이 대목에서 한 가지 짚고 넘어갈 것이 있다. 역사와 역사영화의 관계다. 앞서 얘기했듯 이 둘의 관계는 매우 복잡하다. 역사를 다루니 나름대로의 역사 해석이 없을 수 없고, 역사 해석은 시대를 반영하니 시간이 지남에 따라 새로운 해석이 요구된다.

여기에 만일 역사의 한가운데 서서 그 변동을 이끌어간 영화가 있다면 또 다른 의미가 부여돼야 마땅하다. 바로 역사변동의 '주체'로서의 영화다. 영화의 대중적 영향력을 감안한다면 역사 변동의 엄청난 힘을 발휘할 수 있을 것이다.

제작 당시의 시대상을 반영한 역사영화, 그리고 당대의 역사를 움직이는 힘을 발휘한 영화. 이 정도면 영화는 '돈벌이'를 원하는 현대 산업적 측면을 넘어선다. 감독은 세계적 명성을 얻을 것이요, 역사가들은 오랜 시간과 노력을 투자해 영화에 대한 다양한 해석을 내놓아야 할 것이다. 때로는 격렬한 논쟁이 수반되어야 할지도 모른다. 이 정도 되면 돈도 꽤 벌 수 있을 것이다.

격변의 역사, 폴란드

이쪽 분야에서 안제이 바이다 감독은 '세계 최고'라는 수식어가 전혀 어색하지 않다. 1927년생인 그는 제2차 세계대전과 폴란드의 공산화, 전체주의로 일관한 공산주의 정권과 민중의 빈곤 등 역사의 격변을 두루 체험했다. 1950년대 이후 시작된 그의 영화인으로서의 삶에 이 같은 역사의식이 농축됐음은 물론이다. 〈세대〉(1955), 〈지하수도〉(1957), 〈재와 다이아몬드〉(1958) 등 초기에 제작된 영화들이 '전쟁 3부작'이라는 점도 이를 반영한다. 게다가 가장 널리 알려진 그의 영화 〈당통〉(1982)은 폴란드 현대사를 빗대 프랑스혁명을 그렸다 해서 논란과 화제를 일으키기도 했다.

그를 논하기 전에 잠깐 폴란드 역사에 대해 살펴 보자. 제2차 세계대전의 종식이 폴란드에 통일을 가져다준 것은 사실이다. 하지만 그것이 '모두'가 아니었다. 더 큰 불행이 기다리고 있었으니 바로 뒤늦게 전쟁에 참가해 승전국의 대열에 '무임승차'했던 소련의 압제가 그것이었다. 이후 폴란드는 말 그대로 소련의 위성국 신세로 전락했다. 스탈린 시대는 특히 끔찍했다. 테러, 협박, 감시, 처벌… 스탈린

이 사망한 1953년 민중에게 남은 것은 정부에 대한 극심한 불신과 경제적 빈곤뿐이었다.

폴란드의 1960~80년대는 극단적으로 말해 이 스탈린식 전체주의가 남긴 가혹한 유산이었다. 빈곤과 삶에 지친 노동자의 봉기, 정권교체, 소련의 개입 등 '자유'와 '풍요'를 위한 폴란드 노동자의 투쟁은 끊이지를 않았다. 하지만 아직 그 뜻이 이뤄지기는 어려웠고 대신 역사는 왜곡된 길을 따라 흘러갔다.

그러니 역사는 굴절될 수밖에 없었다. 1968년, 1970년, 1976년, 그리고 1980년. 10여 년 사이 폴란드를 획기적으로 변화시킨 대사건만 모두 네 차례다. 노동자들의 대규모 파업에 뒤를 이어 민중들의 대정부 항쟁이 뒤를 이었다. 정부와 소련에 대한 '승리'는 전 국민의 염원이었을 것이다.

바이다 감독은 변동의 한 가운데 섰다. 폴란드 역사의 비극적 상황을 그려내며 운동의 방향을 제시했다. 카메라는 공산주의 정권의 허구성과 기만을 집요하게 물고 늘어졌고 민중의 봉기를 자극했다. 민중들이 착취당하는 것은 사회주의 사회도 마찬가지라는 메시지를 전한다. "지배층이여 물러나라" "지배층은 더 이상 민중을 착취하지 말라"는 민중들의 구호를 관객에게 그대로 전달하고 있다. 무자비하게 느껴질 정도로 직선적이다.

바이다 감독의 이름을 세계에 널리 알린 〈대리석의 사나이〉(1977)와 〈철의 사나이〉(1981)가 대표적이다. 〈대리석의 사나이〉가 설정한 주요 타깃은 공산주의 정권의 '기만성'이다. 상징도 은유도 아닌 직설화법이어서 파괴력은 한층 커 보인다.

그가 공산주의 정권의 껍데기를 벗겨 내기 위해 매달렸던 것은

'스타하노바이트' 즉 노동자 영웅이다. 소련의 스타하노프에서 이름을 딴 스타하노바이트란 공산주의의 이상향을 건설하기 위해 헌신적으로 일했던 노동자들에게 부여했던 영웅 칭호다. 정부는 이들을 우상화시키며 다른 많은 노동자들에게 더 열심히 일할 것을 요구했다. 노동자 지배의 사회, 계급 없는 사회에서 개발해낸 새로운 노동자 착취 법이었다.

8시간 동안 3만개 벽돌 쌓아 "영웅"

〈대리석의 사나이〉는 폴란드의 스타하노바이트였던 벽돌공 마체우스 비르쿠테의 삶을 다뤘다. 삶을 '다뤘다'기 보다는 '파헤쳤다'거나 '베일을 벗겼다'는 편이 더 어울릴 것이다. 비르쿠테는 무려 8시간 동안 쉬지 않고 3만개의 벽돌을 쌓아 '영웅'의 칭호를 얻었다. 그가 벽돌 쌓는 장면은 기록영화로 만들어졌고 전국 곳곳에 배포됐다. 물론 우상화 정책 덕이다. 그는 졸지에 유명인사가 돼 버렸다. 그러다 어느 날 갑자기 사라졌다. 세인의 기억도 희미해졌음은 물론이다.

비르쿠테는 언제, 왜, 그리고 어떻게 사라진 것일까? 바이다 감독은 1970년대 후반의 어느 날 아그니스카 헐리비츠라는 29세의 영화학도를 통해 답을 찾고 있다.

졸업 작품으로 비르쿠테의 일대기를 필름에 담으려고 그를 추적했던 아그니스카는 비르쿠테의 아들 톰지크를 만난 후에야 그의 실체를 찾아 낼 수 있었다. 그는 '영웅'의 자리를 내던지고 노동자 투쟁에 선봉에 섰던 것이다. 스타하노바이트로서의 그의 삶은 결국 흐지부지 막을 내리고 세상 어디에서고 그의 흔적을 찾기 어려워진

것이다. 한때 모든 사람의 관람이 권장됐던 그의 대리석 동상은 박물관 창고 한 구석에서 먼지를 뒤집어쓰고 있었다. 공산주의 정권의 허구성은 이래서 송두리째 관객의 눈앞에 드러나고 만다.

이 영화가 1976년 6월 폴란드의 국민항쟁 때 제작됐다는 점은 시사하는 것이 많다. 그해 6월 24일 당국은 가격인상 정책을 발표했고 국민 모두는 하나가 되어 거리로 쏟아져 나왔다. 물자는 없는데 물건값만 올리겠다니 당연했다. 국민은 아랑곳하지 않고 정부와 기업 등 지배층을 위한 정책이 아닐 수 없었다. 국민의 분노가 폭발하자 정부는 일단 수그러들었다. 물가 인상안을 폐기한다고 발표한 것이다. 그러나 이 역시 거짓임이 드러났다. 발표 직후부터 반정부 인사에 대한 대대적인 탄압이 개시됐던 것이다.

이 상황에서도 바이다 감독은 영화를 찍었다. 목숨을 건 행위였다. 그러니 영화가 제대로 나올 리 없었다. 후일담이지만 바이다 감독은 당시 상황을 회고하며 "원했던 영화가 아니었다"고 말했다. 특히 마지막 장면이 문제였다. 톰지크와 아그니스카가 비르쿠테의 무덤을 찾기 위해 공동묘지로 간 마지막 장면은 삭제됐다는 것이다. 감독은 1970년 그다니스크의 유혈봉기에서 비르쿠테가 살해됐음을 암시하려 했고 정부도 이를 눈치챘기 때문이다.

그러나 바이다 감독은 물러서지 않았다. 꼭 4년 후인 1981년 개봉된 후속작 '철의 사나이'에 이 장면을 삽입시켰다. 영화의 무대는 다시 파업 장소였다. 80년 폴란드 전역을 다시 한 번 혼란의 도가니로 몰아넣었던 그다니스크의 레닌조선소 파업을 직접적으로 다루고 있다.

이 영화는 파업 당시의 상황을, 마치 기록영화처럼 화면에 담았다. 전작 〈대리석의 사나이〉에 출연했던 출연진들도 모두 들어 있

다. 톰지크와 아그니스카가 결혼했다는 점만이 다르다. 톰지크는 어느새 노동자의 지도자가 됐고 레닌조선소 파업을 지도하고 있다. 당국은 방송국 기자를 시켜 톰지크의 비리를 파헤치라고 주문하고….

〈철의 사나이〉가 제작됐던 80년의 폴란드 상황도 주목할 필요가 있다. 70년대 파국으로 나아갔던 폴란드 경제는 80년에 들어서면 이미 파탄난 상태다. 생필품이 절대적으로 부족했지만 정부는 오히려 생필품 구입을 위한 정부 보조금을 삭감하고 물가 인상 쪽으로 정책의 가닥을 잡고 있었다. 국민의 불만이 고조되는 가운데 레닌조선소가 전국적인 파업의 불길을 당겼다.

바이다 감독은 이 역사 변동의 한 가운데로 카메라를 메고 들어섰고 결국 군사 쿠데타로 정권을 잡은 야루젤스키에 의해 추방되고 만다. 그 해 칸 영화제 대상을 받는 등 세계적 명성을 얻었지만 그는 순탄치 않은 망명의 길에 올라서야 했다.

일본의 3人 거장, 그 현대 영화적 유산

- 미조구치 · 오즈 · 구로사와가
세계영화사에 남긴 것

곽영진(영화평론가)

1. 일본 그리고 일본영화의 저력

일본은 독일처럼 비록 후발 자본주의국가들 중 하나였지만, 근대화 이래 세계경제사에 있어 자본주의의 중심에서 벗어난 적이 없는 나라다. 세계영화사에 있어서는 후발이 아니었을 뿐더러[1], 기술적으로나 미학적으로 그리고 산업적으로 한 번도 변방에 있어본 적이 없다. 변방이나 바깥이 아닌 중심에 있다는 말은, 영화사에서 독자적인 자기 영토와 정체성을 지녀왔다는 것을 의미한다. 이는 일본이 미·영·불·이탈리아 등 영화 선진국들과 함께 세계영화사에서 아주 중요한 위치를 지녀왔음을 뜻하는 것이기도 하다. '중심에 있다'는 말은 중심권의 일각을 이룬다는 말로서 영화상품의 국제시장 지배력, 곧 패권적인 의미의 주류와는 완전히 다른 개념이다. 알다시피 세계영화의 주류는 단 하나, 미국＝할리우드 영화만이 존재해 왔으며 일본을 포함한 어떤 나라도 주류에 속해본 적이 없다.

---

1) 영화탄생 4년째인 1899년 단편드라마 9편으로 출발했다.

80년대 초 후기자본주의의 초강국으로 부상하며 경제적으로 미국을 위협하던 '떠오르는 태양' 일본은, 90년대 들어 10여년의 장기불황의 터널을 지나야 했으며 2-3년 전 그 늪에서 헤어 나오기 시작했고 예의 국가경쟁력도 많이 하락했다. 그러나 누구도 일본의 경제토대와 기초과학·원천기술의 파워를 경시할 수는 없다. 그러나 일본의 영화와 그 산업은, 문화·기술·시장적 잠재력 및 인프라 등 측면들을 보아 그리 쉽게 쇠퇴를 점칠 순 없어도[2], 오리지널시나리오 등 콘텐츠 부분의 크나 큰 위축을 포함하여 전반적인 침체 국면을 맞이했다고 볼 근거들이 나타났다.

20세기 영화백년사의 일본은, 영화의 미학적 전통에 있어서 뚜렷한 쇠퇴나 버블(거품)이란 있어본 적이 없었다. 하지만 세기 말, 세기 초 들어서 중견들의 징후가 이상하다. 일찍이 오시마 나기사와 이마무라 쇼헤이 이후 차세대 리더로 지목되던 기타노 다케시와 구로사와 기요시가 크게 위축되거나 너무 상업화되는 등…. 그리고 신예들은 에너지가 약하다. 다소 지리멸렬해 보이는 영화미학상의 이 큰 문제는 세계영화제에서의 성적 부진보다 일본 내 급변하는 관객취향, 침체하는 영화산업과 관련이 깊어 좀더 심각해 보인다. 그리고 지금, 세계의 영화 감독과 후학들에게 일본 고전영화의 황금기를 추억하고 그 유산에 대해 되새기게 한다.

---

2) 일본은 수입 쿼터가 있는 인도와 중국을 제외한다면 한국, 프랑스와 함께 아직 자국영화의 시장점유율이 25% 내외 유지되는 지구촌 3개국의 하나이다(스크린쿼터 대폭축소 전후, 한국의 점유율은 50% 정도이다). 또, 일본에서 애니메이션만큼은 국가 기간산업의 하나로까지 분류되는 고부가가치의 수출효자산업이다.

2. 거장의 작품들, 그 국내공급 실태
- 흥행, 절판, 저작권, 오역 문제의 심각성

흔히 1950년대 일본영화의 황금기를 대표하는 세계적인 거장으로 미조구치 겐지(1899~1956)와 오즈 야스지로(1903~63), 그리고 후배인 구로사와 아키라(1910~98) 3인의 감독을 지목한다. 이들은 일본 현대영화의 '아버지'들이다. 할아버지가 아닌 의미에서의 아버지들이란 뜻. 그런 한편으로 서양의 코폴라, 루카스, 스필버그, 벤더스 등은 구로사와의 '제자'임을 자처한다.

미조구치 등 3인 거장은 대중적으로 아직 많이 낯선 감이 있지만 그나마 국내 영화 팬들(非매니아급)에게 가장 잘 알려진 사람은 8년 전 타계한 구로사와이다. 거기에는, 구로사와가 명망성·대중성의 우위를 점한다는 측면과 함께, 영화제가 아닌 일반 극장에서 정식 소개된 영화가 그의 작품뿐이며 비디오로 정식 출시·소개되기 시작한 것도 그의 작품들이었다는 이유가 한 가지 있다. 걸작 시대극 〈카게무샤〉의 유일한 극장개봉 및 VHS출시 그리고 〈데루스 우잘라〉의 첫 DVD출시가 그 예이다.

그 후로 구로사와의 최고 걸작으로 손꼽히는 〈라쇼몽〉, 〈7인의 사무라이〉, 〈란〉 등 그리고 다른 두 감독의 대표작인 〈오하루의 일생〉, 〈동경이야기〉 등 다수의 작품들도 그 DVD 출시가 봇물을 이루었다.[3]

---

3) 이들 3인과 다른 이들의 수많은 미출시 원작들이라 하더라도, 이젠 국내외 여러 온·오프 라인 경로를 통해 비디오를 거의 '무제한적으로' 구해볼 수 있을 것이다. 문제는 속출하는 절판·단종과 오류투성이의 번역이다. 비디오 또는 비디오물이란, VHS뿐 아니라 DVD도 포함하는 것인데 통상 전자를 지칭하는 경우가 많다.

일본영화 개봉 2호이며 폭스사 판권·배급으로 국내 10년씩이나 지각개봉한 〈카게무샤〉는, 그 흥행 참패로 인해 3인 거장의 작품으로서는 유일무이한 극장개봉작이 되어버렸다. 참으로 안 좋은 선례이자 기준자가 된 것이다. 그리고 이들 작품의 DVD 저가공급 러시에도 불구, 판매는 매우 부진한 편이어서 덤핑을 거쳐 품절·단종의 운명을 맞는 경우가 속출하고 있다.

이들 작품의 DVD가 대부분 개별정가 9900원의 저가 보급품으로, 또한 수종의 박스전집을 포함하여 이렇게 무더기 러시를 이루는 것엔 저작권 문제가 있다. 한국의 국제저작권협약 가입 30년 전인 1957년 이전의 비디오 저작권은 '퍼블릭 도메인'이란 규정에 따라 판권료 없이 자유롭게 출시할 수 있는 것이다. 주로 영세업체들이 틈새시장 종목군으로 손을 대왔는데 결국 해외 출시된 DVD 등의 S/W를 무단 복제하게 된다. 디지베타 등 원본에 비해 광디스크(사본)의 복제일 경우 화질의 상대적 저하는 10~20%에 '불과'하다.

그렇지만 싸구료 번역은 정말 큰 문제이다. 필자는 일찍이 십수 년 전부터 영문자막 비디오나 영화제 필름으로 이들 작품의 다수를 봐왔기 때문에 새로 출시된 DVD들을 다수 감상할 필요와 시간이 없는 터라, 그것들의 번역 상태를 일일이 체크하지는 못했다. 그러나 직접 확인한 목불인견의 것들이나 주변에 모니터링한 몇몇 사례는 매우 충격적이다. 일본 영화임에도 해외출시 판본의 영문번역을 국역한 경우가 대부부인데, 더러는 오즈의 〈부초〉〈태어나기는 했지만〉과 미조구치의 〈산쇼다유〉〈오유우님〉 등처럼 '중학생 수준'의 영어실력에 의한 오역이 드러난다. 〈부초〉는 영문 자막이 있어 그나마 대체성이 있지만 다른 타이틀은 몇 번을 다시 보면서 의자현(意自現)이 되도록 해

야 할 판이다. 〈무사시노 부인 武藏野夫人〉은 무사시노가 동경 외곽 지역명인데 제목부터 오역을 하여 〈무사시노의 부인〉도 아닌 〈무시시의 부인〉으로 나왔다. 한편, 미조구치 타이틀의 거의 모든 자켓에는 수치의 오기 등 사실 오인 부분도 여럿 발견된다.

이러한 오역 문제들은 영등위 심의 시, 등급 기준이 작품의 내용 이해정도와 직결되며 여기에 번역이 중요 요소임에도 불구하고, 심의위원들이 평소의 고속탐색 등 방식으로 심각한 오역 상태를 걸러내지 않는 것에 크게 기인한다. '심의물 불량' 판정과 같은 제도적 방지책을 살리지 않거나 아예 포기해야 하는, 영등위 비디오소위원회의 심의물량 폭주 등 기존 '직무유기성' 체제 및 관행은 시급히 개선돼야 할 것이다.

3. 거장의 영화세계와 주요작품들
- 미조구치를 중심으로

일본영화는 1898년 이래 '초창기'를 거쳐 1920년대 중반에서 50년대 후반에 이르는 '고전기'를 맞이한다. 미조구치(1898~1956)와 오즈(1903~63)는 각기 이 초창기(형성기) 말엽인 1923년과 고전기 초입인 1927년에, 구로사와(1910~98)는 고전기 중후반의 1943년에 감독으로 데뷔했다. 각기 25, 24, 33세 때 〈사랑의 부활〉, 〈참회의 칼〉, 〈스가타 산시로〉를 통해서다. 두 선배는 전통문화의 후퇴 등 일본 대중문화의 지형을 저변에서부터 확 바꿔놓은 관동대지진의 발발(1923.9.1), 그 직전 및 이후 활동을 전개해 갔고 한 후배는 국가검열시기인 전쟁 중에 메가폰을 들었다. 변사와 오야마(女形), 신

파와 가부키 풍의 배제를 그리고 연출 및 카메라 미학의 극영화를 주창하던 영화혁신운동(1917~)은 관동대지진 이후 본격 구현되기 시작했다.

3인은 각기 〈수치의 거리〉(56), 〈추일화〉(62), 〈마다다요〉(93)가 유작이다. 구로사와는 두 명의 대선배보다 30세 안팎 더 살았고 각 20년, 16년 늦게 데뷔하였으되 창작 기간은 30년 이상 더 길었다. 3인이 '영화밥'을 같이 먹은 시기는 1943~56년, 즉 고전기 중 13년에 불과하다. 나이 차이는 10년 안팎으로 크지 않았지만 영화적 세대차이는 근 20년이었다.[4]

1950년대는 일본영화가 미학과 흥행 상의 황금기를 구가한 시기이다. 또한 고전적 사실주의가 완성되면서 모더니티의 개척이 이루어진 영화근대화 기간이었다. 즉, 연속편집과 기승전결·시공간·인과율 등 문법과 서사·구문론에서 기본적으로 미국적이면서도 산수화·병풍·다다미 식 공간·카메라 연출과 시문학적 리듬 창출 등 양식과 스타일에서는 매우 일본적인 고전적 사실주의가 완성되었다. 이와 함께, 〈주정뱅이 천사〉〈수치의 거리〉 등 네오리얼리즘적 요소가 부분 흡수되면서도 이 사조와는 전혀 달리 시각적 정교함과 회화적 격조가 한층 성숙된 모더니티가 추구되었다. 물론 오시마 나기사 이전의 비전복적, 비혁명적인 모더니티였다.

고전기 후반(구로사와가 데뷔한 1943년과 미조구치가 타계한 56

---

4) 구로사와는 12년 연상의 미조구치보다 42년, 7년 연상의 오즈보다 35년 뒤에 사망했는데 58세에 타계한 미조구치보다는 31년, 60세에 사망한 오즈보다는 28년을 더 장수했다. 두 명의 대선배와 작품활동이 겹치는 기간은, 역시 계산이 나오지만, 13년과 19년이며 그들보다 37년과 31년 더 길게 '작업'을 했다. 3인의 공통적인 활약시기는 황금기 7년을 포함한 1943~56년의, 고전기 중 13년이다.

년 사이)에, 일본영화의 '3두마차'로서 대표되는 3인의 거장은 한 시대를 함께 주름잡았다. 일찍이 20년대부터 미조구치, 오즈가 교류해온 기누가사 데이노스케, 나루세 미키오 감독 등과 함께 그리고 40년대 이후로는 기노시타 게이스케, 이치가와 곤 감독 등과 함께 한 시대를 풍미하였다.5)

이들 3인의 작품세계, 그 주된 관심은 영화의 전체적인 분위기와 풍취에 있으며 그 철학은 후기에 들어 동양적·불교적 무(無)의 세계로 귀착되는 '일본영화적인 공통점'을 보여준다6). 세 감독은 공히 존 포드의 영화를 좋아했는데 구로사와는 그 선 굵은 영웅적 서사(敍事)와 액션 터치로부터, 오즈는 그 자연스러운 리얼리티로부터 영향을 받았다. 그런 한편, 구로사와는 다른 두 선배에 비해 동적이고 빠른 속도의 영화를, 반면 미조구치는 영화사상 전례 없이 긴 커트(테이크)의 속도 느린 영화를 만들었다. 오즈는 다른 두 사람(특히 미조구치)의 감성적, 극적, 탐미적 사실주의 경향과는 달리 일관되게 간결하고 투박한 단순미로 '초월적' 영상의 경지를 이루었다.

---

5) 오야마(여장 남성배우) 출신의 기누가사는 20년대의 드문 걸작 〈미친한 페이지〉(26)와 칸느 황금종려상을 받은 〈지옥문〉(54)이, 나루세는 〈메시〉(51)와 걸작 〈부운〉(55)이 그리고 독립프로덕션 라인의 기노시타는 〈24개의 눈동자〉(54)가, 48년 데뷔한 이치가와는 〈버마의 하프〉(56)가 대표작이다.

6) 일본의 역사적 경험으로부터 나온 이러한 철학적 태도에 대해 일본영화에 정통한 도널드 리치는, "모든 세속적인 것들의 무상감, 그것에 대해 무엇인가를 하는 것이 불가능하다라는 것을 알게 되는 것, 즉 그들이 존재하는 바 사물들에 직면하였을 때 갖는 체념의 찬양"과 같은 어떤 것으로 보았다. 그의 책 *Japanese Cinema : Film Style and National Character* (Garden City, N.Y. : Doubleday & Co., Inc., 1971), 77쪽. 잭 C. 엘리스, 『세계영화사』(이론과 실천), 286쪽에서 재인용.

미조구치 겐지(溝口健二. 1898~1956)는 가부장적이고도 폭력적인, 가난한 소상인 아버지 밑에서 어머니와 누나가 겪는 학대를 보고 자랐으며 그 누나는 결국 게이샤로 팔려갔다. 어린 시절 이러한 (가족 內) 여성의 수난, 굴욕, 피착취를 보고 자란 것은 그의 인성과 작품에 깊은 영향을 주었다. 그는 13세까지 초등교육을 받았는데, 후일 사숙(私淑)하였던 모파상 등의 문학과 사설 미술학원에서 받은 교육·실습이 그의 창작 활동에 큰 도움을 주었다. 그는 여색을 무척 좋아했고 게이샤와의 사귐도 끈끈했다고 한다. 이 또한 '게이샤영화'를 비롯한 그의 '여성영화' 제작에 많은 도움을 주었을 것이다.

미조구치는 신파풍이면서도 영상미의 절정을 이룬 다나카 에이조 각본·감독의 22년작 〈교야에리미세 京屋襟店〉에서 조감독을 하는 행운을 얻었다. 사토 다다오는 니카츠 무코지마촬영소의 이 영화에 대해 "무엇보다 우선 그 영상의 아름다움에 있어 지금까지의 일본영화의 절정을 이루는 것 같은 작품"이라며 "낡은 전통적 상가의 풍속의 탐미적인 묘사, 그 봉건성의 비판, 남과 여의 애욕적인 갈등에 대한 강한 관심 등 몇 가지 특색은 후의 미조구치 작품에 계승되어 더욱 발전하게 된다"고 진술했다.[7]

미조구치의 사상과 영화는 상대적으로 진보적이다. 젊은 시절 기독교사회주의에 경도되는 등 마르크스적 색채를 지녔으나 이론적이거나 당파적이지 않다. 그의 영화는 계급 또는 인간과 성에 의한 착취 등, 현실에 대한 격렬한 정서와 묘사가 강하게 드러난다. 하지만 그의 사회적 리얼리티와 비평의 배후/이후에는 심각한 모호성과, 정

---

7) 사토 다다오 지음, 유현목 편역, 『일본영화 이야기』(다보문화, 1993), 48~49쪽.

열적이고 낭만적인 결론을 만나게 된다. 한편, 그의 전후 작품 중에 친략구 일본의 반성을 표현한 바는 없는 것 같다(그는 군국주의 통치 하에서 침묵으로 일관한 기누가사 등과 달리 소극적으로라도 통제에 타협하고 제작에 협력했다).

미조구치는 주로 인생유전의 격랑 속에서 떠밀려가듯 살아가는 사람들의 이야기를 다루는데 많은 경우 수난 받는(순응적이든 반항적이든) 여성들을 내세운다. 그리고 그 여성들은 비열하고 나약한, 영화 속 남자들에게서는 볼 수 없는 어떤 고결함과 정열, 아름다움을 지닌 존재들이다.

미조구치의 카메라는, 이야기가 아주 드라마틱하게 긴장하고 인물의 감정 또한 급격히 고조하는 순간에도 좀처럼 대상과의 거리를 좁히려 하지 않는다. 그리고 그 카메라는 긴 호흡 및 느린 움직임으로 사물과 사건을 바라보려 한다. '미조구치 스타일'이라 불리는, 거리를 둔 롱 커트(롱 쇼트 롱 테이크)는 미장센의 미학과 감정상의 소격효과에 기여한다. 그의 카메라는 길고 느리지만 움직임이 있는 것이지 오즈와 달리 고정된 것이 아니다.

〈사랑의 부활〉〈故鄕 ふるさと〉〈안개의 항구〉〈폐허 속에서〉 외 (23)
〈사랑의 부활〉이 감독 데뷔작이다. 미조구치의 데뷔 연도이자 관동 대지진 발발 연도인 1923년 한 해에 무려 12편의 영화를 연출했다(대지진 발발 전 8편을 찍었고 발발 직후에 〈폐허 속에서〉를 찍었다). 닛카츠 등 당시 일본 메이저 스튜디오의 싸구려 양산체제의 관행을 엿볼 수 있다. 이런 관행은 30년대 들어 연 2편 내외를 제작하게 되기까지 별로 바뀌지 않는다.

다작 연출 속에서 침체기를 보내다 (25~27)

〈종이인형 봄의 속삭임〉(26)

영세상인들이 사는 마을 분위기가 발자크 식으로 그려졌으며, 사토
에 의하면 '정감의 풍부함이 당시까지 일본영화 최고의 완성도에 도
달한' 작품이다.[8] 도널드 리치에 의하면 "이것은 미조구치 영화의
한 시기에 획을 그었던 서정적인 여러 작품(〈폭포의 흰 줄기〉〈기온
의 축제〉 등)의 원본이다."

〈광연(狂戀)의 여스승〉(26)

가부키 소재의, 요염한 악녀 주인공이 특징.

〈황은 皇恩〉(27) 등 군국주의의 요구와 간섭, 검열이 시작되다.

27년 말부터 제1의 침체기에서 벗어나다.

〈도쿄행진곡〉〈도시교향곡〉(29) 〈그래도 그들은 간다〉(31)

제목과 달리 암울한 소재의, 사회성 강한 드라마. 서민들의 활기찬
생활을 생생하게 묘사하며 대비시켰다.

〈故鄕 ふるさと〉(30) : <u>일본 최초의 발성영화</u>

1930년 후반부터 군국주의의 요구와 간섭, 검열이 한층 심화되다.

35년 중반까지 제2의 침체기를 맞다.

---

8) 사토 다다오, 앞의 책, 78쪽.

〈폭포의 흰 줄기〉〈기온의 축제 祇園祭〉(33)

'미조구치 영화의 한 시기에 획을 그었던 서정적인 여러 작품' 중의 하나들. 기온은 게이샤 촌이 몰려 있는, 교토의 한 거리이자 구역이다.

〈나니와히카 浪華悲歌〉(Osaka Elegy), 〈기온의 자매 祇園の姉妹〉(36)

세부에서까지 생생하게 살아나는 두 작품의 사실적 묘사는 그 자체로 현실 비판이 되었다. 감독은 격렬한 감정과 따뜻한 서정이 어우러지는 기묘한 조화를 추구하였다. 무엇보다 '미조구치 스타일'이라 불리는 롱 쇼트 롱 테이크 기법을, 특히 원 시퀀스 원 커트(테이크)의 쁠랑 세깡스를 영화사상 최초로 개발해 사용했다. 여기에 더하여 광각 렌즈의 딥 포커스로 미장센을 완성한다. 미셀 메닐은 두 작품을 전쟁 전 일본 최고의 영화로 치켜세웠다.9)

1941~51. 41년부터 수작 〈무사시노 부인 武藏野夫人〉의 개봉(51.9. 14) 전까지, 미조구치에 있어 제3의 침체기이자 '10년에 걸친 쇠퇴기'를 보내게 된다.

〈오하루의 일생 西鶴一代女〉(사이가쿠이치다이온나/The Life Of Oharu 1952.135)

17C 겐로쿠 시대의 일본소설을 원작으로 한 역사 멜로드라마. 여성의 눈을 통해 봉건사회와 가부장사회의 모순, 편견, 여성억압을 그렸다. 여자를 먹이와 노리개로 하는 남자의 추함과 비열함, 이에 순

---

9) 미셀 메닐, 「파리의 미조구치 겐지」(1965), 『미조구치 겐지의 영화세계』 (현대미학사, 1998), 19쪽.

응하거나 반항하는 여자의 아름다움을 계속해서 묘사해 온 미조구
치 작품 계열의 절정을 이루는 작품이다. 유려한(서구적 경험에서는
아주 혁신적인) 카메라워크, 완벽한 심미안적 구성, 섬세한 내면연
기로 찬탄을 불러일으키는 미조구치의 대표 걸작. 베니스 은상.

〈우게츠 이야기 雨月物語〉(Ugetsu Monogatari 1953.94)
실재와 환상의 세계를 절묘히 결합시킨 중세 모험극. 호러와 웨스턴
요소도 지녔다. '희랍적이며 할리우드적인, 그러면서도 일본적인' 고
전적 사실주의의 작품이다.[10] 가족의 희생을 자초하며 추구되는 남
자들의 욕심에 대해 도덕성과 교훈의 제시(非설명식 보여주기)도

---

10) 에릭 로드의, 주목할 만한 논문의 중요한 해석이다. "새삼스러울 것은
   없지만 〈우게츠 이야기〉의 사실주의는 그리스 연극의 사실주의에 근
   접해 있다. 그리고 그것은 우연이 아니다. 이 영화를 만들 때 미조구
   치는 자신의 취향에 맞는 줄거리와 자신의 영상을 구성할 기법양식
   모두를 노(能) 형식에 의존했고 노 형식은 에즈라 파운드의 지적대로
   그리스연극 그리고 셰익스피어연극 모두의 유사성을 갖고있다. 세 가
   지 형식 모두 기적의 힘을 빌려 극을 전개시키고 있기 때문이다. 〈우
   게츠 이야기〉는 이미지의 작용과 그리고 이중줄거리 구조에 있어서
   셰익스피어적 성격을 띠고 있다. 미조구치는 전쟁이라는 상징을 셰익
   스피어가 폭풍이라는 상징을 활용하는 것과 같은 방식으로 사용하고
   있다. 다른 한편으로는 유령들이 그리스 신화의 신들과 같은 역할을
   하고 있으며, 한 가지 유일한 도덕적 신념을 토대로 작품의 통일성이
   이루어지고 있다는 점에서 그리스극적 성격을 띠고 있다. 게다가 예술
   작품은 실제 사건의 순서를 따라서는 안되며, 오로지 신의 움직임을
   모방해내야 한다는 아리스토텔레스적 관점에도 어느 정도 합치하고
   있다고 생각한다. 바로 무엇보다도 그런 의미에서 미조구치의 사실주
   의는 고전적 특성을 띠고 있다." 논문 원제목은 'Ugetsu Monogatari'
   이며 미셸 메닐, 위의 책, 부록, 「미조구치의 고전적 사실주의」, 255쪽
   에서 재인용.

한 특징을 이룬다. 미조구치의 대표 걸작 중 하나. 베니스 은상.
〈게이샤 祇園頻子〉(기온바야시 Gion bayashi / A Geisha, 1953.85)
기온의 게이샤 구역, 처녀 에이코의 게이샤 되기. 그녀는 남자들의
'먹이'로 부각된다.

〈산쇼다유 山椒大夫〉(Sansho The Bailiff 1954.118)
11C 헤이안시대 배경 원작소설 각색. 학대받은 여성의 신성화는 〈오
하루…〉, 〈우게츠…〉에 이어 이 영화에서 한층 뚜렷해진다. 내러티
브는, 오빠의 변신이나 여동생의 자살과 같은 인물의 성격화와 행위
에서, 인과관계 확보 등 논리적 개연성과 일관성이 결핍돼 있다. 할
리우드 관습에 '저항하는' 듯한 라스트 신, 그 수평공간 확장(시야
이동)의 팬 촬영술에 주목. 독특한 울림을 낳게 한 동(日)-서 배합
의 음악에도 주목. 베니스 은상.
〈지카마츠 이야기 近松物語〉(The Crucified Lovers 1954.97)
미조구치 만년의 걸작. 17세기 극작가 지카마츠 몬자에몬의 원작소
설을 각색. 몰락한 집안을 구하고자 자신을 희생하는 한 여인과 그
를 열렬히 사모하는 하인의 사랑이야기를 담고 있는 작품. 자꾸 원
치 않는 방향으로 주인공의 운명이 내몰리는 희랍 비극적 스토리
전개는, 주인공들의 무모한 행동거지와 함께 논리적 일관성이 다소
결핍돼 있다. 영화는 무엇보다 신비감 넘치는 탐미적 영상을 보여주
고 있다. 그리고 가부키 반주음악의 사용, 인물의 대사와 외침이 일
체가 되는 음의 사용법 등 인간의 행위나 감정을 표현하는 수단으
로서 서사(내러티브)와 유기적 관계를 맺은 영화음악의 혁신성도
함께 돋보이는 작품이다. 〈나니와히카〉(36), 〈수치의 거리〉(56)처럼

가족을 포함한 인간에 의한 인간의 착취, 특히 가족에 의한 착취를 묘사하는 미조구치 작품 계열의 결정판. '55 베니스 은상.

〈양귀비〉(Princess Yang Kwei-fei 1955.87.컬러)
다이에이와 쇼브라더스 합작. 미조구치의 첫 색채영화. 정적이면서도 몽환적인 조명과 함께, 배우의 움직임을 천천히 정확하게 묘사해내고 있는 〈양귀비〉는 시의 세계와 현실의 세계가 교차하는 듯한 환상적인 분위기의 작품이다. 백낙천의 「장한가(長恨歌)」에 근거한 〈양귀비〉는 전기영화나 역사영화가 아닌 한 인간의 사랑, 즉 애정불멸이라는 테마에 비련이라는 정서를 담은 작품이라 할 수 있다.

〈수치의 거리 赤線地帶〉(Street of Shame 1956.82)
기온(祇園)처럼 미조구치의 영화에 수차례 등장하던 게이샤촌이 아니라 창녀촌이다. 매춘, 더불어 당시 매춘방지법의 국회상정이라고 하는 리얼타임의 사건을 소재로 한 영화. 도쿄 요시와라 홍등가의 한 매음굴 '꿈의 교향'에서 일하는 5명의 창부들의 삶을 통해 보다 현실적이고 보편적인 인간 실상에 접근한 미조구치 감독의 유작. 세트가 아닌 현장 로케이션을 포함한 격렬한 사실주의의 추구, 다큐멘터리적인 '시네마 베리떼'의 형식 시도, 감독의 주관적 해석과 인물의 미래를 예감케 하는 비동시 음향(악)의 사용, 엔딩 때 고정 카메라의 클로즈업(바스트 쇼트의 '미래가 불안한 어린 창녀' 얼굴표정)의 사용 등 면에서 실로 혁신적인 작품이다.

오즈 야스지로(小津安二郎 1903~63)는 가치관과 정서 그리고

스타일('관조적임') 면에서 가장 일본적인 감독으로, 또 일본이 배출해 낸 영화사상 가장 위대한 감독들 가운데 하나로 꼽히는 인물이다. 53편의 영화를 만들어낸 약 37년에 이르는 활동 기간 내내, 그는 일본 영화계의 주류를 떠나지 않았지만 그럼에도 불구하고 어느 누구도 쉽게 모방하지 못할 정도의 개인적인 스타일을 창조해냈다.

지식과 미(미학)의 가장 명징스럽고 고차원적인 특성을 단순성에 있다고 볼 때, 오즈의 위대성이라고 하는 것은 일차적으로는 단순미에 있다. 더불어 그만의 엄정한 형식미로 의미를 비추는 형식과 방식에 있을 것이다. 바로 그렇게 만들어진 '소시민영화'와 '홈드라마'들 속에서 그는 개인이 살아가는 데서 느끼는 기쁨과 고통을 생생하게 드러내주었다.[11] 그것은 유사한 주제, 소재, 공간, 카메라워크, 심지어 '이야기'의 끈질기고 끊임없는 반복을 통해서 이루어졌다(사무실/학교/식당은 가정의 또다른 버전들이다). 오즈의 영화세계와 기법은 점점 정련화하면서 세대의 차이, 가족의 이별과 죽음, 혼인 · 취업 · 실직 등의 문제와 같은 소수의 가족 상황에 더욱 더 초점을 맞추게 된다.

오즈는 도매상을 하는 유복한 집안에서 태어났다. 사회적으로 중상층 정도의 소부르주아계급 가정이었을 것이다. 당시의 일본은 오즈처럼 중등(중학교) 교육을 받아야 인텔리 취급을 받았다. 어려서부터 영화의 매력에 흠뻑 빠져들었던 오즈는 23년 스무살의 나이에 쇼치쿠사의 카메라 조수로 일하면서 영화 인생을 시작하게 되었다.

오즈는 에른스트 루비치의 작품을 되풀이 보고 연출기법을 배웠다. 존 포드의 현실적 생활과 그 자연스러운 리얼리티를 예찬한 대

---

11) 이러한 오즈의 홈드라마와 가정의 성격에 대해서는 도널드 리치, 『오즈 야스지로의 영화세계』(현대미학사), 20~25 참조.

신 윌리엄 와일러의 〈로마의 휴일〉식, 인위적으로 가감되고 윤색된 리얼리티를 배제했다. 〈시민 케인〉을 몇 번씩 보며 연출 및 카메라 기법에 감탄해마지 않았다고도 전해진다. 채플린 영화도 많이 좋아한 그의 영화에는 유머와 위트가 넘친다.

하지만, 그러한 해학과 익살은 현실(사회와 시대)의 모순과 부조리를 '비틀거나 빗대어 조롱하고 폭로하는' 풍자와 '가능한 한 정면으로 비판(난)·비평하고 공격하는' 비판정신하고는 거리가 멀다. 그의 초기 대표작이자 걸작으로 꼽히는 〈태어나기는 했지만〉(生まれてはみたけれど, 1932) 이후로, 그의 사회적 리얼리즘과 '사회'는 계속 후퇴해 간다.

오즈의 사상과 영화는 보수적이다. 줄곧, 악인이 없는 선남선녀의 캐릭터와 미남미녀 배우들을 내세우며 소시민의 희로애락과 중산층·부유층의 안정(락), 일본의 전통적인 풍습과 의식 등 사라져가는 것들에 대한 아쉬움, 어찌할 수 없는 인생의 쓸쓸함과 허무를 그린다. 미조구치와 달리 계급 또는 인간과 성에 의한 착취 등, 현실에 대한 격렬한 정서나 묘사는 없다. 종전 후, 작품 속에 전쟁침략국 일본의 반성을 드러낸 바도 없다.

오즈의 관조적이고 정적인 스타일은, 그 느림과 여백이 상대적인 빠름과 '꽉 참'하고 같이 가는 성격의 것임에 유의하여야 한다. 그의 영화가 상당히 많은 대사와 대화 그리고 180°규칙 등 할리우드 연속편집에 의존하기 때문이며 다다미 시점의 풀·미디엄 근접쇼트(근경촬영의 中접사)가 또한 대종을 이루기 때문이다. 그의 영화는, 장면 전환은 많지 않고 느리지만 상대적으로 쇼트의 수나 분절이 많기 때문에, 그렇게 길고 느린 롱테이크의 영화가 아니며 카메라가

고정적이지 쇼트가 고정적인 것이 아니다.

그의, 일본적인 단순성과 절제의 영화미학은 『사이트 앤 사운드』지 등에 의해 거듭 세계 10대영화로 꼽히는 〈동경이야기〉(1953)에서 완벽한 절정을 맞이한다.

이하 지면 및 원고 분량이 넘쳐 개별 작품들의 해설은 생략키로 한다.

구로사와 아키라(黑澤 明 1910~98) 감독. 하급 장교였다가 지역의 교육자로 전신한 아버지, 그 중산층 집안의 4남4녀 중 막내아들로 태어났다. 3인의 거장은 모두 소부르주아계급 가정 출신인데, 계층론적 시각으로 미조구치가 중하층 내지 하층(몰락 후 해체되는 소상인 집안)이고 오즈가 중상층(도매를 하는 안정된 중소상인 집안)이라면 구로사와는 중중층 정도의 부류에 드는 성분이다.

중학교(5년제 상업학교)를 나와 미조구치처럼 화가를 지망하여 비정규 미술학교를 다녔고 문학적으로는 19세기 러시아 작가, 특히 도스토예프스키에 심취했다. 프롤레타리아예술동맹에 가입하여 비직업적 수준에서 소소하게나마 그림을 그리던 중 27세 때인 1936년 우연히 도호사의 조감독 공모에 합격했다. 도제 시스템 속, 연출부 시절의 구로사와는 예술 전반에 대한 소양과 지식이 풍부했고 회화적 감각과 함께 특히 시나리오에서 두각을 나타내기 시작했다. 이러한 회화적 감각과 시나리오적 장악을 바탕으로, 그는 급속한 리듬의 몽타주를 잘 활용하며 남성적인 세계를 만들어 냈다.

그러던 1943년은 구로사와 감독의 성공적인 데뷔 연도. 엄청난 충격과 흥분 속에 아시아영화의 가능성과 일본영화의 독창성을 만방

에 알린 〈라쇼몽〉의 수상 8년 전의 해이다. 그는 두 감독에 비해 12세, 7세 연하에 그쳤지만 영화사 입사 연령에서 4·5세 더, '입봉' 대기 연령에서 3·4세 더 밀리다 보니 데뷔 연차는 나이 차에 거의 '따블'인 20, 17년이 되게 되었다.

〈라쇼몽〉(50), 〈이키루〉(52), 〈7인의 사무라이〉(54)를 발표한 40대 초반, 약 5년간에 그의 대표작과 연출미학이 집중적으로 생산되고 발현되었다.

그는 패전 직전에 전쟁협력 영화 〈가장 아름답게〉를 만들고 몇 편의 시나리오까지 쓴 경력이 있으며, 패전 직후 〈나의 청춘 후회 없다〉를 통해 군국주의를 반성하는 메시지를 전달했다. 〈7인…〉에서 드러나는 군국주의의 향수와 사무라이정신의 옹호는 주요한 논쟁 지점이다.

〈스가타 산시로〉(1943.80, 각본 겸)
데뷔작. 소설 『미야모토 무사시』의 틀을 활용한, 비교적 정적인 리듬의 유도 영화. 가작.
〈가장 아름답게〉(1944.85, 각본 겸)
매우 적극적인 전쟁협력 영화.
〈주정뱅이 천사 醉いどれ天使〉(Drunken Angel 1948.98 공동각본 겸)
오리지널 150분. 스스로 만족한 첫 작품. 네오리얼리즘적 요소가 많다.

〈라쇼몽 羅生門〉(1950.88, 공동각색 겸)
아쿠다카와(茶川)의 지적이고 회의주의적인 원작 단편소설 『라쇼몽』(1915)과 『숲 속』(1921)을 창의적으로 통합 각색했다. 원작의 진한 염세주의와 달리, 여성(사무라이의 아내)의 강한 생명력과 마지막

에피소드에서의 인본주의적인 시각이 차별화된 작품이다. 전후정신의 창조도 차별성의 큰 예. 구로사와가 지적한 것처럼[12], 〈라쇼몽〉은 시대극의 형식을 빌어 '자기에 관해서는 좋게만 얘기하려는' 인간의 이기심을 다룬다. 하지만 그것을 넘어 인식(지식) 상대주의, 윤리 상대주의로 확장된다. 개별과 일상(마음과 습관)이 인식과 존재의 로직, 시대와 지성사의 파라다임을 암시적으로 또는 명시적으로 만나는 것이다. 구로사와는 인문학적 모더니스트이기 때문에 그러한 해석은 더욱 설득력을 갖는다.

〈라쇼몽〉은 고전가면극 노(能)의 연기스타일을 반영하고 있다. 산적 역의 미후네 도시로와 사무라이 역의 모리 마사유키, 이 두 명우와 사무라이 처 역의 신인 다나카 기누요. 3인의 연기력과 연기앙상블도 최고 수준이다. 연기의 짧은 동선 체계, 적은 연기자 수로써 영화제작의 경제적 효율성을 기한 미덕에도 주목. 베니스 금상, 아카데미 외국어작품상.

〈백치 白痴〉(1951.166, 공동각색 겸)

오리지널 265분. 도스토예프스키 원작의 수작. 〈라쇼몽〉의 두 남자 명우와 하라 세츠코 주연.

〈이키루〉(1952.143, 공동각색 겸)

전후 확산되는 실존주의의 반영 작품. 비교적 느리고 정적인 휴먼드라마. 걸작에 준한다.

〈7인의 사무라이 七人の侍〉(The Seven Samurai 1954.202, 공동각본 겸)

---

12) 구로사와는 그의 자서전에서 '사람은 누구나 자기에 관해선 좋게 얘기하려는 나쁜 습관이 있다. 이 영화는 바로 그것을 얘기하고 있다'고 말했다.

구로사와의 최고 걸작으로 손꼽히는 영화. 매번 일정한 의도와 구도 속에서 이루어지는 미장센의 독해가 매우 중요시되는 작품. 성격 묘사도 탁월하다.

폴린 카엘은 〈국가의 탄생〉(15) 이래 최고의 전쟁서사시라고 격찬. 존 포드의 영화, 특히 〈황야의 결투〉(46)로부터 많은 영향을 받았다. 베니스 은상.

〈거미의 성 蜘蛛巢城〉(Throne of Blood 1957.110, 공동각색 겸)
중세 스코틀랜드를 무대로 한, 셰익스피어의 『맥베쓰』(1605년 경)를 일본 전국시대를 무대로 번안 각색한 걸작. 원작의 한 구절도 직역하고 있지 않다. 셰익스피어가 대사에 집중한 반면 영화는 시각이미지에 집중한다. 고전가면극 노(能)의 세트와 연기스타일을 반영.
〈숨겨진 요새의 세 악인 隱し砦の三惡人〉(Three Bad Men In A Hidden Fortress 1958.139 4人공동각본 겸)
스토리 설정과 인물의 구도가 〈스타워즈 에피소드4〉의 모태가 되었다. 구로사와 최초의 와이드스크린 영화. 걸작.

〈도데스카덴〉(1970.244 공동각본 겸)
구로사와 최초의 컬러영화. 흥행 실패.
〈데르수 우잘라〉(1975.141 공동각색 겸)
1900년대 초 시베리아 사냥꾼 데르수 우잘라의 삶과 죽음을 통해 대자연의 위대함을 찬미한 수작. 소련의 지원(모스필름 제작) 아래 만들어져 각기 칸느 황금종려상과 아카데미 외국어작품상 등을 수상하며 국제적인 흥행에서도 성공을 거둔 바 있다.

〈카게무샤 影武者〉(1980.179 공동각본 겸)

코폴라와 루카스가 제작한 국제판은 162분. 16세기말 일본 전국시대의 내전과 영웅의 이상·정체성 문제를 다룬 걸작 시대극이다. 그림자무사란 뜻의 '카게무샤'는 '가케(께)무샤'의 왜곡된 영어식 발음 및 그 표기인데 가께무샤가 원음에 가깝다. 파나비전.

〈란 亂〉(Ran 1985.158 프랑스제작, 공동각색 겸)

70㎜ 필름이라 클로즈업이 거의 없다. 셰익스피어의 『리어왕』(1606년경)을 16세기 일본 내란시대를 무대로 번안 각색. 원작을 전혀 직역하고 있지 않다. 고전 가면연극 노(能)의 세트와 연기스타일을 반영한 장면이 많다. 영화 중반 전투장면의 기하학적인 구성과 색채의 대비가 압권.

〈꿈 夢〉(1990.118 워너브라더스제공, 각본 겸)

구로사와, 스필버그 공동제작. 구로사와만의 스타일이 퇴색해 혼동을 준다는 지적도 있다. 〈카라바지오〉〈가베〉 등과 함께 컬러심볼리즘의 대표작으로 지목될 수 있다.

4. 현대영화적 유산

일본영화는 구로사와의 〈라쇼몽〉(1950)이 익년 8월 베니스영화제에서 1등상인 황금사자상을 수상하면서 비로소 서양권에 존재를 과시했다. 그러나 일본은 그 훨씬 이전부터 독자적으로 스튜디오 시스템을 구축하고 미학적 전통을 만들어 내고 있었다. 미조구치와 오즈의, 각기 30년대 중반과 50년대 초반의 영화들은 그들의 이후 작품

들 못지 않으면서 놀랍게도 60년대 유럽의 현대영화들을 '예견하고' 있었다.

말인즉슨, 1959~60년 세계영화사의 대지진이 일어나기 30년·10년 전부터 일본에서 '근(현)대성'의 근거와 징후가 움트고 또 개척되고 있었다는 얘기. 곧, 종래 고전기적 영화로부터 현대 영화로의 전환(혁명)이 프랑스·이탈리아·일본 3개국에서 동시 발발하기 훨씬 전부터 그 현(근)대성의 기초가 바로 일본에서 생겨나고 있었다. 할리우드 고전적 영화 관념과 문법의 흡수·파괴, 새로운 촬영과 편집의 기술 등을 통한 모더니티의 개척(근대성의 개척 및 현대성의 發芽)이 진행되고 있었던 것이다. 그러한 작업은 미조구치에 의한 롱테이크·딥포커스와 수평이동의 촬영기법 및 미장센의 완성, 그리고 오즈에 의한 고정 카메라와 에피소드·대화 중심의 '일상성 영화'의 창시 등으로 특징지워진다.

이것은 일본영화의 고전적 사실주의의 완성이면서 또 그 부정의 근거를 배태시키는 단계이기도 한 근대화의 과정이었다. 한국영화사엔 결핍되거나 결여된, 어찌 보면 30년 이상을 앞선 선진성이다. 이러한 세계사적 선진성과 독창성의 원인은 일본 전통의 시가(詩歌) 문학과 연극·가면극·창극·무용 등 공연예술 그리고 수평과 여백의 목판화·병풍 구도, 아울러 독특한 가옥·정원의 동선과 정서체계 등에서 찾을 수 있다.

그러나 이들 3인에 대한 서구의 발견과 특히 후기 작품들에 대한 서구의 연구·모방은 〈라쇼몽〉이 베니스 수상(51) 이후에나 일부 영화 평론가·학자 및 감독에 의해 이루어질 수 있었다. 할리우드식 사실주의—실제적으로는 환영주의—의 쇼트 분절을 부정하고 대안적 촬영·편집의 '그림 잇기'를 주장하던 앙드레 바쟁은 〈오하루의 일생〉〈우게츠 이야기〉〈산쇼다유〉로 3년 연속 베니스 수상(52·53·54)의 위업을 달성한 미조구치의 롱 테이크, 특히 원 신 원 컷에서 그 예증을 발견했다. 미장센 미학의 수평축으로서 그 가능성에 환호했고, 이후 누벨바그 감독들도 이에 화답하였다.

후대의 실제 창작전선에 끼친 3인의 영향성을 보자. 고다르·리베트와 타르코프스키 등에 대한 미조구치의 수평이동 쇼트와 극단적 롱테이크 그리고 심미안적 구도와 시정감(詩情感)의 영향.[13] 에릭 로메르와 빔 벤더스 등에 대한 오즈의 탈(脫) 극화와 일상적 리얼리티 그리고 '인위성 배제'의 영향. 코폴라와 루카스 등에 대한 구로사와의 역동적인 멀티 촬영과 그 동선 그리고 '영웅'들의 육체적 연기 등 영향들을 들 수 있다.

존 포드 식 서부극 등으로부터 영향을 받은 구로사와 작품들의 캐릭터와 액션, 플롯은 다시 미국 영화들에게 영향을 주었고 나아가 마카로니 웨스턴과 홍콩 무술영화의 원조가 되기도 했다. 현대 한국의 강제규, 김성수 등의 영화적 과장과 화려한 스타일에도 큰 영향을 주었다. 특히 무겁고 어려운 주제와 문제를 내용과 형식의 조화 속에서

---

13) 사토 다다오, 앞의 책, 267쪽. "자크 리베트는 그의 〈수녀〉(65)가 〈오하루의 일생〉의 의도적인 모방이라고 자랑스럽게 말했고, 고다르는 〈경멸〉의 라스트에서 카메라가 바다로 팬(시야 이동)하는 것을 〈산쇼다유〉의 라스트와 비슷한 팬으로서 모방했다"고 사토는 전하고 있다.

작품의 질을 떨어뜨리지 않고 쉬운 영상언어로 전달하는 그 대중적
마인드와 고도의 미학적 테크닉은, 세계 상업영화권 내 헤아릴 수 없
이 많은 감독들에게 영향을 주었다. 이정국 감독은 그의 연구서『구
로사와 아키라』(1994) 1장에서, 임상수 감독은 필자와의 인터뷰(본지
게재물)에서 이런 점을 예찬하고 있다.

오즈의 고정 카메라와 수평 앵글('다다미 쇼트'), 360도 편집, 특
히 일화적인(에피소딕한) 복층식 스토리는 폴 슈레이더, 짐 자무쉬,
압바스 키아로스타미 그리고 왕가위, 홍상수, 박기형 등에게 큰 영
향을 주었다. 미조구치의 원 씬 원 컷의 길게찍기와 크레인 쇼트의
멀리찍기 그리고 공간과 여백의 정서 체계는 안드레이 타르코프스
키와 허우 샤오시엔, 임순례, 이광모 등과 그리고 한때의 배창호
(〈황진이〉)에게 많은 영향을 주었다. 1951년 이래 반세기 이상, 거
의 전지구적으로 세계영화사에 끼친 3인 거장의 영향을 생각할 때
방금 예시한 것들은 그야말로 '빙산'의 일각에 부과하다.

참고로, 구로사와 영화의 리메이크물도 여러 편 있다. 그는 확실히
서양 사람들이 이해하기 쉽고 또 좋아하는 '서구적인' 감독이었나 보
다. 〈폭행 Outrage〉(1965, 마틴 리트)이 〈라쇼몽〉(1950)을, 걸작 〈황
야의 7인〉(1960, 존 스터지스)과 〈로닌〉(1998, 존 프랑켄하이머)이 〈7
인의 사무라이〉(1954)를, 〈황야의 무법자〉(1964, 세르지오 레오네)와
〈라스트 맨 스탠딩〉(1996, 월터 힐)이 〈요진보〉(1961)를, 유괴 영화
〈랜섬〉(1996, 론 하워드)이 〈천국과 지옥〉(1963)을 각기 각색함으로
써 우리들에게 소개되어 나온 것들이다.

짐 자무시의 존재 찾기, 그 긴 여정의 끝과 시작

조정래(서경대 국문과 교수)

"관객들이 여태껏 보아온 것과는 다른 무엇인가를 영화에서 만난다는 게 중요하다. 관객들은 그 문제들에 대해 아무런 답도 얻지 못한다. 나도 답을 말할 수 있는 게 아무 것도 없다." 이렇게 말한 사람은 짐 자무시 감독이다. 자신의 난해한 영화에 대하여 분석해 달라고 요구하는 기자들에게 자무시 감독은 자신도 모른다고 말하곤 한다. 그러나 그의 영화는 감독 자신의 생각과는 정반대로 늘, "과연 어떤 답안을 찾았을까?" 하는 궁금증을 유발한다.

물론 자무시 감독만이 그런 것은 아니다. 그동안 독특한 문제들을 제기해왔거나, 또는 평범한 문제라 하더라도 독특한 방법으로 제기해왔던 감독들의 새 영화는 늘 그러한 궁금증을 갖게 한다. 필자에게는 짐 자무시(Jim Jamusch) 감독의 〈브로큰 플라워(Broken Flowers)〉가 유독 궁금증을 강하게 작동시키는 작품이었다.

약 10년 전부터 자무시는 독특한 세계를 독특한 방법으로 타진해왔다. 먼저 두 편의 작품에서 자무시가 추구했던 그 독특함(자무시 자신은 특이하고 주변적이라는 말을 가장 듣기 싫어했지만)이 어떠한 방식으로 영상화되었는지 살펴보자. 〈데드 맨(Dead Man)〉(1995)과 〈고스트 독-사무라이의 도(Ghost Dog-The Way of the Samurai)〉(1999)

가 그 두 작품이다.

〈데드 맨(Dead Man)〉은 충격적이면서 사유적이고, 또 철학적이면서 은유적인 작품이다. 이 작품의 스토리는 단순하다. 블레이크는 일자리를 찾기 위하여 동부의 도시 클리브랜드를 떠나 서부로 온다. 그러나 블레이크는 늦게 왔다는 이유로 공장 취업을 거부당한다. 취업을 못했을 뿐만 아니라, 그날 밤에 만난 여인 때문에 우연히 살인까지 저지른다. 자신도 총에 맞은 블레이크는 도피의 여정을 떠난다. 그에게 현상금이 붙는다. 그가 죽인 찰리의 아버지이자 이 마을의 실력자인 공장 사장은 유명한 세 명의 킬러를 고용한다. 도피 중에 인디언인 노바디를 만난 블레이크는 점점 많은 사람을 죽이게 되고 살인에 익숙해진다. 그러나 결국 죽음에 이르게 되고 노바디는 그를 환상적인 꽃으로 치장한 배에 실어 바다로 떠나보낸다. 이렇게 스토리를 정리하면, 이야기 구조가 단순하고 눈에 익은 듯이 보인다. 하지만 정작 스크린 안으로 들어가 여행을 시작하면, 구조가 난해하고 이야기는 지루하며 복잡하다.

영화가 시작되면 서부 텍사스로 기차 여행을 하는 한 청년이 불안하게 앉아 있다. 긴 타이틀 롤을 통해 그가 바라보는 서부의 세계가 펼쳐진다. 거칠게 장총을 안고 있는 사람들, 흔들리는 등불, 기차 소리, 황량한 들판, 곳곳에 늘려있는 동물들의 시체들, 그리고 결정적으로 버팔로 떼들에게 총알을 퍼붓는 참혹한 살육의 신들이 길게 이어진다. 이어 블레이크가 일하려 하는 머신타운이 나타난다. 이름 그대로 기계의 도시, 소음과 큰 톱니바퀴로 환유되는 이 머신타운은 바로 현대화의 첨단 속에서 소외를 극단화하고, 살육적이며, 정신적 황폐함을 겪고 있는, 미국 사회를 상징한다. 〈천국보다 낯선〉에서 황폐하고 낯선 미국 땅을 그리기 위해 세 명의 젊은이를 남부 마이애미

로 내려 보냈던 자무시 감독은 이제 한 청년을 서부로 떠나보낸 것이다. '달마가 동쪽으로 간 까닭은'이란 제목에 빗대자면 '블레이크가 서쪽으로 간 까닭은'이 이 영화의 주제인 셈이다. 서부가 살육과 폭력의 세계라면, 블레이크는 거기에서 무엇을 찾을 것인가?

이 주제를 이해하려면 두 가지 사상을 이해해야 한다. 자무시가 끌어들인 것은 영국의 낭만주의 시인 윌리엄 블레이크와 인디언 정신이다. 자무시의 작명법은 노골적이다. 주제를 상징하는 두 인물의 이름, 블레이크(조니 뎁)와 노바디(게리 파머)는 자신이 끌어들인 두 정신세계의 알레고리이다. 감독 자신도 모른다고 버티는, 그가 영화 안에 던져놓은 낯선 문제들에 대한 답안을 굳이 찾아내려면, 블레이크에서부터 출발해야 할 것이다.

윌리엄 브레이크(W. Blake)는 18세기 영국의 낭만주의 시인이다. 학교에서 수학한 적이 없는 그는 독학으로 시를 썼다. 그럼에도 그의 시 세계는 엄청난 우주적 비전과 신화적 통찰을 지닌 것이다. 서구의 시인 중 가장 도인에 가깝다고나 할까. 브레이크의 낭만주의 정신은 영원을 믿고 추구하는 데에서 나온다. 브레이크는 18세기 산업혁명이 이루어낸 기계적이고 합리적인 현대 문명화를 비판하면서, 현대인의 삶이 점점 척박해지고 자신을 상실해 갈 것을 예언하고 있다. 삶의 공동화에 대하여 브레이크가 제시한 대안은 자신의 삶을 직시하고 죽음과 삶, 선과 악의 경계를 초월하는 정신적 각성이다. 블레이크는 서구인들에게 가장 큰 안식을 주는 시인으로 받아들여졌다. 그러나 서구 이성으로서는 '경계의 초월'이란 놈이야말로 참으로 이해하기 어려운 화두이기도 했다.

그 윌리엄 브레이크, 혜안과 통찰을 제시하는 시인, 동시에 난해하고 신화적인 이 시인을 자무시 감독은 영상에 대입시켰다. 〈데드

맨〉에서 자무시 감독은 블레이크라는 기표를 통하여 현대 문명사회를 드러내고 거기에서 탈출하는 통로를 찾아보려 한 것이다.

이 황량한 세상에서 우리는 어떻게 구원을 찾을 것인가? 시인 블레이크는 자기 개발에서 찾아야 한다고 시에서 노래했다. 신화적 인간상(Zoa)을 회복하고 결합하여 악마성(Shatan)을 떨침으로써 자기를 새로운 존재로 개발해나가야 한다는 것이다. 그 Zoa를 정밀하게 세분하면서 인간의 근원을 찾아 나가고자 한다(마치 맹자의 성(性)론과 같이). 따라서 그가 보는 인간의 근본적 성질은 선하다. 그런데 우리는 현대 문명의 환경 속에서 점점 이기심을 강하게 지니게 되고 삶을 건조하고 황량한 것으로 만들어버린다. 죄는 여기에서 생기는 것이다. 그러므로 블레이크가 바라보는 새 세계는 선과 악을 고정적 대립구조로 보지 않고, 즉 결정된 선과 악은 어느 것도 없고(이 점에서 불교와 닮았다), 그 경계를 초월하는 근원적 비전을 찾는 것이 중요하다. 그것은 우주적 상상력에 잇닿아 있다.

영화에서 주인공 블레이크는 얼굴에 S/Z을 양 쪽 뺨에 한 자씩 새겨두고 있다. 피로 쓴 그 알파벳은 점점 말라가는데, 이는 바로 선과 악(Shatan/Zoa)을 의미하는 것이 아닐까? 혹은 이 두 글자가 다른 기호학적 의미를 지니는 것일까? 'S/Z'의 대비를 우리는 기호학자 바르뜨에게서 볼 수 있다. 그 닮음과 다름의 기호학, 선/악, 자연/인공, 삶/죽음의 쌍들은 근본적으로 대립하는 것이 아니다. 이를테면 삶 속에 죽음이 있다. 우리가 산다는 것은 죽음과 함께 여행을 하는 것이다. 그러므로 위 쌍들을 대립시키지 않고 하나로 묶어서 그 차이와 다름을 긍정하면서 그 결합을 이룰 때 우리는 죽음의 공포에서 벗어날 수 있고, 죄악의 공포에서, 살육적 문명의 공포에서 벗어날 수 있다.

영화 속 블레이크가 S/Z의 두 글자를 지닌 채 서부의 숲을 여행하면서 살인을 저지르는 일을 인디언 친구인 노바디는 '피로써 시를 쓴다.'고 표현한다. 살인 자체, 즉 죄악 자체가 좋고 나쁘고는 없다는 것이며 오히려 블레이크가 살인을 자기의 의지로 실행함으로써 죄악을 초월할 수 있다고 본다. 물론 그러기 위하여 블레이크는 자기를 바로 볼 수 있어야 하는데, 그 주체를 혼령이라고 표현한다. 두려움을 씻어주고 우리를 안식시켜 주는 것은 바로 자연의 근원적 힘인 혼령이고 이는 인간의 내부에도 들어있는 것이다.

이러한 인식의 틀을 자무시 감독은 인디안의 사상에서 찾을 수 있다고 보았다. 그것은 동양적 윤회사상과 흡사하다. 범신론적 윤회사상은 바로 죽음을 통하여 새 삶을 얻을 수 있는 전망을 열어준다. 강이 나오고 블레이크가 강을 거슬러 오르는 것은 바로 죽음의 여행이 끝나고 죽음과 새 삶을 이어주는 영원으로 향하는 강을 의미한다. 마찬가지로 바다는 재생의 모태이다. 배를 타고 죽음으로 나아가는 주인공은 안락해 보인다. 새 삶이 기다리기 때문이다. 물론 자무시는 이 윤회의 가능성을 강하게 믿지는 않는다. 그래서 그 상징을 호소력이 강하도록 잘 설정하지는 못하였지만, 일정한 가능성은 열어두고 영화를 끝맺는 셈이다.

인디언적 세계관은 이 영화를 매우 느릿하게 끌고 가면서 흑백의 대비 속에서 안정감을 지니게 한다. 자연에서 행하는 섹스와 같은 자연스러움, 우리는 그 안식을 잃었다. 현대인들은 킬러들이 상징하는 바처럼 서로를 죽이고 인육을 먹는다. 안식을 찾지 못하여 만나는 사람마다 담배가 있느냐고 묻는다. 물론 아무도 담배를 갖고 있지 않다. 담배는 불안하고 괴기스러운 현대 문명의 삶에서 찾을 수 있는 허위적 안식이 아니겠는가? 담배는 인디언들의 기호품에 그치

지 않고, 인디언들이 땅과 하늘을 연결하고 인간의 정신과 자연을 교감하는 상징물이 된다.

〈데드 맨〉은 흑백필름 안에 숱한 상징과 몽상과 환유를 담아낸다. 이를 이해하지 못하는 사람은 이 영화의 느린 속도에 견디지 못할지 모른다. 도대체 무슨 소리를 하려는 것인가 하고. 스토리는 일정한 선을 가지고 있지만, 그만큼 서사적 인과성이나 사건 전개의 틀이 명확하지는 않고 모든 대사와 장치가 시적이며 은유적 혹은 상징적이기 때문이다(익히 알려진 대로 자무시 영화에서 음악은 중요한 기능을 한다. 〈데드 맨〉에서는 닐 영의 음악을 이야기하지 않을 수 없다. 필자가 닐 영의 〈Heart of Gold〉에 심취한 것은 1970년대 초, 이제 거의 30년이 흘러가고 있는데, 그 음악의 묘한 마력은 잊지 못한다. 이 영화에서 닐 영의 음악은 그 주술적 소리를 더 과장한다. 또 현악기인 통기타의 떨림을 확장시키면서 오르간의 저음을 전자 기타의 우울한 선율에 섞어 우리에게 죽음의 여행을 상기시킨다. 마치 통과제의를 거치는 이들에게 전하는 마법의 소리와 같다).

그런 장치를 통하여, 또 블레이크의 사상과 인디언의 사상을 결합시킴으로써, 자무시가 얻으려한 것은 무엇일까? 주인공 블레이크는 시인 블레이크의 초월사상을 통한 현대적 구원의 대상으로 그려졌다. 그리고 인디언 노바디는 블레이크의 그 구원 사상을 영상적으로 치환하는 길잡이가 된다.

안식이 없는(담배가 없는) 세상에서 허위적 안식을 찾아 헤매는 현대인들, 그들에게 전하는 자무시의 비판과 풍자는 영화의 곳곳에 배어있다. 출구를 찾을 수 없는 머신타운의 공장은 폐쇄당한 채 출구를 찾지 못하는 현대인들(특히 자무시가 볼 때 미국인들)의 현실을 비판하고, 반대로 주인공이 숲에서 만나는 사람들은 인간다움의

순수한 본질을 드러낸다. 자무시는 곳곳에 가벼운 유머를 풍기면서, 폭력적인 사업사회에 대한 비판과 아울러 인간성 본질에 대한 애정을 보여준다.

차분하면서도 끈기 있게 죽음과 삶을 대면하는 그 작가 정신은 높이 사야 할 것이다. 그러나 영화적 문법으로 보자면 지나치게 상징에 의존하였다. 그래서 관객을 낯설게 만들고 지치게 만든다. 그 우주적 성찰이 그다지 깊이 와 닿지 못하는 점 또한 현실에서 너무 거리가 떨어져 있기 때문이 아니겠는가? 서부라는 알레고리도 이제는 그다지 탄력성을 갖지 못하는 듯하다. 이런 문제점들은 자무시 감독의 욕심이 지나친 결과일까? 불안한 미래의 끝에는 죽음이 있다. 그 죽음을 어떤 시각으로 보아야 현실을 구원할 수 있을까? 그 답을 아직 찾지 못하였기 때문일 것이다. 그는 이제 비로소 존재의 깊이를 건너는 여행을 시작한 것이다. 주인공 블레이크의 영혼이 흘러가는 저 강의 끝에는 무엇이 있을 것인가?

새로운 여행은 어떤 낯선 곳으로 다가갈 것인가? 자무시가 보여준 또 하나의 세계는 '사무라이의 길'이었다. 〈데드 맨〉에서 시인 윌리엄 블레이크로부터 새로운 통로를 찾으려했던 자무시 감독은 〈고스트 독－사무라이의 도(Ghost Dog-The Way of Samurai)〉에서는 일본의 사무라이에서 대안을 찾는다.

자무시가 보기에 블레이크 〈도의 사상〉은 인디언의 정신과 맞닿아 있었다. 그것은 궁극적으로 죽음에 대한 인식의 문제였다. 삶과 죽음의 경계를 허물고, 삶에서 죽음을 죽음에서 삶을 바라보는 그러한 관조적 성찰이다. 그리고 자무시가 보기에 그 인디언의 정신은 다시 일본의 사무라이 정신과 맞닿아 있다.

그래서 사무라이의 도를 영상으로 되새긴다. 죽음과 삶을 하나로

보며 삶의 한계를 담담하게 마주하려는 정신주의적 탐색을 계속하고 있는 셈이다. 물론 이러한 탐색은 그의 초기작 〈천국보다 낯선〉에서 보여주었던 미국 사회에 대한 비판과 관조에서 멀리 나아가 있다. 한편 알레고리에 의존했던 〈데드 맨〉과는 기법적인 측면에서 또 다른 시도를 보여준다. 훨씬 현실적 문맥을 강하게 흡수하면서 다양한 통로를 통하여 현대적 삶의 단절감을 풍자하는 것이다.

이 작품에서 확연히 눈에 띄는 것은 다양한 카메라 워크이다. 전체적으로 영화를 지배하는 것은 크레인을 이용한 내려찍기이다. 그것은 새의 눈으로 세상을 보여주려는 시도를 담고 있다. 오픈 크레딧에서부터 시작한 이 컷은 반복적으로 나타난다. 하늘을 나는 비둘기를 잡다가 비둘기가 보는 세상을 카메라가 대신 보여주는 방식이다. 그 새의 시각으로 보는 세계는 황량하기 짝이 없다. 모든 것이 강철로 이루어져 있고, 집과 건물과 도로와 철로가 서로 단절된 듯이 보이는 분위기이다. 소통 부재의 현실에 대한 자무시 감독다운 은유이다. 이런 시각은 이상의 시 〈오감도〉를 연상하게 한다. 까마귀가 내려다 본 세상이란 의미의 오감도를 자무시는 반복적으로 보여준다. 세계를 까마귀의 눈으로 그린 이상도, 그리고 버드아이즈(birds-eye's) 컷을 반복하는 자무시도 독한 예술가들이다.

〈고스트 독〉의 기법적 특징으로 집어낼 수 있는 또 하나는 다양한 디졸브이다. 도시의 차선과 주인공의 얼굴을 겹치게 한다든가, 주인공의 의식 세계와 현실적 장면을 겹치게 한다든가 하는 그런 수법으로 시간과 공간의 다양한 인과관계를 엮어나간다. 심도 있는 편집기술이 뒷받침되어야 가능한 이러한 장면 겹치기는 인물의 내면을 드러내는데 독특한 효과를 자아낸다.

주인공 고스트 독(포레스트 피테이크)은 사무라이의 길을 걸으려

하는 흑인이다. 그는 혼자서 사무라이가 걸었던 그 고독한 삶의 길을 수행한다. 옥탑 위에서 비둘기를 기르며 닌자처럼 절제되고 외로운 삶을 선택한다. 모든 통신은 비둘기를 이용한다. 밤이면 집을 나가 고급 차량을 훔치고 차 안에서는 반드시 힙합 음반을 튼다. 그리고 주인인 마피아가 부여한 일을 한다. 그는 옛 사무라이가 그랬듯이 한 사람의 주인만을 섬긴다. 그 주인은 자기를 구해준 적이 있는 마피아 중간 두목 루이이다. 루이가 은밀하게 시키는 일을 고스트는 해낸다. 그러나 보스의 딸이 보는 앞에서 그의 연인을 살해함으로써 조직은 고스트를 없애려 한다. 고스트는 옛 사무라이의 운명이 그랬듯이 느닷없이 죽음에 직면하며, 그 마피아와 정면 대결하여 복수하고, 자기는 주인인 루이의 손에 죽음을 당한다. 그것이 사무라이의 길이므로 그는 기꺼이 죽는다.

사실 이 영화에서 위와 같은 스토리는 그다지 의미가 없다. 마피아를 끌어들인 것은 사무라이의 도를 이야기하기 위한 방편에 지나지 않는다(물론 마피아라는 것이 미국의 현실을 비판하기 위한 가장 좋은 재료이기 때문이기도 하지만). 중요한 것은 소통 부재의 삶에서 끊임없이 자기 길을 개척하려는 지난한 몸짓이다. 고스트 독에게는 친구가 없다. 그와 소통할 수 있는 자는 딱 두 사람, 어린 흑인 소녀와 영어를 하지 못하는 아이스크림 장수뿐이다. 영어를 못하는 이 친구와 고스트, 어린 소녀 두 사람은 자연스럽게 소통한다. 소통은 언어로 하는 것이 아님을 보여주는 대목이다. 언어도 상징적 물질이다. 소통은 정신과 마음으로 하는 것이지 물질로 하는 것이 아님을 자무시 감독은 웅변한다.

그 정신적 품위는, 죽음을 의연하게 대면하고, 자기를 비우며, 자기 존재를 지키려는, 사무라이의 길 찾기에서 얻는다. 이러한 내면

은 주인공의 작은 행동, 총을 사무라이 검을 꽂듯이 허리에 꽂는다거나, 시디음반을 돌려서 장착시킨다거나, 하는 구체성에서 드러난다. 이러한 모습과 내면은 한편으로는 우스꽝스럽지만, 현대인의 소외적인 공간을 묘하게 파헤쳐주는 듯하다.

그러나 사무라이의 길이 현실적 대안이 될 수 없음은 너무나 당연하다. 반복적으로 주인공을 내레이터로 삼아, 책의 구절을 읽어주는 방식으로 전달하는 사무라이의 정신에 대한 메시지는 그다지 효과적이지 않아 보인다. 사무라이의 정신에 대한 자무시의 곡해가 섞여든 대목도 없지 않다.

여기까지 오면 다시 의구심을 갖게 된다. 자무시가 찾고 있는 대안이 사무라이의 정신일까? 사무라이는 중세적 산물이다. 이 무사계급은 정신적 수행을 중하게 여기지만, 자신의 무술을 팔아서 먹고 사는 사람들이다. 비록 그 형태에서 멋을 느낄 수 있을지는 모르지만, 인디언의 정신에서 찾지 못한 대안을 여기서 찾을 수 없음은 너무나 당연하다. 그것은 주인을 잃고 방황하는 유령의 개와 같은 이미지일 뿐이다.

짐 자무시 감독이 찾을 수 있는 새로운 길은 무엇일까? 이는 이 시점에서 그에게 부과되었던 무거운 과제였다. 〈고스트 독〉에서 자무시 감독은 현대 문명을 다양하게 흡수하고 서사성을 강화시킴으로써, 대중과 화해를 하려는 몸짓을 취하고 있다. 힙합 음악을 활용하고, 애니메이션을 흥미롭게 삽입하였다. 늙고 폭력적인 마피아들이 우리에게도 친숙한 미국의 우화적 애니메이션에 심취하는 모습은 매우 아이러니하면서도 현대적 상실감에 대한 독특한 풍자를 담아내는 것이 그 예이다. 자무시 감독의 독특한 정신 탐구와 영상적 은유가 주는 재미를 되새길 수 있는 작품이다. 그러나 자무시 감독

은 여전히 완전하게 통찰력을 갖춘 자기 메시지를 전달하는 데에는 미치지 못하였다. 그래서 다음 영화가 다시 기다려질 수밖에.

"인생은 여행이다"라 말한 사람은 많다. 그러나 자무시 감독이 그렇게 말할 때 그 의미는 약간 독특해진다. 단순한 수사가 아니라 인생을 그려내는 그의 영상예술적 목표가 담겨있는 표현이기 때문이다. '블레이크'도 '고스트 독'도 여행하는 존재성의 과정을 탐색하는 존재자들이었다. 그러나 여전히 정답이 무엇인지 오리무중이다. 물론 자무시도 그러했을 것이고, 필자도 마찬가지지만, 자무시의 관객 어느 누구도 확고한 답을 요구하는 것은 아니다. 단지 그 답을 찾아가는 과정에서 우리 삶의 난해한 곡절 한 가닥 정도는 풀려나지 않을까 하는 기대감을 안고 그 여행을 쫓아갈 뿐이다. 〈브로큰 플라워〉는 자무시의 어떤 변화를 보여줄 것인가?

인생이 여행이듯이, 여행을 제법 오래 해 온 한 사나이가 자기가 걸어온 길을 되살피기 위해 회상의 여행을 떠난다. 그리고 현실로 되돌아온다. 〈브로큰 플라워〉의 스토리는 이것뿐이다. 얼마나 단순한가? 자무시 감독은 이 작품을 최대한 단순화시킨다. 여기에는 난해한 블레이크 사상도, 모호한 인디언의 죽음 의식도, 사무라이의 도(道)도 끼어들지 않는다. 그냥 미국 사회의 한 평범한 중년 이야기일 뿐이다.

앞의 두 작품과 공통점이 있다면, 독특한 작명법과 배경 음악이다. 자무시 감독은 주인공에게 바람둥이 돈 주앙의 이미지를 덮어씌웠다. 〈데드 맨〉에서는 닐 영의 몽환적 음악을, 〈고스트 독〉에서는 힙합 음악을 이용하더니 〈브로큰 플라워〉에서는 뜻밖에도 이디오피아 전통 음악을 이용한다. 이디오피아 음악은 앞의 두 작품보다 영화적 비중이 더 커졌다. 음악 외에는 자무시다운 낯선 장치가 아무

것도 없기 때문이다.

　자기도 몰래 아들이 자라고 있었다는 편지 한 장을 받고, 친구의 강권에 떠밀려 무작정 떠난 과거 여행, 그것은 어쩌면 아주 일상적이고 또 미국적인 삶의 반추이다. 미국적인 일상의 삶이란 어떤 것인가, 아니 굳이 미국적이라 하지 않아도 좋다. 그것은 이미 현대 문명에서 살아가는 우리 모두의 모습이다. 그것은 겉으로는 핑크빛처럼 낭만적이고 부드러워 보이지만, 사실은 무의미한 섹스의 반복(처음 대면한 샤론 스톤의 만남, 20년 전 그녀의 모습은 지금 그 딸의 모습과 흡사했다)과 한 장의 낡은 사진보다 생기가 없는 지리멸렬한 현실(가식적인 남편과 살고 있는 두 번째 여자와의 만남), 상실한 대화 방법(사람과는 대화하지 못하는 동물통역사와의 만남), 의심과 피해망상, 폭력의 나날(히피 삶을 고수하는 네 번째 여자와의 만남), 그리고 급기야는 무덤에 갇히고 말, 그런 것이었다.

　굳이 그것을 확인하기 위해서 자무시는 주인공 돈(빌 머레이)의 등을 떠밀었을까? 그 모든 여행의 과정이 도달하는 곳은 죽음인가? 돈은 아직 살아있다. 그리고 아들이라도 하나 있기를 바란다. 남는 게 아무 것도 없는 일상의 삶이란 너무나 허무하기 때문이다. 하지만 아들이 있건 말았건, 이미 낡은 인생은 꺾어지고 시든 꽃과 같이 초라하다.

　〈데드 맨〉이 죽음 이후의 미래를 여행한 것이라면, 〈고스트 독〉은 현실을 극복할 방안을 과거의 도에서 찾아본 것이다. 전자에서는 과거의 음악에 실었고, 후자에서는 현대적 음악에 실었다. 일종의 역설법이다. 마찬가지로 〈브로큰 플라워〉에서는 가장 반문명적이고 반일상적인 세계인 이디오피아의 음악에 실어 현대인의 지리멸렬한 일상을 타진하였다.

결론은 무엇인가? 과거는 이미 흘러갔고, 미래는 아직 오지 않았다. 우리가 기댈 곳은 오지 현재 뿐이라는 진리이다. 너무나 평범한 진리이지만, 그래서 허무맹랑한 말장난에 그친 듯 볼 수도 있겠지만, 자무시가 도달한 실상의 발견은 그렇게 만만한 것이 아니다. 과거도 허상이고 미래도 허상이다. 오직 현재만이 실상일 뿐이다. 비록 시든 꽃이라 하더라도. 그럼에도 우리는 늘 과거와 미래에 집착하여 살아가고 있다. 그러다 보니 우리의 삶이란 이정표도, 목표도 없는 여행이 되어버린다.

그럼에도 불구하고 아직 우리는 자무시 감독으로부터 답을 듣지 못했다. 그렇다면 현재의 삶은 어떻게 채워나가야 할 것인가? 윌리엄 블레이크나 인디언, 사무라이의 생명의식은 현실과 지나치게 동떨어져 있고, 현실로 돌아오면 시든 꽃처럼 남은 게 없다. 그저 있다면 현재에 우리가 존재한다는 엄연하고 냉혹한 사실 뿐. 그러한 자각이 소중하지만, 자무시가 도달한 자각의 바탕에서 출발하여, 이제 우리는 현실에서 무엇을 해야 할 지를 찾기 위한 여행을 새롭게 시작해야 한다. 짐 자무시 감독은 어떠한 길을 찾아 나설 것인가?

2005 전주국제영화제 평가
— 전문성·대중성 강화, 독립성·대안성 심화에 다가서다

곽영진(영화평론가,
2005전주국제영화제 전문가패널)

1. 개 황

전주국제영화제는 국내에서 부산과 부천에 이어 세 번째로 개최된 국제영화제로시 부분경쟁을 도입한 비경쟁 영화제이다. 전주국제영화제 조직위원회가 주최하고 산하 집행위원회가 주관한다. 영화미학이나 영상기술 면에서 주류영화들과는 다른 비주류 대안적 영화를 관객에게 소개하며 일부 독립·디지털 영화를 지원한다. 또한, 문화예술의 도시 전주의 이미지를 살리고 '문화영상 수도' 지향과 관련해 현대적 개념의 복합문화산업인 영화제를 개최함으로써 지역발전은 물론 전주시민들에게 고품격의 문화서비스를 제공하고 한국영화계를 새롭게 이끌어갈 젊은 인재를 발굴·육성함으로써 한국영화 발전에 기여하겠다는 목적을 가지고 있다.

그간의 동(同)영화제는 후발주자로서의 장점보다는 '또하나의 국제영화제'로 받아들여지는 선입견이 강해서 그에 대한 적잖은 부담

을 안아야 했다[1]. 또, 전주라는 도시가 워낙 전통적인 이미지가 강해서 영화/영상 두시루서의 이미지를 부각시키기가 쉽지 않았던 것도 영화제 개최에 대한 공감대를 형성하는 데 큰 걸림돌이 되어왔다. 그러나 그 동안의 전주국제영화제는 타 영화제와의 차별화된 전략으로 성장해 나아가고 있다.

[자료] 제6회 전주국제영화의 개요 ────────────────────

전주국제영화제 측의 설명에 따른 것으로서, 다음과 같다.
[시제는 영화제 시작 전인 2005년 3~4월 현재. 이하, 필자의 **요약**. 영화제 직전인 4월 중 일부 프로그램섹션의 변화가 있은 듯한데 그 변화 내지 최종편재는 필자의 원고(4장, 프로그램의 섹션별 평가)에 반영돼 있다.]

새로움과 다양성을 추구하는 INDIE · DIGITAL FILM FESTIVAL

기존 영화적 관습에 얽매이지 않는 다양한 영화를 즐길 수 있는 영화제. 관객 스스로 사고하면서 영화, 나아가 타인과도 소통할 수 있는 영화제. 6회를 맞은 전주국제영화제는 "영화에 말걸기"를 지향한다.

명　　칭 : 2005전주국제영화제

슬 로 건 : 자유, 독립, 소통

성　　격 : 부문경쟁을 도입한 비경쟁 국제영화제

　　　　　(프로그램 섹션에서, 디지털 스펙트럼과 인디비전 스펙트럼의

　　　　　경쟁 섹션과 그 외의 비경쟁 섹션 망라)

---

1) 이러한 영화제 초기의 한계와 가능성 분석에 대해서는 본지 창간호 (2002, 6월) 남완석 평론가의 비평 참조.

개최일정 : 2005.4.28(목)~5.6(금) 9일간

행사규모 : 30여개국 170여편(장·단편)

상 영 관 : 전북대문화관(개.폐막식), 메가박스(메인상영관), 고사동 '영화
의 거리' 3개관

부대행사 : 고사동 '영화의 거리'

주   최 : 전주국제영화제 조직위원회

주   관 : 전주국제영화제 집행위원회

후   원 : 문화관광부/전라북도/전주시

① 프로그램 정보

□ 개막작 : 〈디지털 삼인삼색 2005〉

2005년 전주국제영화제는, 매우 이례적인 선택이지만, 직접 기획·제작한 〈디지털 삼인삼색 2005〉를 개막작으로 선정했다. 〈친애하는 당신〉, 〈열대병〉 등을 통해 아시아의 차세대 거장으로 주목받고 있는 아피찻퐁 위라세타쿤. 파격적인 비주얼 감각으로 넘치는, 〈철남〉 이후 현대적 도시 공간에 놓인 인간의 신체에 대한 탐구를 계속해온 츠카모토 신야. 진지한 철학적 성찰과 미학적 실험이 돋보이는 일련의 영화들로 주목을 모으고 있는 송일곤. … 이들이 보내온 작품(단편)은 서로간의 두드러진 차이에도 불구하고 환상과 현실의 경계를 가로지르며 사랑과 기억의 문제를 동시에 제기하고 있다는 점에선 동일한 관심을 공유하고 있는 것으로 간주될 수 있었다. 즉 각각의 작품이 하나의 커다란 테마 아래 한데 묶일 수 있는 영화들이었다.

□ '디지털 삼인삼색'이란?

1회부터 야심차게 시작한 특별기획 프로젝트인 〈디지털 삼인삼색〉은 극장 상영은 물론 국내외의 배급을 목적으로 기획, 추진되어 온 디지털

영화 제작 프로젝트이다. 전주국제영화제가 선정한 세 명의 감독에게 작품 당 5천만 원의 제작비를 지원하고 동영화제의 프리미어 상영을 전제로 디지털 카메라와 디지털 편집장비를 이용하여 각각 30분 분량의 디지털 영화를 제작하도록 하고 있다.

〈디지털 삼인삼색 참여 감독들〉[2]

2000 : 김윤태(한국), 박광수(한국), 장 위엔(중국)
2001 : 지아 장커(중국), 차이 밍량(대만), 존 아캄프라(영국)
2002 : 문승욱(한국), 왕 샤오수와이(중국), 스와 노부히로(일본)
2003 : 아오야마 신지(일본), 바흐만 고바디(이란), 박기용(한국)
2004 : 봉준호(한국), 이시이 소고(일본), 유 릭와이(중국)

□ 폐막작

…. 5년 간의 시나리오 작업기간에다 3차례나 제작사가 바뀌고 6명의 프로듀서가 교체된 이후에야 비로소 세상에 빛을 보게 된 〈남극일기〉. 〈소년기〉〈베이비〉 등의 단편영화로 주목 받았던 임필성 감독의 장편 데뷔작이다. 송강호·유지태 등 최정상 배우의 출연, 〈반지의 제왕〉 시리즈를 탄생시킨 뉴질랜드 일류 스탭들의 참여, 〈공각기동대〉〈이노센스〉 그리고 〈링〉 시리즈의 영화음악을 맡았던 가와이 겐지의 참여 등 신인감독의 작품으로는 이례적으로 국제적인 스탭과 대규모의 예산이 투입.

□ 메인프로그램 〈인디비전〉

올해 '인디 비전'은 이름에 걸맞게 세계 독립영화의 새로운 비전을 제시하는 영화들을 모았다. 데뷔작 혹은 두 번째 영화로 세상과 만나는 신인 감독들의 영화는, 그들이 영화로 만나는 분명한 자신만의 세계를

---

2) 2006년도엔 펜엑 라타나루앙, 에릭 쿠. 다레잔 오미르바예프 감독의 작품들이 초대되었다.

보여준다.

　… 여성의 눈으로 시골 마을의 아름다운 풍경과 사회주의 사회로서의 러시아를 하나의 영상으로 엮어낸 〈추수기〉, 여성 특유의 섬세함으로 강렬한 중앙아시아의 에너지를 전해주는 〈스키조〉, 환청에 시달리는 한 소녀의 이야기를 새로운 성장영화로 발전시킨 〈앙 가르드〉는 각각의 여성감독이 보여주는 다양한 세상들이다. 네덜란드의 빛에 대한 여러 이야기를 들려주는 〈네덜란드의 빛〉은 아름다운 영상이 넘치는 영화.

　□ 섹션 2005
〈시네마스케이프〉

　거장들의 작품과 주목할 만한 신인급 감독들의 신작을 소개해왔던 전주국제영화제의 '시네마스케이프' 부문.

　20세기 영화문화의 가장 귀중한 유산으로 남을 작품 가운데 하나일 〈영화사〉 연작을 장 뤽 고다르 자신이 직접 80여분 분량으로 재편집해 내놓은 〈영화사 - 선택된 순간들〉과 고양이 그림을 통해 동시대 프랑스 사회를 관찰하는 크리스 마르케의 소품 〈앉아있는 고양이〉, 올해 97세에 접어든 대가로 작년 베니스영화제에서 평생공로상을 수상한 바 있는 포르투갈 감독 마노엘 데 올리베이라가 내놓은 신작 〈제5제국〉, 오랫동안 기다려온 잉마르 베리히만의 디지털 신작으로 베르히만 자신의 〈결혼풍경〉(1973)의 속편 격인 〈사라방드〉, 요지경처럼 매혹적인 영화 세계를 펼쳐온 시네아스트 라울 루이즈가 30년 만에 고국 칠레로 돌아가 완성한 마술적인 작품 〈시골에서의 나날들〉, 그리고 전설적인 〈칠레 전투〉에서 근작 〈피노체트 재판〉에 이르기까지 집요하게 칠레역사에 대한 영화적 분석을 계속해 오고 있는 파트리시오 구즈만의 신작 〈살바도르 아옌데〉 등은 영화팬들의 눈길을 사로잡기에 충분할 것이다. 또한 비인간적인 대팔레스타인 정책으로 전세계인들의 비난을 사고 있는

이스라엘에 대해 다시 생각하게 만드는 다큐멘터리로서 미셸 클레이피와 에얄 시반의 〈루트 181〉

옴니버스 영화들의 강세도 눈에 띈다. 그 가운데 아키 카우리스마키, 벨라 타르, 마틴 슐릭, 피터 그리너웨이, 파티 아킨, 크리스토퍼 보에 등 25명의 감독들이 유럽연합(EU)에 대한 인상을 서로 다른 관점에서 풀어내고 있는 〈비전스 오브 유럽〉. 사진을 소재로 삼은 상이한 시기에 제작된 단편들로서 〈안녕하세요, 쿠바〉(1964), 〈율리시즈〉(1982) 그리고 〈이데사, 곰, 그리고 기타 등등…〉(2004)을 한데 묶어 완성한 아네스 바르다의 〈시네바르다포토〉 등이 눈길을 끈다.

그간 꾸준히 자신의 영화세계를 구축해 옴으로써 평자들의 관심을 받았던 젊은 감독들의 신작으로는 〈조지 워싱턴〉으로 평단의 극찬을 받으며 데뷔한 데이빗 고든 그린이 찰스 로튼의 걸작 〈사냥꾼의 밤〉을 연상시키는 서사와 테렌스 맬릭의 스타일로 찍어낸 〈언더토우〉, 〈권태〉와 〈로베르토 쉬코〉로 잘 알려진 세드릭 칸의 심리 스릴러 〈레드 라이트〉, 1990년대 미국독립영화계에서 가장 주목을 끌었던 감독 가운데 하나인 할 하틀리의 SF 코미디 〈걸 프롬 먼데이〉 등이 포함되어 있다. 한편 막스 오퓔스의 동명원작을 리메이크한 중국영화 〈미지의 여인에게서 온 편지〉와 따뜻한 웃음과 감동으로 무장한 카를로스 소린의 〈나의 개 봉봉〉은 당 영화제를 찾는 모든 관객을 위해 마련한 작은 선물이다.

□ 필름 앤 디지랩 〈영화보다 낯선〉

영화적 관습을 뒤흔드는 실험영화들을 선보이는 '영화보다 낯선' 부문의 가장 큰 변화는 상영작을 대폭 축소한 데 있다. 대신 동시대 아방가르드 영화작가들의 신작을 엄선해 상영하고, 전주국제영화제를 찾은 관객들에게 도움이 될 만한 정성스러운 강연 프로그램과 영화상영을

결합한다. 이미 실험영화계에서 확고하게 자리잡은 거장들인 어니 기어, 브루스 코너, 스티븐 드워스킨 및 켄 제이콥스의 신작들과 신인급 실험영화작가들의 작품들을 모아 상영하는 한편, 몇 개의 특별프로그램들을 마련했다.

작가 자신이 직접 제작한 독특한 필터를 활용해 시적이고 몽환적인 비주얼을 만들어내는 클레어 랭건의 '물, 불, 흙' 3부작(〈바다 깊은 곳〉 〈칠흑 같은 어둠〉 〈글래스 아워〉), 다양한 소재를 이용해 음악적인 율동을 만들어내는 실험 애니메이터인 조애나 프리스틀리의 작품들이 소개된다. 특히 올해 전주국제영화제의 야심적인 프로그램으로 꼽힐 만한 것은 전설적인 오스트리아 실험영화작가인 피터 쿠벨카의 전작 특별전일 것이다.

□ 소니마쥬

… 작년과 재작년, 실험성 짙은 프리뮤직과 칼 테오도르 드레이어 (Carl Theodor Dreyer), 게오르그 빌헬름 파브스트(Georg Wilhelm Pabst), 제르멘 뒬락(Germaine Dulac) 감독의 무성영화와의 음악적 만남을 시도했던 전주국제영화제는 올해 새롭게 변모된 소니마쥬를 준비한다. 즉, 일반 대중에게 다소 부담스러웠던 프리뮤직 대신 새롭게 어쿠스틱을 강조한 부드러운 재즈 밴드의 편성으로 프랑스의 거장 르네 끌레르의 초기 단편들과의 결합을 시도한다. 즉흥성이 생명인 재즈는 소니마쥬가 지향하는 현장성을 가장 잘 살려줄 수 있는 편성이 될 것이고 마르셀 뒤샹, 만 레이 등 1920년대 각 분야의 예술가들이 출연하여 화제가 된 작품 〈막간〉(Entr'acte)과 섬세하고 아름다운 초현실주의 작품이라는 평가를 받은 르네 클레르의 데뷔작 〈잠자는 파리〉(Paris qui dort) 두 편과 잘 어울리는 조합이 될 것.

② JIFF 클래스

□ 마스터 클래스

[전주국제영화세가 2003년 4회부터 시작된 필름네이거스 포럼을 보나 심층화 및 활성화하기 위해 2004년 제5회 프로그램으로 기획한 마스터 클래스(Master class)는, 영화를 구성하는 중요한 요소들의 미학적이고 실천적인 특징들을 살펴보고 그것을 만드는 구성원들의 경험적이고 미학적인 이야기들을 중심으로 대화와 토론을 이끌어내려는 취지로 만들어진 강연 형태의 프로그램이었다. 하여 상반기, 하반기 5명의 세계적인 촬영감독, 감독과 함께 하는 마스터 클래스를 진행하였다. 이 마스터클래스 촬영감독전은 영화미학에서 촬영을 보다 심도 있게 공부하고 배워가려는 학생들에게 열광적인 호응을 얻었다.]

제6회 전주국제영화제에서는 종합예술인 영화의 구성 요소 중 음악을 매체로 하여 '시청각 몽타지'의 이론을 구체화시키려하는 영화음악감독 마스터클래스를 진행. … 〈여고괴담 두 번째 이야기〉, 〈봄날은 간다〉, 〈꽃피는 봄이 오면〉 등의 조성우 그리고 〈공각기동대〉, 〈아발론〉, 〈이노센스〉, 그리고 〈링〉 등의 카와이 켄지(Kenji Kawai) 영화음악감독을 선정-초청하여 오랜 경력과 다양한 작품세계를 체험한 두 감독들의 미학과 노하우를 알아보며, 구체적인 제작실습을 통해 더욱 내실 있는 마스터클래스를 만들어가려 한다.

□ 시네마 클래스

2005년도는 프로그램과 직접 관련된 3개의 학술행사와 영화관련 학회가 주관하는 3개의 세미나로 이루어진다. 영화와 관련된 다양한 주제의 학술행사를 통해 영화를 둘러싼 다양한 스펙트럼을 접할 수 있는 좋은 기회가 될 것.

□ 로컬 클래스

올해부터 새롭게 전주지역의 영상·영화 단체들을 중심으로 한 학술행사를 〈로컬 클래스〉란 이름으로 상설화한다. 〈로컬 클래스〉를 중심으로 전주지역 영상·영화관련 단체들이 기획하는 학술행사를 적극적으로 받아들이고, 이들과 함께 학술행사를 함께 진행함으로써 지역의 영상·영화 정책과 산업과의 연계 속에서 지역의 영상·영화산업 발전에 이바지하길 희망한다.

③ EVENT

□ Midnight Party
- Vol.1 "나윤선 & 프랑크 뷔스테 듀오 콘서트"
- Vol.2 "파스텔 뮤직과 함께하는 지프 미드나이트 콘서트"
- Vol.3 "박재천의 World percussion Ensemble project 'Drum on Drum'"
- Vol.4 "TO BAND"
- Vol.5 "The CAT HOUSE"
- Vol.6 "마술극장"

□ 산발공연
- Atmen Offnen Theater
- L.D.P
- 설장고
- 강령탈춤
- 캐비닛 싱어롱즈
- 아마추어 증폭기
- 고재경(마임)
- 마술극장

□ JIFF 人+人
- '너(人)'와 '내(人)'가 나누는 우리의 이야기.

- Vol.1 영화 밖, 영화 이야기
- Vol.2 JIFF 풍경전
- Vol.3 "JIFF LOVE LETTER : 영화광들 수줍게 사랑을 고백하다."
- Vol.4 OPEN TALK
  - 초청 게스트의 일정에 맞춰 진행
  - GV 일정에 따라 야외 연장 진행

□ JIFF와 함께하는 '아름다운 가게'

□ 구.석.구.석 ON JEONJU
- 전주의 구석구석을 자전거를 타고 둘러볼 수 있는 JIFF2005만의 서비스.

2. 평가의 지표와 본고의 제한성

2004년 한국문화관광정책연구원이 개발하여 〈국제영화제 평가 및 향후 발전방안〉을 통해 발표한 평가 틀에 의거할 때, 국제영화제의 평가 지표로는 크게 세 가지를 들 수 있다. 인프라 평가, 관객 기대도 및 만족도 분석, 지역경제 파급효과 분석이 그것들. 본고에서는 그 내용을 (주)한국정보통계가 수정, 보완한 지표 및 도표를 인용하며 간단히 일별해 보기로 한다.[3]

첫째, 영화제 인프라 평가 : 인프라의 개념들을 기초로 하되 외부

---

3) (주)한국정보통계가 전주국제영화제 측으로부터 용역을 받아 제출한 〈제6회 전주국제영화제 평가보고서〉(1995 6월20일자) 3~4쪽.

적 및 객관적, 설문적 및 수량적 접근과 평가가 곤란한 오가웨어 (orgaware)와 휴먼웨어(humanware)를 통상 제외할 수 있다[4]. 그리하면 하드웨어(영화제의 전반적인 물적 구조 및 시설물), 소프트웨어 (땀흘리며 움직이는 인력서비스로서의 진행요원들과 자원봉사자들), 데이터웨어(영화제 프로그램 및 관련섹션과 각종 이벤트), 폴리웨어(홍보 및 마케팅 전략·정책 관련 사항들)의 4가지를 가지고 전체 관객들을 대상으로 하여 지표를 개발-사용하게 된다.

둘째, 영화제 관객의 기대도 및 만족도 분석 : 관객 세분화를 통한 각 집단별 기대도 및 만족도에 대해 통계적인 분석 방법을 통한 예측이 가능토록 평가 모형을 개발한다.

셋째, 지역경제 파급효과 분석 : 방문관객들이 일으킨 지역의 관광 및 문화상품에 대한 경제적인 효과를 분석하기 위해, 각 항목별 사용금액 및 전체 사용금액에 대한 문항으로 전체적인 경제효과를 분석한다.

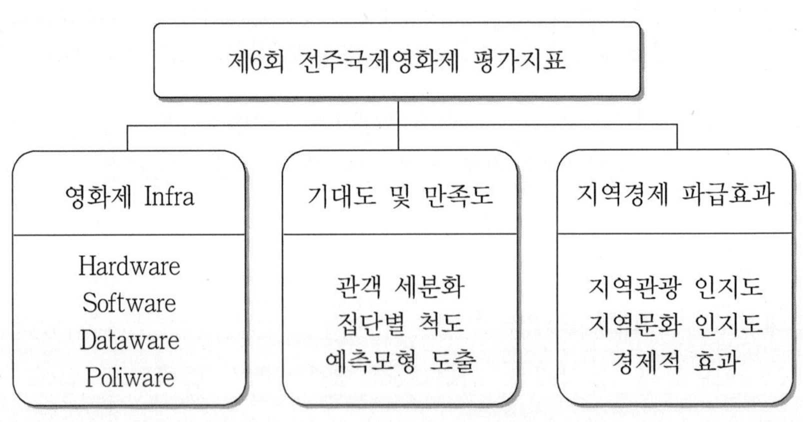

---

4) 본고의 3장, 총평 섹션에서는 일부 포함시키는 쪽으로 평가를 시도하였다.

필자는 제6회 전주국제영화제 직후 추천·위촉되어 영화제 종합 평가에 참여한 '평가위원'(전문가 패널)이었으되 영화평론가로서의 직분, 본지의 독자층, 지면의 제한 등을 고려하여 본고의 평가 대상을 아쉽게도 영화제 프로그램에 집중한다. 다분히 정성(定性)적이며 주관적인, 곧 비정량(非定量)적이며 비통계학적인 분석과 평가가 이루어졌다 할 것이다.

3. 총 평

관객이 잘 모여들지 않는 영화제는 위기를 맞을 뿐 아니라 끝내 존폐기로에 서기도 한다. 영화제는 페스티발이기 때문이다. 하여, 관객 분석 및 그 세분화는 매우 중대하다.

가령 (주)한국정보통계가 2005년 4~5월 관객 설문조사하여 뽑은, 영화제에 참여한 관객(참가자)의 거주지·성·직업군별 기초통계는 총평 및 세평의 전제가 되는 것들이다. 먼저 참가자의 거주지에 대해 분석한 결과 전북 32.0%, **전북 외 68%**의 비율을 보였다. 서울은 31.7%로 타 시도에 비해 매우 높은 참여가 나타났으며 다음으로 경기 12.3%, 대전 6.0%의 순으로 나타났다. 성별로는 남자 36.5%, **여자가 63.5%**로 여자가 남자보다 많이 참여한 것으로 나타났으며 연령대별로는 **20대가 80.2%**로 주류를 이루고 있는 것으로 나타났다. 이는 직업군별 분석에서 나타나는 것과 같이 **학생들의 참여가 64.6%**로 매우 높게 나타난 것에 대한 반영이라 할 수 있다. 일반관객집단의 연령별 분포로는 20대가 가장 많은 85.3%이며 30대가

8.5%로 나타나 매니아 집단, 준매니아 집단과 마찬가지로 20-30대의 비율이 전체의 93.8%를 차지해 주류를 이루고 있는 것을 알 수 있다. 한편, 영화제 기간중 방문자들이 관람하는 **평균 영화편수는** **5.43편**이었다. 최소편수는 1편, 최대편수는 36편이며 이때의 편차는 4.55로 나타났다.[5]

<전체관객의 영화관람 편수>

	최소값	최대값	평 균	표준편차
영화관람편수	1	36	5.43	4.55

프로그램의 경우, 이벤트와 마찬가지로, 전문가 집단과 매니아 집단은 기대보다 못했다라는 평가를 한 반면 준매니아 집단과 일반관객집단의 경우는 매우 만족하고 있는 것으로 나타났다.[6]

<집단별 프로그램 수용성 비교>

프로그램	기대도	만족도	Gap
Total	3.27	3.31	0.04
Professional Group	2.50	1.84	-0.66
Mania Group	3.52	3.41	-0.12
Semi-Mania Group	3.46	3.77	0.32
General Customer Group	2.84	3.08	0.25

---

5) 이상, 위의 책 33~43쪽 참조. 아래 영화관람편수 도표는 49쪽에서 인용.

6) 이 지적과 관련된 아래 도표는 위의 책 153쪽에서 인용.

전주국제영화제는 제6회를 거치며 새롭게 짜여진 프로그램팀과사무국의 기능·역할이 주효하여, 그 면모를 일신하였고 양호한 결과를 산출하며 이제 완전히 자리를 잡은 것으로 평가할 수 있다.

1~3회 영화제 초기의 '소아적인' 모습과, 비교적 자리잡힌 안정된 모습을 연출해야 했던 제작년 5회 때의 '실수 속출의 미숙한' 모습에 비할 때 분명 괄목할 만한 일신이요 성공이라 하겠다. 이것은 자체 내적인 큰 변모일 뿐 아니라 객관적으로, 국내외 비교상으로 우수 평가를 내릴 수 있는 변모이기도 하다. 전주국제영화제는 일시 파행에 봉착한 부천국제영화제를 제치고 부산 다음가는 국내 2위의 국제영화제로 자리잡을 전망, 그 가능성을 내비쳤다.

2005 전주국제영화제는 우선 영화제의 꽃인 프로그래머로서 정수완·유운성 2인의 기량이 잘 나타난, 질 좋고 맛깔스러운 프로그래밍이 돋보였다. 다시 말해, 그러한 작품 선정과 안배가 눈길을 끌었다. 한마디로 볼거리가 많은 영화제였다. 주말과 어린이날엔 대부분의 표가 매진되는 등….

간결하고 속도감 있는 개·폐막식 진행은 평가할 만한 것임에 반해 선정된 개·폐막작에 대해서는, 부정적인 의견도 많은 편이어서 아쉬움으로 남는다.

한편, 관람작품 선택 시 결정적 도움을 주는 작품 카달로그의 서술 방식은 매우 적절하여 관객에 많은 도움을 주는 것이었다.

재정적인 측면에선 예산 축소가 있었던 전년에 비해 풍족해진 결과로 조직과 사업, 이벤트 전반에 활력이 붙은 느낌이었다. 아무래

도 돈과 인프라, 후원 및 협찬을 열심히 끌어온 민병록 집행위원장 등 여러 사람의 역할과 열정이 컸던 결과이지 싶다.

행정적인 측면에선 김건 신임사무국장 체제의 성실·치밀함이 대체로 잘 반영된(실무인력 전체의 물갈이와 맞물린 1년차임에도…), 바로 그러한 기능과 모습으로 나타났다. 영화제 및 그 행사들의 홍보(특히 언론의 관리), 게스트의 초청 및 관리/예우, 티켓 현장발매 등에서 다소의 부족과 실수가 발견되었지만 전반적으로 양호한 편이었다. '입장 바꿔서 생각할 문제' 정도의 부족과 실수 아닐는지….

일부 스탭과 자원활동가에게서 약간의 서툴음과 비례(非禮)가 지적되었지만, 이 정도면 역시 전반적으로 양호한 편이라 할 만하다. 특히, 자원활동가들의 성실성과 소양이나 자세는 전년에 비해선 획기적으로 개선되었으며 다른 많은 영화제들을 능가할 만한 것이었다.

기술적인 측면에선, 적어도 필자에게 상영 사고 소식이 들리지 않은 것으로 보아, 관객들에게 높은 만족도를 준 것이라 평가된다.

조직 시스템과 맨 파워를 바꾸자마자 안정과 변화·활력을 이루고 "전문성과 대중성의 강화를 동시에 일궈낸, 즉 한꺼번에 두 마리 토끼를 잡는 매우 어려운 결과를 도출해낸"(필자나 김영덕 영화제 프로그래머 등)… 바로 그런 제6회 전주국제영화제였다.

4. 프로그램의 섹션별 평가

작년 6회 영화제는 자유, 독립, 소통이라는 영화제 슬로건에 비추

어 그간 현저히 부족했던 소통의 측면도 강화되어 다양하면서도 흥미롭고 특징있는 섹션, 일반 상업영화와 달리 낯설지만 그러나 재미있는 영화, 주류 취향이 아니면서도 감동을 주는 영화들이 비교적 많았다. 씨네마니아나 씨네필, 영화전문가 입장에선 "좋은 영화들이 많아 무엇을 볼까 행복한 고민을 하게 만드는"(회사원 김영환 씨 등), "기대이하보다 기대이상으로서 적중률이 비교적 높은"(필자나 김시무 평론가 등) 경우가 많았다.

개·폐막작에 대해…

개·폐막작은 내러티브와 주제의식이 모호한 대로 전문성(미학성)이 특출하거나 반대로 전문성이 부족한 대로 대중성이 강한 작품 선정이지 못하고, 즉 둘의 조화나 어느 한쪽의 강조도 이루지 못한 어정쩡한 작품으로 다가왔다고 생각된다.

개막작('디지털 3인3색' 옴니버스)의 경우. 송일곤 감독 작품은 많은 호감을 샀지만 아피찻봉 감독 것은 다소 심각한 문제를 드러냈다는 게 중평이다. 단 하나의 쇼트(원 필름 원 컷) 안에서 과거와 현재를 오가며 자유와 구원을 꿈꾸는 송일곤의 〈마법사(들)〉은 "그 과감하고 모험적인 시도만으로도 주목에 값할 만한" 것이었다. 또다시 타이의 정글로 들어가 만든, 아피찻퐁 위라세타쿤의 〈세계의 욕망〉은 예의 아방가르드적인 연출감각과 신비주의로 넘쳐나는 일면에 "디지털습작 같다. 5천만 원을 지원받았으면서…"라는 지적도 나왔다. 한편, 전체개막작의 관객 설문 결과는 우호적인 것으로 나타났다.

폐막작 〈남극일기〉의 경우 내러티브와 논리의 모호함과 비일관성, 가히 새롭고 다양하지 않은 영화라는 점 등의 이유로 비우호적인 반응이 컸다.

메인 프로그램에 대해 …

메인 프로그램은 전주국제영화제의 특색이나 특장을 대표하는 독립영화와 디지털영화 섹션, 아니 섹션 이상의 중심 부분이라 할 만하다.

먼저 '인디비전' 부분은 세계 독립영화의 새로운(신진) 경향을 보여주는 프로그래밍이긴 하지만, 2대 메인프로그램의 하나로서는 작품 편수가 다소 적고 〈앙 가르드〉〈추수기〉 등 외엔 인지도와 주목도가 좀 떨어지는 선정/편재였다고 보여진다. 여성 감독들의 '약진'이라고 할 정도의 작품 포진, 또한 다양한 풍경이나 영상 자체에 대한 관심은 이채를 띠었다.

'디지털 스펙트럼' 부분은 이제는 중견감독이 된 지아 장커의 〈세계〉 그리고 매우 독특하고 파워풀한, 영화학교 졸업작품 〈체코 드림〉 등 안배가 괜찮았다. 특히 〈체코 드림〉은 관객 반응이 열렬했다. 〈내 마음의 구멍〉은 비자르 하드코어와 아트 영화가 결합한 흔치 않은 상영 예였으나 좀 지루하다는 반응. 〈바다의 기억〉은 의외로 반응이 좋았다. 이 섹션은 신인의 신작이 많은 등 전체적인 포진, 구색과 작품성 안배가 좀 약했다는 생각이 든다. 거장 베르히만의 디지털신작 〈사라방드〉가 '시네마 스케이프'가 아닌 이쪽에 배치되어 '메인'을 빛내주었다면 어땠을까?

'섹션 2005'에 대해 …

'시네마 스케이프':

고다르, C. 마르케, P. 구즈만, O. 스톤 등 거장의 다큐멘터리와 베르히만, 올리베이라, 그리너웨이, 루이즈 등 거장의 극영화 들이 관객의 정신을 '못 차리게' 하고 카우리스마키, 기요시, 하틀리, D. G. 그린 등 다른 중견·신예들의 작품들 또한 만만치 않음을 과시하는 등… 질 좋고 화려한 영화들의 향연으로서 이번 전주국제영화제 최강의 섹션이었으리라. 〈나의 개 봉봉〉〈다윈의 악몽〉〈미지의 여인으로부터 온 편지〉 등도 좋은, '의외의' 평가를 낳기도 했다.

'마그렙 시네마 특별전':

관객이 오락 이상으로서 영화를 보는(찾는) 이유 중의 하나는 영화를 통해 해당 지역과 사람들의 문화 및 종교를 간접체험하고 배우는 것에도 있다. '마그렙 시네마 특별전'은 특별전으로서 의미가 높은, 그러나 손색이 없지 않은 기획과 구색이었다. 북아프리카 지역, 곧 서양문화와 착종하고 충돌하는 아랍문화의 이해와 간접체험에 유효한 기획이었다. 단, 튀니지와 모로코 영화에 국한하고 이집트, 알제리 등을 포괄하지 못한 구색 내지 지역적 한계가 아쉽다. 〈천월〉의 반응이 특히 좋았으며 〈인디안 썸머〉〈러브스토리 인 카사블랑카〉 등도 수작 급에 드는 작품이었다.

'소마이 신지 회고전':

소마이 신지 감독의, 국내에 잘 소개되지 않았던 80년대 작품들과 청소년·성장 영화들에 방점을 찍는 좋은 기획과 안배였다.

신지 감독의 영화들은 작품성이 일정 수준 이상을 유지하는 독립
영화들이면서 개성과 대중성이 풍부한 것들로, 그 조화력이 관객대
중에게 낯설고도 친근한 매력을 준다. 〈세라복과 기관총〉〈슌벤 라이
더〉〈태풍클럽〉〈꿈꾸는 열다섯〉〈이사〉 등 '청소년영화'들을 처음 또는
다시 맛보는, 〈러브호텔〉〈바람꽃〉 등 로망포르노 계열의 이색적이고
일본적인 영화들에 빠져드는 "쾌감"이야말로 우리가 영화제를 찾는
그리고 영화광이 되길 아주 잘한 중요한 이유 중의 하나가 아닐까.

"한국영화 코너" :

장편디지털 섹션인 '한국영화의 흐름'과 국가인권위 제작 장편옴니
버스 '다섯 개의 시선' 및 '별별 이야기'(애니메이션), 단편 섹션인 '한
국단편의 선택 : 비평가 주간' 및 '한국단편 애니메이션' 그리고 '특별
상영' 섹션1의 '(발굴된, 일제하의 잊혀진) 한국영화'와 주류 상업/대
중물에 치중된 '야외상영 : 한국영화 축제'가 있다. 여기저기 산재된
한국영화 섹션을 "한국영화 코너"로 필자가 통합 분류, 정리해 보았다.

그밖에 새로 확대·개편된 '영화 궁전'에서는 아동·가족용 小섹
션인 '영화 궁전'이, 단골 미드나잇 섹션 '전주-불면의 밤'은 세 가지
小섹션 전부가 충실한 프로그래밍이었다.

5. 유감, 개선점 그리고 전망

2005 전주국제영화제 최강의 섹션은 거장 및 예비거장들의 '시네
마 스케이프'와 연년 매진의 미드나잇 스페셜 '전주-불면의 밤'일 것

이다. 메인 프로그램이나, 개막작이기도 한 '디지털 3인3색' 등의 섹션별 문제점에 대해서는 제4장의 진술들로 갈음하려 한다.

관객 작품선택에 결정적 도움을 주는 메인 및 서브(小) 카달로그의 서술 방식은 줄거리 서술위주 방식을 탈피한, 작품의 개념·초점·특성 강조 서술병행 방식으로서 매우 적절하여 관객에 많은 도움을 주는 것이었다. 반면, 목차를 펼쳤을 때 관객 입장에서 요해가 된다기보다 왜 이리 혼란스러울까? 그것은 섹션 및 소섹션과 그 나열된 용어들이 너무, 아니 다소 많은 것에 1차 문제가 있겠지만 범주 설정에서 대분류, 소분류의 구분과 통합이 잘 이루어지지 않는 것에 더 큰 문제가 있다. 가령, 여기저기 산재된 산만한 한국영화 섹션을 "한국영화 코너"라는 카테고리로 필자가 임의로 통폐합 분류, 정리해 본 것이 다소 참고될 수 있지 않을까 싶다.

'필름 앤 디지랩(Film & Digi Lab)'의 중심인 '영화보다 낯선' 상영 부문과 'JIFF 클래스'의 다양한 강의·세미나 부문은, 대안성 영화제로서의 전주국제영화제가 대중성과 별개로 점점 더 강화해 나갈 부분인데 특히 이 번은 기획이 좋았다.

영화제의 지역성(지역민·지역문화·지역산업 연계성) 강화의 문제는 매우 중요한 공통 과제이다. 'JIFF 페스케이드(JIFF Fascades)'의 각종 이벤트로서 '한밤의 파티', '산발 공연' 등은 부족한 예산에 걸맞은 것들로서 대중의 반응이 좋았던 것 같다. 포럼·세미나 부문 소섹션인 '로컬 클래스'와 지역민 영상인재 발굴·교육의 연장 소섹션 '디지털 필름 워크숍'도 더욱 발전시켜야 할 것으로 믿는다.

2005 전주국제영화제는 전체 작품 편수와 오전 상영회수를 크게, 아니 중·소폭 줄인 시도도 참신하고 혁신적이었을 뿐 아니라 그 결

과도 성공적이었다고 본다. 소규모 영화제의 개념에도 맞고 경제적 효과도 큰, 선택과 집중의 좋은 결과…. 우량(수·걸작) 영화 위주의 편재라면, 이는 관객에게도 큰 도움이 된다.

그런 한편 전주국제영화제는 이 번, 다음 번 성공을 기화로 소규모 국제영화제가 아닌 중규모 국제영화제로의 개념, 틀, 진로 수정을 조심스레 검토할 필요가 있을 법도 하다. 이를 위해 전용극장이 필요한 것도 아니다. 부산국제영화제, 부천국제영화제와 달리 전주는 '영화의 거리' 한 곳으로 상영관이 몰려 있는 특장이 있기도 하니까.

전주국제영화제는 아마도 국내 2위의 국제영화제로 자리잡아갈 것이다(좀 과장해서 말한다면, 먼 장래 세계 10대 국제영화제의 하나일 것을 꿈꾸고 예감하며 전망하는 것도 무망한 일만은 아닐 것이다). 돈과 규모보다는 우선 '알참'과 '대안성'으로 승부해 가면서….

불가능에 대한 사랑으로 나가는 감정의 무늬
— 허진호 감독의 〈외출〉

강성률(영화평론가)

지금은 이름난 소설가가 된 김훈이 『한국일보』 기자로 있을 때 그의 문학 기행은 많은 이들의 감정의 결을 자극했다. 그는 특유의 낭만적이고 아름다운 문체로 많은 독자들을 거느렸다. 최근 그의 글을 다시 읽으면서 나의 눈길을 잡는 부분이 있었다. 신경숙의 「풍금이 있던 자리」를 거론하며 그는 신경숙의 소설이 "사랑의 불가능에 대한 절규가 아니라, 불가능의 무늬"를 다루고 있다고 했다. 참으로 적절하고 아름다운 지적이었다. 그녀의 소설은 사랑의 절규가 아니라 불가능의 무늬를 섬세하고 쓸쓸하게 그리고 있는 것이다.

그러나 이런 지적보다 더 깊이 다가오는 것은 "사랑의 불가능의 몸짓도 사랑은 사랑이다. 그러나 그것은 불가능에 대한 사랑일 뿐이다. 그래서 신경숙은 가능에 대한 사랑으로 나아가게 된다"라고 지적한 부분이었다.

이 글을 읽으면서 나는 허진호의 영화가 떠올랐다. 허진호의 영화 역시 끊임없이 사랑의 불가능성을 답습하고 있다. 그의 영화에는 이루어질 수 없는 사랑의 아픔이나 변하는 사랑의 고통이 그려진다. 최근작 〈외출〉 역시 이루어질 수 없는 사랑에 대해 이야기하면서 사랑의

가능을 살짝 드러내 놓고 있다.

허진호의 영화에서 흥미로운 것은 그가 그린 영화 속 인물들이 성장한다는 것이다. 〈8월의 크리스마스〉에서 뭇 남성들을 설레게 했던 다림(심은하 扮)은 20대 초반의 여성이고, 〈봄날은 간다〉에서 연상의 연인 때문에 괴로워하던 상우(유지태 扮)는 20대 중·후반의 남성이었다. 이제 허진호는 30대 중반의 불륜을 이야기한다. 그것도 만나서는 안 되는 두 사람의 사랑을 거론한다. 이렇게 허진호의 영화 속 인물들도 성장하고 있는데, 성장한 인물만큼이나 성장한 그의 영화세계는 사랑의 미묘한 감정의 물결을 영화 속에 펼쳐놓는다.

결코 사랑해서는 안 되는 두 사람이 사랑을 할 때 관객들은 짜릿한 '반역의 쾌감'을 느낀다. 특히 그들의 사랑의 행로가 호기심에 피우는 담배처럼 장난같이 시작되다가 어느 순간 빠져 나올 수 없는 중독의 단계로 나가게 될 때, 그 긴밀하고 섬세한 과정을 스펀지가 물을 빨아들이듯이 모조리 담아내고 있을 때, 그 영화를 보는 이들은 스크린에서 눈을 떼지 못한다. 내게 〈외출〉은 그런 영화였다.

아내의 교통사고, 남편의 교통 사고 때문에 만나게 된 인수(배용준 扮)와 서영(손예진 扮)은 처음에는 고통스럽다. 믿었던 사람이 불륜 관계였던 사람과 밀회를 즐기다가 사고를 냈다는 것을 그들은 믿을 수 없었던 것이다. 차츰 사실을 알아가면서 그들은 절망과 고통 속으로 젖어든다. 그러나 흥미롭게도 감독은 두 사람 역시 불륜 관계로 빠져들 것이라는 암시를 영화 초반에 이미 포석해 두었다. 사고를 처리하면서 두 사람이 함께 보는 콘돔, 디지털 카메라, 문자 메시지, 호텔에서의 정사 동영상 등을 통해 이미 두 사람도 그런 관계 속으로 빠져들 것이라는 아이러니를 담은 것이다.

그러나 두 사람을 불륜으로 자연스럽게 몰입시키기 위해서는 타당한 영화적 장치가 있어야 한다. 허진호가 누구인가. 대한민국의 어떤 감독보다 사랑의 미묘하고 복잡한 감정을 현미경으로 관찰하듯 정밀하게 전달할 줄 아는 감독이 아닌가. 이에 걸맞게 영화 속에는 다양한 장치가 있지만, 서로에게 적대감을 지우고 마음을 여는 것은 해남으로 가는 조문을 통해서였다. 그곳에서 두 사람은 서로의 배우자가 저지른 잘못의 용서를 구해야 한다. 어색한 두 사람이 상갓집에 찾아가는 장면, 그 쓸쓸하고 황막한 풍경은 두 사람의 마음이다. 무엇보다 나이 어린 서영의 슬픔은 크다. 동병상련, 그들의 '슬픔의 심로'를 이보다 정확히 짚어주는 단어는 없을 것이다. 조문을 다녀오면서 저물어가는 길가에서 서영이 하염없이 울 때, 인수가 그 옆에서 가만히 서 있는 창백한 장면은 2005년 내가 본 영화 가운데 가장 빼어난 명 장면 가운데 하나였다.

그렇게 인수는 서영을 감싸안고 이해해준다. 숙소로 들어가기 직전 "힘내세요" 라는 한 마디는 사람의 마음을 휘어잡는 힘이 있다. 때로는 아무렇지 않은(것처럼 보이는) 말 한마디가 사람을 매료시킬 때가 있다. 이 영화에서 "힘내세요"라는 인수의 말과 "우리 사귈래요"라는 서영의 말이 바로 그러하다. "우리 사귈래요? 둘이 기절하게"라고 술김에, 무의식적으로 터져 나온 말은 실은 그의 마음이었다. 이것을 들켜버린 서영은 바람을 쐰다는 핑계로 자리를 비우게 되고 홀로 남은

인수는 괴로워한다. 그러나 이제 둘은 서로의 마음을 열었다. 그리고 서울에서 만나는 것으로 연애의 감정으로 다가간다.

이 영화에서 연애의 시작은 이 부분부터라고 할 수 있다. 사실, 두 사람이 서울에서 따로 만날 이유가 없다. 서로에게 호감을 지니고 있기에 그렇게 만나는 것이다. 한강변에서 달리기를 하는 둘의 모습은 서로에게 호감을 가지지만 쉽게 전달하지 못하고 상대의 마음을 떠보는 것이다. 아직까지 불륜이 두려운 그들은 걸어왔던 길을 다시 돌아간다. 그것은 몇 걸음 옮겨놓은 그들의 사랑을 되돌리려는 행동이다. 그들은 정말로 두려운 것이다.

그러나 계절의 변화와 함께 그들의 사랑도 봄기운 속으로 빨려들어간다. 잘 키우라며 인수에게 건네준 화분을 수진과 헤어진 인수는 끝까지 간직하고 있다. 그녀의 마음을 끝까지 간직하고 있는 것이다.

영화 〈외출〉은 이렇게 두 사람이 사랑하게 되는 과정을 차분하게 지켜보듯이 그리고 있다. 물론 인수의 아내가 깨어나고 서영의 남편이 죽으면서 잠시 질투도 느끼고 괴로움에 빠져 사랑을 끝내려 하지만, 그러나 그들은 자신들의 사랑을 밀고 나간다. 인수가 수진에게 "그 사람 죽었어"라고 말함으로써 두 사람이 이혼하고 인수와 서영이 결합할 것을 암시한다. 그리고 영화의 결말은 인수와 서영이 여행을 떠나는 것으로 되어있다. "우리 어디로 가는 거예요?" "어디로 갈까요?" 그 둘은 정말 어디로 가(고 싶)은 것일까? 그들은 전남편과 전 아내가 겪었던 길을 반복하지는 않을까, 두렵기도 하다.

〈외출〉에서 중요한 것은 허진호가 사랑의 가능성을 이야기했다는 것이다. 비록 쌍방불륜이라는 비판을 받을지라도 그들은 서로를 사

랑하게 되었다. 비록 그들의 사랑이 그들을 아프게 했던 배우자의 불륜으로 인해 시작되었고, 배우자들이 했던 행동을 그대로 답습해야 했던 아이러니를 지니고 있지만, 그들은 진정으로 서로를 사랑하게 되었다. 그리고 그들은 그 사랑을 끝까지 간직한다. 그렇다면 허진호는 이제 사랑의 불가능에서 가능으로 이동한 것일까? 김훈처럼 말하자면, 사랑의 불가능도 사랑이기 때문에 가능으로 나가게 된 것일까? 그러나 그렇게 단정짓기엔 허진호의 시각은 아직 차갑다. 그들은 영화 속에서 거의 한 순간도 행복해하지 않는다. 불가능한 사랑의 고통 속에서 괴로워할 뿐이다. 때문에 엔딩은 환상으로 보이기까지 하다. 그러나 허진호가 그런 가능성을 이야기했다는 것이 중요하다.

허진호는 영화 제목을 매력적으로 짓기로 유명한 감독이다. 〈8월의 크리스마스〉라는 부조리한 단어의 조합은 미묘한 울림을 주었고, 낡은 유행가의 가사이지만 〈봄날은 간다〉라는 인생의 한 측면을 은유했다. 그렇다면 도대체 〈외출〉은 무엇을 의미하는 것일까? 누가 외출한 것일까? 그들의 배우자였을까, 그들이었을까? 과연 그들은 무슨 외출을 한 것일까? 영어 제목인 〈4월의 눈 April Snow〉은 도대체 무엇을 보여주는 것일까? 봄에 내리는 눈이 불가능하듯이 그들의 사랑도 불가능하다는 것을 암시하는 것일까? 그들의 사랑은 불가능한 외출을 한 것이었을까? 어느 것 하나 쉽게 풀리지 않는다. 그러나 이렇게 알듯 말듯 한 것이 사랑의 감정이고 우리네 인생이지 않은가.

마지막으로 영화음악을 이야기해야 할 것 같다. 드넓은 러시아의 광활한 대지를 떠올리게 하는 차이코프스키의 음악을 듣는 것 같은

환각을 주었던 조성우의 음악은, 식상하지만 탁월하다는 말로밖에는 달리 표현할 방법이 없다. 특히 두 사람이 조문을 위해 해남으로 가던, 연기가 피어나는, 몽롱한 풍경에서 들려오는 음악과, 두 사람이 두 번째 정사를 애절하고 간절하게 나누는 장면에서 들려오는 차갑고 단조롭지만 한없이 쓸쓸한 (첼로를 연상시키는) 피아노 음악은 조성우의 음악이 (이 영화에서만은) 어떤 경지에 접근했음을 보여준다.

허진호는 인간에게 가장 보편적인 정서인 사랑을 이야기하지만, 그의 영화를 보는 것은 못내 힘겹다. 나이를 막론하고 사람을 설레게 하는 사랑은 그러나 그 순간 인간을 가장 힘겹게 한다. 때문에 허진호의 영화를 보는 것은 즐겁지만 고통스럽다. 무엇보다 사랑의 불가능에서 가능으로 나가기 시작한 〈외출〉은 허진호가 세상을 보는 눈이 긍정적으로 넓어졌고 깊어졌다는 것을 의미한다. 그의 차기작을 위해 또 다시 4년을 기다려야 한다는 것이 고통스럽다.

한국형 어른의 가면 벗기기
-윤종빈 감독의 〈용서받지 못한 자〉

안시환(영화평론가)

〈용서받지 못한 자〉는 반복되는 자살이라는 극단적 사건을 제외한다면, 영화의 시선이 포착하는 세계는 군생활에서 벌어지는 평범한 에피소드의 나열일 뿐 그리 특별한 것이 없다. 그런데 〈용서받지 못한 자〉의 그 특별할 것도 없는 영화적 세계에서 익숙함만큼의 낯섦을, 평범함만큼의 두려움을, 망각한 것만큼의 강렬함을, 웃음만큼의 끔찍함을 느낀다. 2005년 〈용서받지 못한 자〉가 하나의 사건일 수 있다면, 20대 중반의 윤종빈이라는 낯선 감독이 우리가 되살아나지 않기를 바랬던 기억, 결코 초대하고 싶지 않았던 기억의 잔영을 호명함으로써, 우리가 안전하리라 믿었던 기억의 집을 위협한다는 점에 있다.

초대받지 못한 손님

이미 제대한 태정(하정우)이 아직 군복무 중인 승영(서장원)에게 전화를 받는다. 휴가중인 승영은 태정에게 할 말이 있다며 만나자고 하지만, 태정은 만남을 연기할 핑계를 만들어내기에 바쁘다. 그런데

영화는 태정의 이러한 태도에 대해 어떤 이유도 제시하지 않는다. 이는 영화적으로 큰 '빈 틈'이고, 이후에라도 설명되어야 하는 인과율적 요소이다. 하지만 〈용서받지 못한 자〉는 태정이 여자 친구를 불러내어 만남의 시간을 단축하려 하고, 승영에게 '역겨운 놈'이라는 소리치는 모습을 보여주면서도, 무엇이 태정에게 승영을 기피의 대상이자 역겨운 대상으로 만들었는지에 대해서는 끝까지 입을 다문다.

여기서 이상한 점은 승영의 고참이자 중학교 동창이었던 태정은 군생활 동안 승영을 감싸주었던 친구이자, 아버지였고, 또한 애인이었다는 것이다. 달리 말해 그는 승영을 기피할 이유가 없다. 때문에 영화 속에서 태정과 승영의 관계는 군대라는 공적 공간에서 맺은 사적 관계와 그 공적 거리가 사라진 사적 관계로 구분하여 파악해야만 한다. 태정이 승영의 아버지이자, 친구이자, 연인일 수 있었던 것은 군대 안에서 고참이라는 공적 권위 속에서만 가능하다. 반면에 군대 고참이라는 권위로서 보호받지 못하는 민간인 태정에게 승영은 너무도 부담스러운 존재이다. 태정은 군대라는 공적 공간에서 사적 관계의 금지를 넘어서며 승영을 향유(juissance)의 대상으로 삼을 수 있었지만, 그 금기가 사라졌을 때 사적 대상으로 나타난 승영은 욕망의 대상이 아닌 역겨운 존재에 불과하다. 또한 승영의 갑작스러운 호출은 고참이라는 공적 권위의 보호를 받지 못하는 태정이 승영에게 아무것도 해줄 수 없다는 것을, 자신이 초라한 한 남자에 불과하다는 것을 상기시킬 뿐이다(실제로 태정은 군대 시절보다 민간인일 때 훨씬 초라하게 재현된다). 승영과의 만남 이후 그리고 승영의 자살 직후 모두에서 태정이 여자 친구와 섹스를 하는 장면이 연결되어 재현되는 것도 이 때문이다. 태정에게 섹스는 그 초라함에

서 벗어나 자신의 남성성을 확인받고자 하는 일종의 도피 행위이다.

승영의 전화는 불청객이다. 원하지 않았던 불청객이 파티를 망쳐 놓는 것처럼, 초대받지 않은 기억은 현실을 흐트러뜨린다. 실제로 〈용서받지 못한 자〉는 태정과 승영이 함께 군생활하던 과거(태정이 제대한 후에 승영이 변해가던 모습까지도)와 현재에서의 만남을 교차 편집함으로써 현재로 침투하려는 '실재 기억'과 이를 막으려 애쓰는 현재 간의 사투를 담아낸다. 태정에게 군대는 취사선택된 기억을 통해 적당히 무용담을 만들 수 있으면 족하며, 그렇게 군생활은 '판타지-추억의 공간'이 된다. 때문에 태정의 실재 기억을 담고 있는 창고로서의 승영은 취사 선택된 기억 이상을 지닌 잉여 인간이자, '추억의 장소-판타지'를 위협하는 불청객이다. 지젝의 지적처럼, 은닉되어야 하는 실재가 자신의 존재를 주장하기 시작하는 순간 판타지는 무너진다. 여기서 태정의 판타지가 단지 영화 속 인물, 혹은 한 개인의 판타지가 아니라는 데 주목해야 한다. 군대 담론이 한국 사회가 지닌 담론의 성격에 깊이 연관되어 있다는 점을 감안한다면, 태정이 배제하려는 이 실재야말로 한국 사회의 성격을 파악할 수 있는 중핵일 것이다.

한국형 어른이 된다는 것

　여관에서의 장면을 상기하자. 승영은 태정에게 자신의 무죄를 주장하기도 하고, 태정의 공범 사실을 폭로하려 하기도 하고, 자신의 죄책감을 고백하기도 한다. 관객은 이 장면 이전에 지훈의 자살과 승영의 꿈 장면을 보았을 것이고, 여관 장면 이후에 승영의 자살 장면과 태정의 무책임한 태도를 보아야 할 것이다. 이러한 신의 연속을 통해 누가 '용서받지 못한 자'인지, 그리고 왜 용서받지 못하는지가 드러난다. 승영의 꿈 장면에서 늦은 밤 지훈, 태정, 승영이 벤치에서 만난다. 늦게 나타난 지훈은 태정과 승영에게 처음에는 반말을 하다가, 어느새 존대로 이야기하기 시작한다. 그 후 지훈은 반복적으로 승영에게 "감사합니다"라는 말을 집요하게 반복한다(꿈 장면은 지훈의 자살 이후에 등장한다). 그들은 군인이 아닌 민간인으로 만나는 것처럼 보이는데, 이 장면에서 지훈이 승영에게 "감사합니다"를 반복하는 이유는 무엇일까? 단순하게 보면, 죄책감에서 벗어나고자 하는 승영의 욕망이 지훈에게 "감사합니다"라고 말하게 하는 것처럼 보인다. 하지만 꿈에서 깨어난 승영이 이를 악몽처럼 느낀다는 점을 감안한다면, 지훈의 "감사합니다"는 반어적 표현으로 읽혀져야 할 것이다. 즉, 지훈은 "감사합니다"를 집요하게 반복함으로써 자신의 죽음에 대한 책임을 승영에게 묻는다. 자신이 지훈으로부터 용서받지 못한 자라는 것을 확인한 승영은 꿈을 피해 현실로 되돌아온다.

　여관에서 태정과 대화를 시도하던 승영은 지훈의 자살 소식을 전하고 '아버지-연인-친구-고참'인 태정으로부터 어떠한 위로를 기대

했을 것이다. 하지만 태정은 승영이 말하고자 하는 것이 무엇인지를 듣기도 전에 자신의 무죄를 주장한다. 태정은 군대라는 조직의 구조 속에 모든 죄를 전가함으로써 무죄가 되는 반면에, 그 속에 숨을 수 없는 승영은 자신의 유죄를 확인할 뿐이다. 여기서 태정이 자신의 무죄를 입증하는 방식은 한국 사회 구성원들의 정치적 무의식과 맞닿아 있는 것은 아닐까. 역사적 가해자와 피해자를 구분하기 힘든 한국 사회의 특수성을 감안했을 때, 그 구성원들은 모든 죄를 모순적인 사회적 구조 탓으로 돌림으로써 그 조직의 일원으로서 가학적 행위에 암묵적으로 동참했던 자신의 죄를 잊고자 한다. 자신의 행위는 구조로부터 하달된 강요된 것이었을 뿐, 자유 의지를 박탈당한 자신은 그 어떤 선택도 없었다는 것, 때문에 모든 죄는 조직에 있을 뿐 자신은 무죄라는 것. 이는 공범으로서의 사회 구성원들이 자신들의 죄가 면책되기를 꿈꿀 때 그 죄를 망각하기 위한 심리적 장치와 다르지 않다. 이러한 면에서 태정은 타고난 군인이었고, 타고난 예비군이며, 또한 타고난 한국형 어른이다.

반면에 승영은 군대에서의 희생자(지훈)와 모든 죄를 군대 조직의 구조로 전가하는 '무죄의 공모자들' 사이에 끼어있는 존재이다. 이 갈림길에서 승영은 스스로 자살을 선택함으로써, 그 '무죄의 공모자들'에게 메시지를 남긴다. 즉 나쁜 조직은 있는데, 나쁜 구성원은 없는 모순에 대해 승영은 스스로를 '용서 받지 못한 죄인'으로

판결을 내리고 유죄가 된다. 승영은 자신의 유죄에 대한 처벌로서 선택한 자살을 통해 하나의 희생자가 되고, '무죄의 공모자들'에게 자신처럼 죄의 고백을 요구하는 것이다. 때문에 욕조에 죽어있는 승영을 태정이 발견하는 순간, 그는 우편배달부가 되어야만 한다. 태정의 망연자실한 표정에서 우리가 읽어야 하는 것은 친구의 죽음으로부터 충격받은 한 인물이 감정이 아니라, 자신이 감당할 수 없는 편지를 배달해야 하는 우편배달부의 한없는 부담감이다. 〈용서받지 못한 자〉는 여기서 흥미롭게 신 구성을 한다. 그가 경찰서에서의 진술은 생략하는 반면에, 여자 친구와의 섹스와 식사 장면을 길게 보여준다. 식사 도중 여자 친구가 친구는 잘 돌아갔냐는 말에 태정은 '뭐…' 라고 대충 얼버무린 후 화장실에서 거울을 보며 "잘 들어갔어"라는 말을 '연습'한다. '한국형 어른'의 가면을 쓰는 연습이라고 해도 좋을 이 장면에서, 지훈과 승영의 자살하는 데 일조한 공범자로서의 태정은 자신의 죄를 억지로 잊음으로써 '무죄의 공모자-한국형 어른' 속으로 들어가는 마지막 훈련을 한다.

이러한 면에서 승영은 두 번 실패한 인물이다. 승영은 군대를 바꾸려 했으나 그 스스로 변절함으로써 실패했던 것처럼, 군대에 적응하여 한국형 어른에 길들여지려는 순간 지훈의 자살에 의해 통과제의의 문턱에서 다시 실패한다. 영화는 마지막 장면에서 태정과 승영이 제대 후 계획에 대해 대화를 나누는 과거로 되돌아간다. 서로 제대 후 뭘 해야 할지 모르겠다는 대화가 오간 후, 태정은 승영에게 '넌 먼저 어른이 되어야 한다'고 말한다. 그것은 사실이다. 승영의 자살은 한국형 어른 되기의 포기, 즉 무죄의 공모자라는 한국형 어른의 대열에서 '스스로' 탈락한 것과 다르지 않다. 승영의 자살이 우

리에게 '숨겨진 죄책감', '레테의 강으로 던져버린 죄'를 상기시킨다
면, 태정의 부인(가면쓰기의 연습)은 우리들의 죄를 망각하는 대가
로 어른이 되었던 밀교(密敎)의 성인식을 폭로한다. 〈용서받지 못한
자〉가 군대 생활에 대한 평범한 소묘를 넘어 한국 사회에 대한 은
유일 수 있었던 것, 그리고 이 영화의 등장이 하나의 사건일 수 있
었던 것은 이러한 시선 때문일 것이다.

빛과 어둠, 그 속에 감춰진 매혹

- 김지운 감독의 〈달콤한 인생〉

정혜경(영화연구가)

김지운 감독의 네 번째 장편영화 〈달콤한 인생〉을 감독 자신은 '액션이 가미된 피범벅 누아르 러브 스토리'라고 규정했다. 그의 복잡한 규정대로 〈달콤한 인생〉은 기존의 '필름 누아르'영화들의 미학적 효과들을 섬세하게 작동시키면서도 동시에 '홍콩 누아르'식의 과격하고 원색적인 액션 신들을 거침없이 펼쳐 놓는다. 그런데 그가 영화에 대한 소개를 '러브스토리'로 끝마친 것이 무색하게도 서사적 인과율의 축이 되는 인물들의 감정적 묘사는 영화의 표현층위로 모호하게 감추어져 있다. 선우가 액션의 퀘스트(quest) 끝에 다다른 스카이라운지에서 조직의 보스, 강 사장에게 총구를 겨누며 "나한테 왜?"라고 반문할 때, 관객은 새삼스레 선우와 똑같은 의문을 갖고 강 사장을 응시한다. 그러나 끝내 강 사장은 침묵하고, 돌연 한 방의 총성에 쓰러진다. 어쩌면 전광석화 같은 반전을 기대했을지도 모르는 관객에게 영화는 인식적 모호함만을 남긴 채 끝이 난다. 물론 영화의 이런 불친절함은 '어떻게 하면 나만이 전달할 수 있는 독자적 뉘앙스로 소통할 수 있을까 고민한다'는 감독의 의도적인 선택이다.

전작 〈장화, 홍련〉에서는 공간이 전하는 이미지와 색깔 등이 내러

티브의 중요한 요소가 되었다면, 〈달콤한 인생〉에서 감독이 관객과의 소통을 위해 선택한 전략은 빛과 어둠이다.

'영화라는 게 스토리 말고도 이미지나 소리, 색감으로 주제를 전달할 수 있지 않을까, 하는 생각으로 만든 영화다'라는 〈장화, 홍련〉 때의 감독의 언급이 〈달콤한 인생〉에서도 여전히 유효한 셈이다. 인물들의 섬세한 감정 변화에 따라 화면의 빛과 어둠뿐 아니라, 색감의 콘트라스트까지 시시각각 변화하는 전반부에서 그 행간에 투영된 메시지들을 감지하기란 쉽지 않다.

세 인물이 의미심장하게 공존하는 한 장면을 살펴보자. 세 사람은 삼각관계라고도 할 수 있지만, 영화는 세 인물을 한 번도 한 프레임에 잡지 않는다. 다만, 선우가 희수의 행동을 묵인해주고 강 사장이 돌아온 후, 공교롭게도 희수가 강 사장과 함께 있을 때 그녀에게 무심코 전화를 하는 장면이 있다. 희수는 선우의 전화를 일부러 받지 않는다. 선우는 희수가 전화를 받지 않자 포기했다가 돌아서서 다시 전화를 건다. 끈질기게 전화벨 소리가 울리는 중에 반짝이며 흔들거리는 발 뒷편에서 희수는 스탠드의 스위치를 켰다 껐다 반복한다. 희수의 표정은 발 너머에, 희수를 바라보는 강 사장의 표정은 어둠과 자욱한 담배연기 속에 감추어져 있다. 강 사장은 젊은 애인에게 선물을 내밀지만, 그녀는 그로부터 한 걸음 물러선다. 짧은 장면이지만, 세 사람의 관계를 규정하는 동시에 보이지 않는 내면의 불안함과 동요들을 조명과 독특한 촬영 각도로 표현해 내고 있는 인상적인 신이다.

엔딩에 추가된 장면에서도 알 수 있듯 희수는 선우에게 모호한 '관심'을 가졌다. 그녀는 아이스크림을 먹으면서도 물끄러미 그를 응

시하며, 연주를 하다가도 매혹적인 미소를 던진다. 그녀의 이러한 관심에 대해 선우는 그녀의 시선이 잠깐 머물렀던 스탠드를 기억하고 선물한다. 두 사람의 짧은 교감은 희수가 연주하는 낮은 첼로의 선율과도 같이 내러티브의 기저에 흐르고 있다. 나이에 맞지 않게 어린 여자와 사랑에 빠진 강 사장은 그녀의 작은 흔들림을 감지하고 동요된다. 그것이 선우에 대한 의심인지 내연의 남자를 향한 질투인지는 불분명하게 제시되지만, 그것은 그리 중요치 않다. 희수의 취향과는 맞지 않는 스탠드를 선물하고, 경쟁자를 폭력으로 밀어내면 여자의 마음을 얻을 수 있다고 믿는 강 사장은 자기감정의 동요로 인해 비합리적인 선택을 한다.

여기서 또 한 가지 주목할 사실은, 비록 폭력의 발단은 선우가 제공했지만 스스로 자가당착에 빠진 인물이 강 사장임에도 불구하고, 영화는 선우에게 먼저 "왜?"라는 질문을 던짐으로써 내러티브의 인과율에 혼란을 주었다는 점이다. 강 사장은 자신의 입으로 선우의 행동이 '별거 아닌 일, 잠깐 타이르고 끝날 일'이었다고 언급했음에도 불구하고 묻고 타이르는 과정을 생략한 채, 선우를 다짜고짜 때리고 매달고 묻어버린다. 선우에게 했던 부탁이 사적인 것이었음에도 그것을 어긴 선우에게 가한 가혹한 폭력을 '조직'과 '오야'운운하며 합리화한다. 강 사장 역시 자신의 선택에 대해 선우와 같은 흔들림을 경험하기 때문이다.

이렇게 볼 때, 영화 앞뒤에 수미쌍관으로 붙은 스승과 제자의 선문답은 선우의 내레이션으로 진행되지만 기실 강 사장 혹은 희수의 내레이션이라고 해도 틀리지 않는다. 선우의 선택이 희수에 대한 마음의 흔들림 때문이었다면, 선우에게 취했던 강 사장의 선택 또한

희수의 작은 흔들림의 여파였기 때문이다. 그들은 서로 다른 방향으로 어긋나 있었기에 스카이라운지에서 대면은 필연적이었고, 서로에게 한 번씩 물었던 "왜 그랬느냐"는 질문은 정작 자신에게 되묻는 물음과도 같기에 매번 공허한 메아리로 돌아오고 만다. DVD에 수록된 삭제신들을 면밀하게 살펴보면, 강 사장과 희수의 내면적 혼란을 보여주는 몇 장면들을 인상적으로 확인할 수 있다. 이러한 부분들을 삭제하고 대신 감독은 선우를 카메라의 중심에 놓으며, '누아르'적 분위기와 톤으로 인과적인 고리들을 대신한다. 때문에 그들이 경험했던 감정의 흔들림은 종시 불분명하게 스쳐 지나가지만 그러한 순간들은 역설적이게도 관객들에게 붙잡고 싶은 매혹을 던진다.

〈달콤한 인생〉은 2005년 청룡영화제에서 촬영상을 수상할 정도로 그 무엇보다 촬영이 돋보이는 작품이다. 멀리 스카이라운지에서 폐항 창고, 아이스링크, 무기밀매상 사무실같이 너무나 대조적인 분위기의 공간들을 이음새 없이 유려하게 잡아낸 김지용 촬영감독은 〈달콤한 인생〉으로 장편 상업영화에 데뷔했고, 데뷔작으로 촬영상을 수상했다. '누와르' 영화에서 촬영의 비중을 누구보다도 숙지하고 있었을 감독으로서 신인 촬영기사를 선택한 것은 야심찬 모험이었지만, 〈달콤한 인생〉은 시종일관 세련된 비주얼과 색감을 보여줬다.

빠뜨릴 수 없는 영화의 미덕은 배우들의 연기이다. 표정만으로도 이야기를 전달했던 선우 역의 이병헌과 존재 자체로 카리스마를 뿜어냈

던 강 사장 역의 김영철이 있었지만, 비중 있는 조역들의 연기가 다채롭다. 마치 악역을 위해 존재하는 배우처럼 최고의 연기를 펼친 백사장 역, 황정민이 단연 돋보이지만, 선우의 동료이자 배신자인 문석(김뢰하)과 공포의 킬러 오무성(이기영)의 연기도 영화의 밀도를 한층 높인다. 또한 단역으로 출연했던 오달수의 코믹한 연기는 적절한 시점에서 영화에 새로운 굴곡을 만든다. 오달수가 등장하는 무기밀매 시퀀스는 짧았지만, 라스트를 향해 질주하는 선우의 비장함을 객관화하면서 김지운식 블랙코미디의 진수를 보여준다.

한 가지 아쉬운 점이 있다면, 세 주인공 중 출연 빈도는 가장 낮지만 갈등의 구심점이자 강렬한 매혹인 희수의 비중이 다른 두 배우들에 비해 상대적으로 소홀하게 다루어졌다는 점이다. 이것이 '팜므 파탈'의 이미지를 일부러 비켜선 감독의 선택이었을지라도 만일 희수가 강렬한 열망을 불러일으키는 표정과 독특한 매력을 몇 장면에서 표현해 냈더라면 세 인물의 트라이앵글적 구도의 묘미가 팽팽하게 살아났으리라는 아쉬움이 남는다.

〈달콤한 인생〉은 김지운 감독이 자신의 전작들에 대해 언급해 왔던 "내 영화의 주제는 삶의 아이러니와 소통의 부재, 어긋남"에서 한 치의 어긋남도 없이 정확히 일치한다. 그러나 그것을 보여주는 방식에 있어서는 전작들과 확연히 구분된다. 감독은 '누와르'라는 장르적 형식을 변용해 관객들에게 빛과 어둠의 향연으로 새로운 소통의 방식을 모색하면서 파멸의 카타르시스를 맛보게 해 주었다.

젊은영화비평집단(영비집 Young Film Critique Group) 활동연혁

홈페이지 주소: http://club.nate.com/cineforumgroup

1998. 4. 10	영비집 발족을 위한 1차 예비모임
1998. 5. 1	영비집 발족을 위한 2차 예비모임
1998. 6. 1	영비집 발족식 (1차 정기모임)
1998. 6	영화마을 1천만원 지원대상 단편영화 선정
1998. 7. 7	제1회 포럼 : '한국 독립·단편 영화의 현주소와 전망'
1998. 8. 1	'98고딩영화제 주제토론회 주관 및 제작지원 작품 선정
	– 주제 : '청소년 영화의 비판적 수용을 위하여'
1998. 9. 16	2차 정기모임
1998. 9	제3회 부산국제영화제 '감독과의 대화' 및 '야외무대' 진행
1998. 10. 14	〈스크린〉 주최 '제3회 부산국제영화제 평가 좌담회'
1998. 11월	서울영화제 후원
1998. 11. 25	제2회 포럼 – 주제 : '영화에서의 표절과 일본영화 개방'
1998. 12. 10	정기 총회
1999. 3. 2	봄 정기모임
1999. 4. 28	1차 토론회 – 주제 : '내러티브를 상실한 한국영화'
1999. 4. 28	임시총회
1999. 6월	2차 토론회 – 주제 : '국제영화제에 관하여'
1999. 7월	여름 정기모임
1999. 10월	가을 정기모임
1999. 10월	제3회 포럼 – 〈거짓말〉 관련 '표현의 자유' 국제포럼 개최
	(제4회 부산국제영화제 기간 중)
1999. 12월	임시총회
2000. 1. 20	정기총회
2000. 1월	'영화 〈거짓말〉 사태'에 대한 성명서 발표 및 공청회 참가
2000. 6월	여름 정기모임
2000. 7. 14	제4회 포럼 – 주제 : '〈죽거나 혹은 나쁘거나〉,
	대안영화로서의 가능성과 한계'
2000. 9. 22	가을 정기모임
2000. 11. 7	임시총회

2001. 1. 19	정기총회
2001. 3. 19	봄 정기모임
2001. 3. 19	토론회 – 주제 : '영화비평'
2001. 5. 24	제5회 포럼 – 주제 : '21세기, 영화와 비평'
2001. 7. 11	여름 정기모임
2001. 7. 11	좌담회 – 주제 : '2001년 상반기 한국영화를 돌아보며'
2001. 9. 26	가을 정기모임

2002. 1. 18	정기총회 및 임원단 선출
2002. 7. 10	정기모임 및 '영비집의 역할과 한계'에 관한 내부포럼
2002. 7월	〈영화/비평/현실〉(무크지) 창간호 출간
2002. 7. 25	출판기념회
2002. 7. 27	〈죽어도 좋아〉 제한상영 등급결정에 대한 성명서 발표
2002. 7. 31	〈죽어도 좋아〉 특별시사회 및 토론회 주최

2003. 1.24	정기총회 및 임원단 선출
2003. 4.10	임시총회 및 회칙개정
2003. 12. 16	제6회 포럼 '작은영화 어떻게 살릴 것인가' 및 제1회 페스티벌 '작은영화제'

2004. 7. 20	특별총회 및 회장단 선출
2004. 10. 22	제7회 포럼 '한국 영화문화의 다양성 증진 방안'
2004. 12. 30	〈영화/비평/현실〉(무크지) 제2호 출간

| 2005. 1. | 출간기념회 |
| 2005. 12. 23 | 겨울 정기모임 및 〈영화/비평/현실〉(무크지) 제3호 편집 위원회 구성 |

| 2006. 3. 29 | 〈영화/비평/현실〉(무크지) 제3호 발간 |
| 2006. 4. | 출간기념회 |